• 二十一世纪“双一流”建设系列精品规划教材
• 西南财经大学中央高校教育教学改革专项经费支持

绩效管理
——理论与应用

JIXIAO GUANLI
——LILUN YU YINGYONG

主　编　钟鑫　刘莉
副主编　李伟

西南财经大学出版社
中国·成都

图书在版编目(CIP)数据

绩效管理:理论与应用/钟鑫,刘莉主编.—成都:西南财经大学出版社,2020.5
ISBN 978-7-5504-3587-2

Ⅰ.①绩… Ⅱ.①钟…②刘… Ⅲ.①企业绩效—企业管理
Ⅳ.①F272.5

中国版本图书馆 CIP 数据核字(2020)第 065980 号

绩效管理——理论与应用

主　编　钟鑫　刘莉
副主编　李伟

责任编辑:李特军
封面设计:墨创文化　张姗姗
责任印制:朱曼丽

出版发行	西南财经大学出版社(四川省成都市光华村街 55 号)
网　　址	http://www.bookcj.com
电子邮件	bookcj@foxmail.com
邮政编码	610074
电　　话	028-87353785
照　　排	四川胜翔数码印务设计有限公司
印　　刷	郫县犀浦印刷厂
成品尺寸	185mm×260mm
印　　张	16
字　　数	382 千字
版　　次	2020 年 5 月第 1 版
印　　次	2020 年 5 月第 1 次印刷
印　　数	1— 1000 册
书　　号	ISBN 978-7-5504-3587-2
定　　价	36.00 元

前言

QIANYAN

欢迎阅读《绩效管理——理论与应用》!

笔者在近些年一直从事绩效管理课程教学，并为企业提供相关的咨询服务，在此过程中深刻感受到企业的发展离不开好的绩效管理体系和管理制度。绩效管理强调组织目标和个人目标的一致性，强调组织和个人同步成长，形成“多赢”局面；它体现了“以人为本”的思想，是连接员工个体行为和组织目标之间最直接的桥梁，因为绩效管理的各个环节都需要管理者和员工的共同参与。

绩效管理思想从罗伯特·欧文在苏格兰进行的最早的绩效管理实验起开始萌芽，经历科学管理理论、行为科学理论、以人为本管理理论的发展。随着近年来知识经济的兴起，科学管理思想已经逐渐成为一个被广泛认可的人力资源管理过程。绩效管理的思想研究最早出现在欧美国家，目前已经形成了较为完善的理论体系，在实践中也得到了不断的推广。在国内，绩效管理的思想最早可以追溯到战国时期的“商鞅变法”。进入新时代，在当前高校和企业全面开展思想政治教育的背景下，如何提高企业绩效管理实践效果，如何提升企业的市场竞争力和可持续发展能力，应是绩效管理课程学习的新内涵。我们认为绩效管理者需进一步发挥“人”在组织中的重要作用，同时发挥思想政治教育在组织工作中的“助推器”和桥梁作用，将员工的需求、企业的目标通过绩效管理有机结合起来，提高员工绩效，充分体现绩效管理的时代性、创造性。鉴于此，我们考虑编写一本关于绩效管理的教材，为企业和员工提供全面的、系统性的绩效管理知识，以帮助企业更好地解决其在发展过程中出现的绩效管理问题，从而保证企业战略目标的实现。

本书系统地解析了绩效管理，结合实际介绍了多种绩效考核方法，帮助读者了解绩效管理的有关理念、发展过程，了解绩效管理是一个封闭且持续进行的流程。在理论层面，本书从绩效计划、绩效考核、绩效反馈与评估、绩效考核结果运用四个方面讲述了绩效管理的基本流程。在实际应用层面，本书介绍了基于素质、目标管理、关键绩效指标（KPI）、平衡积分卡（SBC）的绩效考核技术支撑方法。在内容编写过程中，针对难以理解的、基本流程中的关键环节以及具体的考核技术方法，我们通过穿插一些古今中外的案例以及小故事来帮助读者更好地理解与体会理论内容。结合一些实际的企业案例来进行案例分析，能使读者在学习理论之后更好地进行企业案例的实际应用与操作。

本书的编写得益于团队的共同智慧和努力。第一部分由成都中医药大学刘莉博士领衔，第二部分由四川农业大学李伟博士领衔，第三部分由西南财经大学钟鑫博士领衔。不同的学校背景丰富了本教材的内涵。在此感谢共同参与编写的杨仕元、敬嵩、毛日佑、冉茂瑜等老师，博士生张冰然、于晓彤，参与收集和整理资料的宋佳莉、彭莉、郑婷婷、严利秋、张均元、吴秋雨、李洋、韩梦韵、王桂超、李其琦、王鸿雁等同学，感谢边慧敏教授、卿涛教授在编写过程中给予的指导和帮助。正是大家的共同努力，才保证了本书的编写顺利进行并圆满完成。在编写过程中，本书学习、借鉴和参考了国内外大量相关文献资料和研究成果。我们对所引用的资料，通过加注释及参考文献的方式尽可能详尽地加以标注。在此，谨向这些作者表示诚挚的感谢！还要对出版社的编辑与制作团队表示感谢。他们对本书前期的编写及书稿的审阅做了大量细致的工作，使得本书得以完成并顺利出版！

由于编者的知识、经验的局限，书中不足之处恳请大家批评指正！

编者
2019 年 9 月

第一部分　绩效管理概论

第二部分　绩效管理系统

第三部分　绩效考核技术

第一部分

绩效管理概论

JIXIAO GUANLI GAILUN

绩效管理概述

李君跳槽谁之过？

李君是一家公司的销售员，刚开始工作时，欠缺销售经验，也不太熟悉业务，销售业绩常常垫底。后来，随着经验日渐丰富和业务网络发展，李君的销售业绩不断攀升。到第三年时有同事私下告诉他，说他已经是公司的销售冠军了。到第四年时，李君到第三季度已经完成了全年的销售任务，不过销售经理似乎对此没有任何反应。

工作虽然顺利，但是李君总觉得憋得慌，干活越来越觉得没劲。公司从不公布大家的销售业绩完成情况，也没有人关注销售人员的销售额的实际完成情况，让人感觉完成得多少、好坏都是一个样。

他听说另外一家公司在做销售人员的销售业绩竞赛和奖励的活动，公司内部也有专人对销售业绩情况及时做出评价。大家的销售任务完成的数量和质量都完全公开透明。

李君对自己公司的做法非常不满，于是主动找到销售经理交流自己的想法，但经理说目前情况是公司既定政策，也是公司文化的一部分，并拒绝了他的建议。几天后，公司领导吃惊地发现，李君递交了辞呈，跳槽到了竞争对手的公司那里去了。

思考：造成李君辞职的真正原因是什么？

绩效是所有组织常常挂在嘴边的一个词，绩效管理是企业人力资源管理的重点环节，影响到企业战略竞争优势的构建，以及企业战略目标能否顺利实现，并能够为企业开展其他经营管理活动提供可靠的决策依据。因此绩效管理已经成为现代人力资源管理机制中非常重要的一个部分。

第一节 绩效与绩效管理的含义与性质

一、绩效的含义

绩效一词源于英文单词 performance，一般意义是指工作的效果与效率。学者们对于绩效的含义众说纷纭，汇总大概有三种典型观点：第一种观点认为绩效是结果，其中比较典型的是 Bernadin 和 Kane 等人的定义。他们将绩效定义为“在特定时间范围内，在特定工作职能或活动上生产的结果记录”。绩效管理以工作结果为核心，与组织的战略目标、顾客满意度及所投资金的关系密切。第二种观点认为绩效是行为，代表人物是 Murphy。绩效被定义为一套与组织或组织单位的目标相互关联的行为，而组织或组织单位则构成了个人工作的环境。其认为过分关注结果会导致忽视重要的行为过程，而对过程控制的缺乏会导致工作结果的不可靠性，不适当地强调结果可能会在工作要求上误导员工。第三种观点认为无论是“绩效结果观”还是“绩效行为观”都有其固有的局限性，认为绩效包括工作行为及结果，同时考虑投入（行为）与产出（结果）。绩效是指企业内员工个体或群体能力在一定环境中表现出来的程度和效果，以及个体或群体在实现预定的目标过程中所采取的行为及其做出的成就和贡献，所以绩效就是工作结果和工作过程的统一体。

绩效含义广泛，在不同的领域、不同时期、企业发展的不同阶段，针对不同的对象，绩效都会有不同的含义。从管理学角度讲，绩效是组织期望的结果，是组织为实现其目标而展现在不同层面上的有效输出。它包括两个方面：组织绩效和个人绩效。从经济学角度讲，绩效与薪酬是员工与组织的对等承诺关系，前者是员工对组织的承诺，后者是组织对员工的承诺。从社会学角度理解，绩效是每一个社会成员按照社会分工的角色所承担的一份责任，一个社会成员的生存权利以其他成员的绩效为保障，其绩效又保障其自身的生存权利，而一个人受惠于社会就必须回馈社会。

二、绩效的性质

绩效是多层次的有机整体，其影响因素较多、性质结构较为复杂。若要更深层次地去理解绩效这个概念，我们可以从以下这几个方面进行把握：

（一）多因性

绩效的多因性是指影响员工绩效高低并非由单一性因素决定，而是由多方面因素所决定。这些因素大致可以分为这两个方面：内因——技能与激励，外因——机会和环境。技能是指员工工作的能力与技能，它的影响因素是个人天赋、智力、经历以及受教育程度等。激励则是指影响员工工作的积极性的因素，它是指员工个人的需要结构、个性、感知、学习的过程与价值观等特点，其中影响最大的是需要结构。机会因素则是指员工得到工作岗位或承担某一工作的机会，因某些因素的影响，公司中某些岗位较其他岗位更容易取得较为明显的业绩。机会的偶然性和不可控性，导致了机会的公平性是影响员工组织公平感和工作满意度的重要因素。最后是环境因素，它包括两大类：一是企业内部客观条件，如工作地点、任务性质、同事之间的工作风格、工作设计的质量等；二是企业的外部环境，如政治因素、法律制度、经济状况等宏观条件。

（二）多维性

多维性是指对员工绩效的分析与评价要从不同角度和方面入手。对组织绩效，布雷德拉普（Bredrup）认为组织绩效应当包括三个方面，即有效性、效率性与变革性。有效性是最终达到预期效果的程度；效率性是指一定的资源和产出比；变革性是指组织应对将来变革的程度。这三个方面相互结合，最终决定了组织的竞争力。在对员工个人绩效进行评价时，通常需要考虑员工的工作结果和工作行为这两个方面。而工作结果和工作行为又有其相应的影响因素。

（三）动态性

影响员工绩效的因素是多方面的，而每一个因素又在不断地变化。其中，环境的动态性及复杂性导致了员工的绩效会随着时间的变化而变化。因此，在确定绩效评价周期和绩效管理周期时，企业则应充分考虑绩效的动态性特征，根据不同的绩效类型来确定绩效周期，从而使管理者能够及时准确地获得不同层面的绩效情况，减少管理成本，并获得较高的绩效。所以我们必须用系统和发展的眼光来理解绩效的含义。

三、绩效管理的含义

（一）绩效管理的定义

绩效本身的丰富内涵和人们对事物理解的角度不同，导致绩效管理的界定也有诸多不同。学者们的观点主要可以归纳为以下三种：

1. 绩效管理是管理组织绩效的系统

持有这种观点的代表是英国学者罗杰斯和布雷德拉普。这种观点将 20 世纪 80 年代出现的许多管理思想、观念和实践等结合在一起，将绩效理解为组织绩效。这一观点的核心是强调通过调整组织结构、生产过程、业务流程等来实现组织的战略目标。绩效管理看起来更像战略或事业计划等。而个体因素即员工虽然受到组织结构、技术和作业系统等变革的影响，但在此种观点看来，员工并不是绩效管理所要考虑的主要对象。

2. 绩效管理是管理员工绩效的系统

这种观点将绩效管理看成组织对一个人关于其工作成绩以及他的发展潜力的评估和奖惩。其代表人物有艾恩斯沃斯、奎因、斯坎奈尔等。

3. 绩效管理是管理组织和员工绩效的综合系统

绩效管理是一种全面的管理组织和员工绩效的体系，但由于其侧重点不同而有不同的模型。例如考斯泰勒的模型意在加强组织绩效，但其特点却是强调对员工的干预。他认为，绩效管理通过将每个员工或管理者的工作与整个工作单位的目标联系起来支持公司或组织的总体职业目标，绩效管理的核心目标是挖掘员工的潜力，提高他们的绩效，并将员工的个人目标与企业战略相结合来提高公司的绩效。

随着绩效管理在实践中的广泛且深入的运用，对于如何运用绩效管理的理念来保证员工绩效的不断提高，人们更加倾向于第二种观点，即绩效管理主要被看作对员工绩效的管理。绩效管理应该是在管理者和员工之间建立相互理解的一种方式。在绩效管理的过程中，员工和管理者应该了解组织需要完成哪些任务，如何完成这些工作，以及在多大程度上完成这些工作。绩效管理应鼓励员工提高自己的绩效，促进员工自我激励，并通过开放式沟通加强管理者与员工之间的关系。

我们认为绩效管理是对绩效实现过程的各要素进行管理，是基于企业战略的一种管理活动。绩效管理是通过对企业战略的建立、目标分解、业绩评价，将绩效评价结果用于企业日常管理活动中，以激励员工业绩持续改进并最终实现组织战略以及目标的一种正式管理活动。

综上，绩效管理是指组织及其管理者在组织的使命、核心价值观的指引下，为达成愿景和战略目标而进行的绩效计划、绩效监控、绩效评价以及绩效反馈的循环过程，其目的是确保组织成员的工作行为和工作结果与组织期望的目标保持一致，通过持续提升个人、部门以及组织的绩效水平，最终实现组织的战略目标。绩效管理具有以下特征：

绩效管理是一个过程。绩效管理是一个包含多环节的系统，它贯穿于工作者工作的每一个环节，通过在整个工作过程中的运行来实现最终的管理目的。绩效管理强调过程，强调通过控制绩效周期的整个过程来达到绩效管理的最终目的。

绩效管理注重持续的沟通。绩效管理由员工与其直接主管之间达成的协议来保证其完成，并在协议中对未来工作达成明确且一致的目标与理解，将可能收益的组织、经理及员工都融入绩效管理的系统中来。美国绩效管理专家巴克沃认为真正的绩效管理是两个人之间持续有效的沟通过程。他倡导绩效管理是员工和直接主管之间的沟通，是组织和管理者的高收益投资，并以此为核心构建了完整的绩效管理体系。

绩效管理是一个系统。绩效管理不是单纯的一次性和独立的管理活动，而是由绩效计划、绩效实施和管理、绩效评价和绩效反馈构成的一个系统。绩效计划是被评价者和评价者双方对员工应该实现的工作绩效进行沟通的过程，并将沟通的结果落实为正式书面协议即绩效计划和评价表。它是双方在明晰责、权、利的基础上签订的一个内部协议。绩效评价是企业为了实现生产经营的目的，运用特定的标准和指标，采取科学的方法，对承担生产经营过程及结果的各级管理人员完成指定任务的工作业绩和由此带来的效果进行价值判断和选择的过程。

（二）绩效管理与绩效考核

在理解绩效管理概念的同时，搞清楚绩效管理和绩效考核这两个概念具有重要意义。无论是在英文文献还是在中文文献中，绩效管理和绩效考核这两个概念都被广泛地应用，但仍然有很多人将这两个概念混淆。从发展历程来看，绩效管理是在绩效考核的基础上产生的，是绩效考核概念的延伸和拓展。从管理实践的角度来看，绩效考核仅仅是绩效管理的一个环节。绩效管理与绩效考核的对比如表 1-1 所示。

表 1-1　绩效管理和绩效考核

绩效管理	绩效考核
绩效管理是一个完整的系统	绩效考核只是绩效管理系统中的一部分
绩效管理是一个过程，注重过程的管理	绩效考核是一个阶段性的总结

表1-1(续)

绩效管理	绩效考核
绩效管理具有前瞻性，能帮助企业前瞻性地看待问题，有效规划企业和员工的未来发展	绩效考核则是回顾过去的一个阶段的成果，不具备前瞻性
绩效管理有着完善的计划、监督和控制的手段和方法	绩效考核只是提取绩效信息的一个手段
绩效管理注重能力的培养	绩效考核则只注重成绩的大小
绩效管理能建立经理与员工之间的绩效合作伙伴关系	绩效考核则使经理与员工站到了对立的两面，距离越来越远，甚至会制造紧张气氛

四、绩效管理的性质

深入了解绩效管理的性质对构建科学的绩效管理体系具有极大的意义。绩效管理有如下四个方面的性质：

（一）战略性

战略性是指要将绩效管理提升到战略高度，在组织战略的指导下，紧紧围绕组织战略来开展绩效管理的各项活动，最大限度地助推组织战略目标的实现。绩效管理通过对组织战略分解和承接形成组织层面、部门层面和个人层面的目标与指标，将战略转化为行动，从而确保各个层面绩效对战略的支撑作用。组织的绩效管理系统必须从组织战略出发，通过提高员工的个人绩效来提高组织的整体绩效，从而实现组织的战略目标。同时，战略性还要求绩效管理系统应时刻保持敏锐的灵活性，能够根据组织战略的变化进行及时的调整，以便更好地实现组织、部门和个人三个层次的绩效在纵向上保持一致，从而实现组织绩效系统与发展战略保持动态的一致性。

（二）协同性

协同性是指管理者通过绩效管理系统，使各个层面如组织、业务部门、支持部门等形成合力，促进竞争优势的形成。协同是组织设计的最高目标，同时也是绩效管理系统的基本特征。绩效管理的协同性需要重点关注与业务部门之间的纵向协同、业务部门之间以及业务部门与支持部门之间的横向协同、组织与外部合作伙伴的协同，从而形成全方位、多维度的协同体系，最终为实现组织战略目标服务。

（三）差异性

差异性是指不同组织、部门及个人的绩效管理系统应该具有独特性，绩效计划的内容、绩效监管的重点、绩效评价的体系、绩效反馈方式都要根据具体情况进行设计。特别是绩效评价系统应该具有差异性，不能用一个评价量表去评价组织系统内的所有部门和所有人。绩效评价会因战略选择的不同而存在差异。个人绩效评价会因为组织绩效重心的不同，表现为更大的差异性。

（四）公平性

绩效管理系统必须站在推动组织持续发展的立场上公平地处理各种关系，让所有员工感受到过程与结果的公平。在大多数情况下，员工所实际感知的公平是决定绩效管理系统执行好坏的一个重要因素。因此，组织需要通过广泛参与和持续沟通，克服绩效变革所带来的阵痛，最终促使组织上下达成共识，形成较为公平的绩效管理系统。

第二节 绩效管理对组织战略的意义

绩效管理在组织战略管理中有着极其重大的意义。绩效管理的目的不仅仅在于评价执行者的任务、完成程度，更重要的是保障组织战略的成功实施。绩效管理操作不好，不但无助于组织战略管理，反而会在一定程度上对组织战略造成影响。

一、绩效管理具有战略导向作用

绩效管理可以通过特定的指标体系将总体战略目标转化为具体的阶段目标，并自上而下逐层分解，使得各个层级的部门和人员能够在战略的统一指导下协调配合，实现企业整体的利益最大化，真正服务于企业组织战略。绩效管理系统不仅可以反映企业前一阶段的经营活动成果，还能够反映企业现状以及未来发展趋势，并及时发现并解决问题，保障战略目标的实现，发挥绩效管理的战略导向性作用。

二、绩效管理反映了战略利益相关者的需要

随着经济全球化和一体化进程的不断加快，市场的深度和广度得到扩展，企业的发展与员工、客户、供应商、监管方等之间的关系也随之加强。这些利益相关者对企业的关系成了最重要的战略资源，被视为企业的构成要素之一，且被纳入企业管理范畴中，成为企业战略管理研究的新领域。绩效管理可以从多角度综合考虑各个利益相关者的需求，有助于战略的实施。

三、绩效管理有助于实现组织战略绩效管理效用的最大化

企业内部财务指标侧重于观察财务因素对组织战略的影响，而企业外部财务指标则重视客户满意度、产品的市场份额、技术和产品创新等非财务因素对组织战略运行的影响。财务指标数据取自会计报表，具有固有的滞后性。而非财务指标常常能够反映企业未来的发展趋势，具有预示作用，可以在一定程度上弥补单一财务指标易导致短期行为的缺陷。绩效管理可以从全面管理出发，将财务指标和非财务指标结合使用，有助于实现组织战略绩效管理效用的最大化。

四、绩效管理有利于组织和个人绩效的提升

绩效管理通过设定科学合理的组织目标、部门目标和个人目标，为企业员工指明了努力方向。管理者通过绩效辅导沟通及时发现下属工作中存在的问题，给下属提供必要的工作指导和资源支持；下属通过工作态度以及工作方法的改进，保证绩效目标的实现。

在绩效考核评价环节，管理者对个人和部门的阶段工作进行客观公正的评价，明确个人和部门对组织的贡献，通过多种方式激励高绩效部门和员工继续努力提升绩效，督促低绩效的部门和员工找出差距并改善绩效。

在绩效反馈面谈过程中，考核者与被考核者进行面对面的交流沟通，帮助被考核者分析工作中的长处和不足，鼓励下属扬长避短，促进个人发展；对绩效水平较差的组织和个人，考核者应帮助被考核者制订详细的绩效改善计划和实施举措。

在绩效反馈阶段，考核者应和被考核者就下一阶段工作提出新的绩效目标并达成共识，被考核者承诺完成目标。在企业正常运营情况下，部门或个人的新目标应超出前一阶段目标，从而激励组织和个人进一步提升绩效。经过这样的绩效管理循环，组织和个人的绩效就会得到全面提升。

五、绩效管理有助于推动组织整体战略业务流程管理

判断企业优劣的传统依据是财务指标，但在经济全球化的时代，企业之间竞争的核心已经逐渐转变为供应链系统的效能，即谁能够以最快的速度和最低的成本满足顾客个性化的产品需求。为了在竞争中得以生存和发展，企业必须从以成本为中心转向以顾客为中心。企业与竞争对手之间价值链的差异是其竞争优势的关键来源，有效的绩效管理应当是对整个供应链系统的现实评价，有利于推动组织整体的战略业务流程管理。

第三节　绩效管理在人力资源管理系统中的定位

绩效管理在人力资源管理系统中处于核心地位，与人力资源管理系统的其他职能模块之间存在非常密切的关系。全面、系统地了解并把握它们之间的相互关系，对更好地设计出科学有效的绩效管理系统和人力资源管理系统，进而对推动组织战略目标的实现有重要的意义。

一、绩效管理与工作设计及工作分析的关系

工作分析与工作设计的内容不同。工作分析主要对员工当前所从事的工作进行研究，明确成功完成工作所必须履行的职责和达到的要求；而工作设计则关注对工作的精心安排，以便能够提高组织绩效和员工的满意度。

绩效管理与工作设计及工作分析的关系表现在如下两个方面：首先，工作设计和工作分析的结果是设计绩效管理系统的重要依据。进行有效的绩效管理必须有客观的评价标准，而工作设计和工作分析为每一个职位的工作内容及要达到的标准进行了明确的界定，为管理者提供了评价员工绩效的客观标准，从而可以减少评价主体的主观因素，提高绩效评价的科学性。其次，绩效管理也会对工作设计和工作分析产生影响。绩效管理的结果可以反映出工作设计中存在的种种问题，是对工作设计合理与否的一种验证。如果在绩效管理的过程中发现了与工作设计有关的问题，就需要重新进行工作设计和工作分析，重新界定有关职位的工作职责，从而确保绩效管理工作的顺利开展。

二、绩效管理与招募甄选的关系

招募与甄选的目标是及时弥补职位的空缺，使录用的人员与工作的要求相匹配，以

满足组织发展需要。如果人员配置不当，员工的工作绩效和满意度都会受到不利影响。如果招募与甄选的质量高，录用的都是组织需要的优秀人才，那么将有效降低绩效管理的成本，促进员工个人绩效与组织整体绩效的共同提升。

绩效管理也直接影响着组织的招募与甄选工作。首先，绩效管理的结果可以为招募与甄选决策提供依据。在绩效管理过程中发现的员工在能力、态度等方面存在的问题，可以为组织下一次的招募与甄选决策提供依据。如果通过分析员工的绩效评价结果，发现问题不在于现有员工的能力和态度，而是由于工作量过于饱和，即现有的人力资源数量无法满足完成工作任务的需要，就会促使组织做出招募新员工的决策。其次，绩效管理是检验一个组织甄选系统预测效度的有效途径。人员甄选过程经常会产生两类错误：一是选拔录用了本该淘汰的人（“错误的选拔”）；二是淘汰了本该选拔录用的人（“错误的淘汰”），其原因是甄选系统的预测效度不高。如果在甄选测试中成绩最好的人刚好是在工作中取得成功的人，同时在甄选测试中成绩最差的人也是不胜任工作的人，就说明这一甄选过程具有较高的预测效度；相反，如果甄选测试成绩较好的人，日后的工作表现（员工的绩效）却不好，而甄选成绩较差的人，日后的工作表现（员工的绩效）却较好，则说明这一组织目前的甄选系统预测效度比较低。因此，运用员工绩效评价的结果检验组织现有甄选系统的预测效度，对于不断探索和开发更加适合组织自身特点的甄选方法具有重要的作用。

三、绩效管理与职业生涯管理的关系

员工职业生涯管理是指员工以实现自身发展成就最大化为目的，对自己所要从事的职业、要去的工作组织以及在职业发展上要达到的高度等做出规划和设计，并为实现自己的职业目标不断积累知识、开发技能的过程。它一般通过选择职业、选择工作组织、选择工作岗位、在工作中提升技能和发挥才干等活动来实现。

组织职业生涯管理是指组织将个人发展与组织目标相结合，对决定员工职业生涯的主客观因素进行分析、测定和总结，并通过规划、设计、执行、评估和反馈，使每位员工的职业生涯目标与组织发展的战略目标相一致的过程。它集中表现为帮助员工制定职业生涯规划，建立各种适合员工发展的职业通道，针对员工职业发展的需求进行适时的培训，给予员工必要的职业指导，促使员工职业生涯的成功等。因而，职业生涯管理应被看作期望满足管理者、员工、组织三者需要的动态过程。

有效的绩效管理能够促进员工职业生涯的发展。随着绩效管理研究的不断深入，绩效管理正从传统意义上的监督考核机制向与战略管理紧密结合的激励机制转变。这使得员工更加关注自身工作与组织发展之间的关系，注重将个人的职业生涯发展道路与组织的未来发展相结合，因而有利于员工工作绩效的提升；同时，这也促使管理者在绩效管理的过程中注意发现员工个人发展的需要，帮助员工进行职业生涯规划，并将员工个人职业生涯发展规划与组织整体的人力资源规划联系起来，从而确保在推动员工职业生涯发展的同时促进组织绩效管理目标的实现。

职业生涯管理促使管理者和员工在绩效管理过程中发生了角色的变化。管理者由过去的“监督者”“消息传播者”“领导者”变成了“帮助者”“合作伙伴”和“辅导员”。同时，员工也不再是绩效管理过程中的“被监督者”和“被领导者”，而是变成自己绩效的主人。职业生涯管理促使每个员工成为自己的绩效管理专家，能够清楚地了解如何为自己设定绩效目标，如何有效地实现自己的职业目标，并知道如何在目标实现的过程中提高自我绩效管理的能力，从而使组织的绩效管理工作能够得到员工最大程度的理解和支持。

四、绩效管理与薪酬管理的关系

薪酬管理是指组织在综合考虑各种内外部因素的情况下，根据组织的战略和发展规划，结合员工提供的服务来确定他们应得的薪酬总额和薪酬形式的一个过程。在人力资源管理活动中，绩效管理与薪酬管理互相联系、相互作用、相辅相成。

绩效管理与薪酬管理都是调动员工工作积极性的重要因素。其中，绩效管理是人力资源管理过程中的难点，直接影响薪酬管理的效能；而薪酬管理是影响人力资源管理活动成败的关键因素，是员工最为关心的敏感环节。一方面，绩效管理是薪酬管理的基础之一。建立科学的绩效管理体系是进行薪酬管理的首要条件。有效的绩效管理有利于建立科学的薪酬结构。将绩效管理过程中产生的评价结果与员工的薪资等级、可变薪资、奖金分配和福利计划等相挂钩，能够确保薪酬管理过程的公平性、科学性和有效性，并在一定程度上简化薪酬方案的设计过程，降低设计成本，提高薪酬方案的运行效率。另一方面，管理者针对员工的绩效表现及时地给予他们不同的薪酬奖励，能够合理地引导员工的工作行为，确保组织目标与员工目标的一致性，同时提高员工的工作积极性，增强激励效果，促使员工工作绩效不断提升。

因此，只有将薪酬管理与绩效管理的结果相联系，才能够使绩效管理真正发挥其应有的作用。鉴于薪酬管理和绩效管理的密切相关性，组织在进行薪酬管理和绩效管理时，应充分考虑两者之间的联系，避免相互冲突，以确保两者能够相辅相成、发挥协同作用。

五、绩效管理与培训开发的关系

绩效管理与培训开发之间的关系是双向的。不论是培训开发还是绩效管理都是引导员工的行为，使其能够满足组织发展的需要。人力资源部门则可以根据员工目前绩效中有待改善的方面，设计整体的培训开发计划，而使人力资源管理人员在设计培训开发计划时能够有的放矢，并通过对培训效果的评价，不断改善培训方案，确保培训开发更具有针对性和有效性。

六、绩效管理与劳动关系管理的关系

劳动关系管理是以促进组织经营活动的正常开展为前提，以调整缓和组织劳动关系的冲突为基础，以实现组织劳动关系的合作为目的的一系列组织性和综合性的措施和手段。劳动关系管理与员工的利益密切相关，是直接影响员工工作积极性和工作满意度的重要因素。组织通过劳动关系管理可以强化员工的组织认同感和忠诚度，提高员工的工作热情和投入程度，营造一个和谐共进的组织氛围，从而可以确保员工对绩效管理工作的支持和配合，促进员工个人绩效的改善和组织整体绩效目标的实现。绩效管理对于劳动关系管理也十分重要。科学有效的绩效管理可以加强管理者与员工之间的沟通和理解，有效避免或缓和矛盾与冲突，促进双方意见的达成和统一，确保员工的合法利益得到保护，促使劳动关系更加和谐。

七、绩效管理与员工流动管理的关系

员工流动管理是指对组织员工的流入、内部流动和流出进行计划、组织、协调和控制的过程，以确保组织员工的可获得性，从而满足组织现在和未来的人力资源需要和员工职业生涯发展需要。员工流动管理是强化绩效管理的一种有效形式。晋升、解雇等员工流动管理的方法可以激励员工不断地提高工作绩效，努力达成绩效考核目标，促进绩效管理工作的顺利进行。同时，绩效管理的结果也会影响员工流动管理的相关决策。在绩效管理过程中发现员工无法胜任现有的工作时，绩效管理的结果便可能成为职位变动或解雇、退休的依据。当从绩效管理的结果中发现员工的长处时，企业也可以根据各个职位对人员的不同要求为其选择一个更适合的职位，同时可以通过绩效管理的结果来检验员工流动决策是否达到了预期的效果。人力资源管理最直接的目标就是提高员工的工作绩效，而绩效管理的结果正是对这一核心目标的直接体现。绩效管理的结果在很大程度上判断了各项人力资源管理职能是否取得了预期的效果，因而成为指导各项人力资源管理职能的“风向标”。

绩效管理是否能够准确地衡量员工的真实绩效水平在很大程度上决定了其他人力资源管理职能是否能够充分发挥应有的作用。因此，人力资源管理的其他职能也对绩效管理提出了更高的要求，设计一套符合组织实际的、科学的、动态的绩效管理系统成为人力资源管理系统中的一项核心工作。

第四节　战略性绩效管理

20 世纪 80 年代战略性人力资源管理兴起。与传统人力资源管理比较，它是一种新型的人力资源管理形态。绩效管理是战略性人力资源管理体系的核心板块。虽然战略人力资源管理出现时间不长，但是学界和实务界对其的研究却在蓬勃展开。

一、战略性绩效管理的内涵

战略性绩效管理是指组织及其管理者在组织的使命、核心价值观的指引下，为达成愿景和战略目标而进行的绩效计划、绩效监控、绩效评价以及绩效反馈的循环过程，其目的是确保组织成员的工作行为和工作结果与组织期望的目标保持一致，通过持续提升个人、部门以及组织的绩效水平，最终实现组织的战略目标。首先，战略性绩效管理是在组织使命和核心价值观的指引下，对愿景和战略直接承接的管理系统。其次，战略性绩效管理是一个由绩效的计划、监控、评价及反馈四个环节构成的持续改进的封闭循环系统。再次，战略性绩效管理是对组织绩效、部门绩效和个人绩效的全面管理。最后，

战略性绩效管理应该坚持全员绩效管理，但是主要管理责任由直线管理承担。

战略性绩效管理有以下特点：

（1）战略性。战略性是其本质特征。在战略目标上，企业为了获得持续性的竞争优势，强调个人目标与组织目标的一致性；在战略范围上，企业强调全员参与的民主管理；在战略措施上，企业运用系统化科学与人文艺术的权变管理。

（2）目标性。战略性绩效管理更强调个人目标与企业战略结合在一起，其目标更注重长期性和整体性。

（3）灵活性。企业的战略处于动态变化中，这要求与企业战略匹配的战略性绩效管理具有一定的灵活性，能及时帮助企业有效地适应外部和内部环境的变化。

（4）协调性。组织内部绩效管理强调各项实践活动协调发挥作用，共同服务于某一特定目标。其主要有两种表现形式：一是强调所有绩效管理的具体实践活动的系统性和均衡性；二是强调某一项或几项核心实践活动的作用并使其他实践活动支持其核心活动。

二、战略性绩效管理体系的建立

绩效管理体系一定要围绕组织战略目标这个核心进行设计，主要解决的是将未来的宏观战略目标落实为近期可衡量的指标，增强企业的竞争力，持续改进、不断优化现有绩效管理体系，使企业的战略目标最终得以实现。因此，战略性绩效管理体系的建立意义重大。构建战略性绩效管理体系的步骤如下：

（1）明确公司战略。对公司使命、愿景与核心价值观等进行明确，发挥战略性绩效管理体系指向标的作用，建立起对公司发展战略形成有效支撑的绩效管理系统，从而围绕公司战略开展各项生产经营活动。

（2）绘制战略地图。按照一定的因果关系将战略目标分解成一个个战略主题，再将这些战略主题按照财务、客户、内部营运和学习成长四个维度进行层层分布，使其相互之间具有一定的因果支撑。

（3）建立绩效管理系统。这主要包括以下内容的设计：关键绩效指标（KPI）、指标要素等绩效考核内容，绩效管理 PDCA 的全过程，即绩效计划、绩效实施与辅导、绩效考核、绩效反馈四个环节，以及过程中用到的流程、表单等。

（4）建立组织责任体系。设计、实施战略绩效管理体系都需要全员参与并且各司其职：公司的高管、人力资源等各部门的中层管理人员、普通员工，都要承担相应的责任。

（5）培育支持绩效管理的企业文化和领导力。健康的绩效文化对于实施战略性绩效管理具有至关重要的作用，贯穿战略性绩效管理体系始终的两项关键工作是绩效辅导与绩效沟通，管理者的领导能力是工作有效进行的基本保障。

三、战略性绩效管理发展趋势

随着知识经济时代的到来，绩效管理体系的设计越来越注重战略导向。战略性绩效管理的发展逐渐走向成熟，出现了一些新趋势。

（一）弹性化的战略性绩效管理

战略性绩效管理是战略性人力资源管理的一部分，战略性人力资源管理在运作中的基本要求之一是战略弹性。战略弹性是指战略适应竞争环境变化的灵活性。战略性绩效管理必须具有弹性。弹性化的战略性绩效管理反映的是绩效管理的过程对竞争环境变化的反应和适应能力。

战略目的是绩效管理的三大目的之一。为了达到战略目的，绩效管理系统本身必须具有一定的灵活性。战略目的强调绩效管理要为员工提供一种引导，使员工能够为组织的成功做出贡献，这就要求绩效管理体系具有充分的弹性，来适应企业战略形势发生的变化。当组织战略发生改变时，组织所期望的行为方式、结果以及员工的特征需要随之发生变化，这就要求战略性绩效管理系统有一定的弹性，能够随之灵活地调整。面对如此激烈的竞争环境变化，绩效管理能否针对这种变化做出迅速的调整是企业能否实现战略目的的关键。企业战略重心随着企业的发展在不断调整，绩效管理体系也必须具备适应这种改变的弹性。因此，弹性化的战略性绩效管理是绩效管理发展的新趋势。

（二）差异化的战略性绩效管理

毋庸置疑，每个企业都要进行绩效管理，但是，不同企业之间存在差异，同一企业的不同发展阶段存在差异，不同地区有行业发展的差异性，企业员工之间存在差异，因而使用一种绩效管理模式肯定不行，所以要实行差异化的战略性绩效管理。采取差异化的战略性绩效管理，只是在绩效管理流程中的部分环节针对差异性的个体进行差异化管理，并不是所有环节都要采取差异化的管理措施，否则会影响绩效管理的效度和信度。

（三）多样化的战略性绩效管理

不同的企业有不同的企业文化和管理特点，用一种绩效管理方法很难实现与企业战略相匹配。因而在实践中，绩效管理的发展呈现出很难用一种工具进行管理，必须结合多种模式和方法的局面。多样化的战略性绩效管理并不是将绩效管理工具进行累加，而是将多种绩效管理工具进行整合，这种整合是一种科学的管理。

（四）人本化的战略性绩效管理

目前企业使用的各种绩效管理工具虽然是基于先进管理理念的工具，但工具效能的充分发挥，必须依靠使用者自身的掌握。在影响绩效管理行为的管理要素中，“人”在管理活动中处于主导地位。“人”能力的高低，对组织目标能否实现和管理效能是否提高，起着决定性的作用。战略性绩效管理归根到底是对“人”的管理，要做好战略性绩效管理就必须“以人为本”。绩效管理也强调要把“以人为本”的思想贯穿在整个绩效管理系统过程中。因此，战略性绩效管理的发展趋势必然是沿着“人本化”的方向发展的。

不同员工的能力是有区别的，会对绩效管理产生根本的影响。在“以人为本”的绩效管理中，企业不仅要客观评价员工的现有绩效水平，而且要科学评价员工的潜在绩效水平，并根据员工现有绩效水平与潜在绩效水平，提高员工的绩效。此外，在对员工行为的考核中，企业不仅要考核行为表面的结果，而且要考核完成行为的过程。高效绩效管理的贯彻实施，不仅要靠管理者的知识和能力，而且要靠其诚实正直的品格，从人的潜在方面进行绩效管理。同时，“人本化”的绩效管理更加强调沟通的重要性，绩效管理的实践证明，良好的沟通是有效的绩效管理的关键因素。所以，随着现代管理理论的发展，以及人们对人力资源管理认识的提高，绩效管理的实践呼吁企业进行“人本化”的战略性绩效管理。

（五）主动化的战略性绩效管理

在当今知识经济时代，企业将人力资源视为企业最重要的资源，能否发挥人的能动性对绩效管理是否有效起了至关重要的作用。根据这种趋势，绩效管理会向着主动性的方向进一步发展。本书提出的主动化的战略性绩效管理，是指在绩效管理过程中，让员工保持积极乐观的思维模式，这种思维模式会引导员工做出更成功、更有建设性的行为，进而表现出成功的绩效。员工的思考模式和价值观是主动性绩效管理的决定因素。在目前的绩效管理中，经常发生员工把自己绩效差归咎于客观原因。员工对绩效管理不是主动接受，而是被动地执行，在这样的绩效管理过程中关注的是问题本身而不是解决办法，因而不会有绩效改进的行为发生，也不会有高绩效的结果。在主动化绩效管理中，员工乐于接受绩效计划，主动配合并执行绩效的实施，积极参加绩效考核，愿意收到绩效反馈，能够实现最佳的长期绩效，因而主动化的绩效管理是今后战略性绩效管理的发展趋势。

（六）超前化的战略性绩效管理

战略性绩效管理强调关注企业未来的绩效，绩效管理由评价性向发展性转变已经是一种趋势，而且这种发展性绩效管理趋势确切说是一种超前化的绩效管理。这种新趋势是指绩效管理要走在员工发展的前面，超前于发展并引导发展，才能使员工关注企业未来的绩效。

战略性绩效管理强调动态性，因此，在绩效管理中，管理者要用动态发展的眼光看待员工，要认识到每个员工都有发展和改进的可能性，并有效引导员工向高绩效发展。绩效考核的重心从评估转移到员工的发展上来。企业绩效考核的结果用于员工个人职业生涯发展，使员工在实现组织目标的同时，也实现了个人的职业目标，而员工的发展又促进了企业的发展。

总之，超前化的战略性绩效管理要求提升组织当前绩效的同时，将这种绩效发展成组织未来的更高的绩效，是一种绩效管理发展的新趋势。

（七）匹配化的战略性绩效管理

权变思想认为，管理是环境的函数，管理行为应当随着环境的改变而改变。权变思想对绩效管理的指导在于，绩效管理能否取得成功，关键在于它存在的特定环境。环境是变化的，因此，绩效管理必须随环境变化而变化。这种动态变化影响到绩效管理是否与企业战略相匹配，绩效管理流程中的各环节之间是否相匹配，绩效管理体系的设计是否与员工的能力相匹配等。只有协调好各方面的关系，在变化的环境中，做好匹配化的绩效管理，才能实现最佳绩效管理。针对当前快速发展的经济，绩效管理发展的新趋势要求企业必须实行匹配化的战略性绩效管理。

（八）技术化的战略性绩效管理

随着人力资源管理技术的发展，电子商务技术不断用于人力资源管理中，出现了电子人力资源管理。战略性绩效管理的发展，有大量的数据信息要处理，必然要求出现一种新技术，能够为战略性绩效管理的发展提供巨大支持。技术化的战略性绩效管理，主要运用以电子绩效管理为平台的绩效管理系统。电子绩效管理是指利用计算机采用信息化的绩效管理手段，基于先进的软件和大容量的硬件设备，通过信息库自动处理绩效管理的信息，提高效率，降低成本。电子绩效管理通过与企业现有的网络技术相联系，保证绩效管理与技术环境同步发展，有利于绩效管理的最佳发展。

第五节 绩效管理的基本流程

在经济全球化和信息时代的大背景下，企业要想取得持续竞争优势，必须不断提高绩效，改善绩效管理。绩效管理是一个动态的过程，要提升绩效管理的质量，必须了解绩效管理的过程、绩效管理的设计流程等。

一、绩效管理的基本流程及其设计

绩效管理是一个包含绩效计划、绩效监控、绩效评价和绩效反馈四个环节的闭环系统。有效的绩效管理工作必须保证这四个环节的有序开展。

（一）绩效计划

绩效计划（performance planning）作为绩效管理系统闭循环中的第一个环节，是指当新的绩效周期开始时，管理者和下属依据组织的战略规划和年度工作计划，通过绩效计划面谈，共同确定组织、部门以及个人的工作任务，并签订绩效目标协议的过程。

在绩效计划环节，管理者和下属通过确认如下问题而进行双向沟通：

（1）本绩效周期的主要工作内容和职责是什么？按照什么样的程序完成工作？何时完成工作？应达到何种工作效果？可供使用的资源有哪些？

（2）本绩效周期应如何分阶段地实现各种目标，从而实现整个绩效周期的工作目标？

（3）本绩效周期的工作内容的目的和意义何在？哪些工作是最重要的，哪些是次要的？

（4）管理者和下属如何对工作的进展情况进行沟通？如何防止出现偏差？

（5）下属在完成工作任务时拥有哪些权利？决策权限如何？

（6）为了完成工作任务，下属是否有接受培训或自我开发某种工作技能的必要？

从以上问题可以看出，作为整个绩效管理过程的起点，绩效计划非常注重管理者和下属的互动式沟通和全员参与，使管理者与下属在做什么 、做到什么程度、怎么做等问题上达成共识。

（二）绩效监控

绩效监控（performance monitoring）是绩效管理的第二个环节，也是整个绩效周期中历时最长的环节。绩效监控是指在绩效计划实施过程中，管理者与下属通过持续的绩效沟通，采取有效的监控方式对员工的行为及绩效目标的实施情况进行监控，并提供必要的工作指导与工作支持的过程。

绩效计划是绩效管理成功的第一步，绩效监控作为连接绩效计划和绩效评价的中间环节，对绩效计划的顺利实施和绩效结果的公平评价有着极其重要的作用。它要求管理者在整个绩效计划实施过程中持续与下属进行绩效沟通，了解下属的工作状况，预防并解决绩效管理过程中的各种问题，帮助下属更好地完成绩效计划。

在绩效监控阶段，管理者主要承担两项任务：一是采取有效的管理方式监控下属的行为方向，通过持续不断的双向沟通，了解下属的工作需求并向其提供必要的工作指导；二是记录工作过程中的关键事件或绩效数据，为绩效评价提供信息。

从绩效监控的手段看，管理者与下属之间进行的双向沟通是实现绩效监控目的的一项非常重要的手段。为了实现对下属绩效的有效监控，管理者与下属应共同制订一个相互交流绩效信息的沟通计划，从而能够有针对性地帮助管理者指导并鼓励下属不断提高工作绩效，缩小绩效差距，确保绩效目标的顺利完成。

（三）绩效评价

作为绩效管理过程中的核心环节，绩效评价（performance appraisal）是指根据绩效目标协议书所约定的评价周期和评价标准，由绩效管理主管部门选定的评价主体，采用有效的评价方法，对组织、部门及个人的绩效目标完成情况进行评价的过程。

需要注意的是，应当把绩效评价放到绩效管理过程中，将其看作绩效管理过程中的一个环节，不能与绩效管理其他环节相脱离。首先，绩效评价的基本内容是绩效周期开始时管理者与下属共同制定并签署的绩效目标计划协议，并且其不能根据管理者的主观意图和喜好随意修改；其次，绩效评价所需要的信息和佐证材料是在绩效监控过程中收集的；最后，绩效评价的目的不只是了解现有的绩效水平，而且是通过客观、公正的绩效评价找出绩效不佳的问题，为绩效反馈阶段的绩效改进提供依据。

（四）绩效反馈

绩效反馈（performance feedback）是指在绩效评价结束后，管理者与下属通过绩效反馈面谈，将评价结果反馈给下属，共同分析绩效不佳的方面及其原因，制订绩效改进计划的过程。

绩效反馈在绩效管理过程中具有重要的作用，是绩效管理过程中的一个重要环节。通过绩效反馈，员工可以知道管理者对他的评价和期望，从而不断地修正自己的行为；管理者也可以通过绩效反馈指出员工的绩效水平和存在的问题，从而有的放矢地进行激励和指导。因此，绩效管理的目的要着眼于提高绩效，确保员工的工作行为和工作产出与组织目标保持一致，从而实现组织的绩效目标。而绩效管理能否确保组织目标的实现，则在很大程度上取决于管理者如何通过绩效反馈环节使员工充分了解并不断改进自己的绩效水平。

二、绩效管理系统中各个环节的有效整合

绩效管理是一个循环的、动态的系统，绩效管理系统所包括的几个环节紧密联系、环环相扣，任何一环的脱节都将导致绩效管理的失败，所以在绩效管理过程中企业应重视每个环节的工作，并将各个环节有效地整合在一起，力求做到完美。绩效管理各个环节的关系如图 1-1 所示。

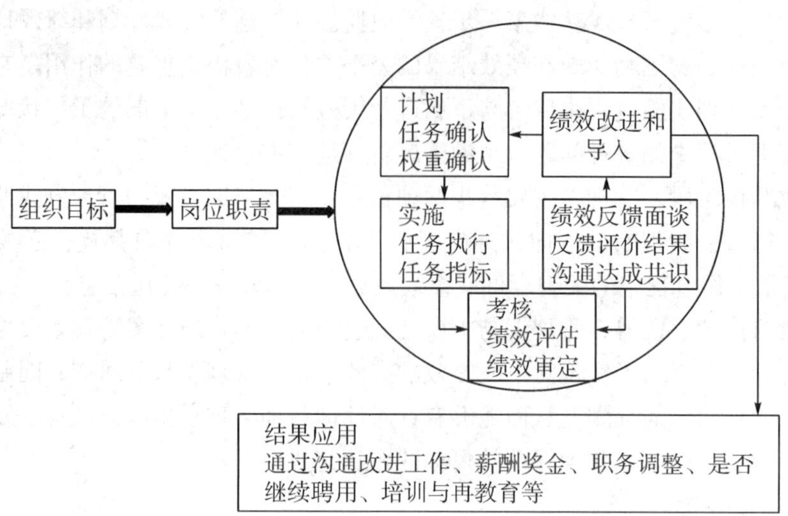

图 1-1　绩效管理系统中各个环节的有效整合

案例分析

ANLIFENXI

华为独特的绩效管理

很多人都在探索华为的发展奥秘。有人说是任正非的个人魅力，有人说是公司的管理制度完善，其实华为最独特的地方在于绩效管理制度——只有 6 个字：减人、增效、加薪。华为采用推进增量的绩效管理方法，成功实现员工人数减少 50%，人均生产力增长 80%，销售收入增加 20%。华为在推进增量绩效管理上的具体方法是什么呢？

由工资倒推任务

很多公司做预算时，一直是给下属安排任务，这就等于“逼着”下属去做。华为的做法恰好相反。华为只有一个规定：首先给他（员工）一个工资包，他想拿多少工资，就按比例倒推出他的任务。例如：华为给他 500 万元的工资包，但他想拿的工资是 60 万元，那么他必然要为这 60 万元去想办法完成绩效。

公司最核心的管理问题是，一定要把企业的组织绩效和部门费用、员工收入相关联。最重要的是将核心员工的收入提高，而给核心员工加工资，可以倒逼他提升能力。公司要考虑员工怎么活下去，要考虑员工的生活质量不降低。员工有钱却没时间花，这是企业最幸福的事情。而企业最痛苦的是什么呢？低工资的人很多，但每个人都没事干，一群员工一天到晚有时间却没钱。所以华为强制规定必须给核心员工加工资，从而倒推他要完成多少任务。华为每年给完成任务前 20 名的员工加 20%的工资，中间 20%的员工加 10%的工资，每超额完成了 10%，再增加 10%比例的工资。此外，即使部门做得再差，也要涨工资，不过可以减人。很多企业经常犯一个错误：部门绩效越差，就越不给员工涨工资。如果工资不涨，优秀员工肯定要走，剩下的都是比较差的。中小企业的员工，不能像华为的员工一样，每个员工工资都很高，但可以让核心员工工资提高。在这种情况下，核心产出职位的薪酬要增加成为必然。总之，要留住核心员工，给少数优秀的员工涨工资，来倒推你的任务，这就是增量绩效管理。

提高人均毛利

但是，很多员工不会为了销售收入的提升而努力，所以一定要有毛利。华为首先将毛利分成六个包：研发费用包、市场产品管理费用包、技术支持费用包、销售费用包、管理支撑费用包、公司战略投入费用包。然后，其要找到这六个包的“包主”，让这个“包主”去根据毛利来配比下面需要几个人。

任何一个企业，人均毛利是唯一的生存指标。若人均毛利35万元的60%即21万元是人工成本，则还有35%是业务费用，15%是净利润。目前，在北、上、广、深一线城市，如果说企业里的员工，一个月拿不到8 000元薪资，大家就没法生活。华为之所以一定要实现人均毛利100万元的目标，是源于华为规定，员工必须拿到28万元的固定工资。

这个问题对于中小企业同样适用，一定要注意将人均毛利提上去。人均毛利率的增长，决定着工资包的增长。如果中小企业的工资包上不去，其一定会成为大企业的黄埔军校，使掌握优秀技能的人才被别人挖走。

减人增效

一个企业最好的状态是每一个员工都在各司其职。这就涉及一个问题：要减人增效。这是绩效管理首要的目标。所以，华为人力资源部在定招聘需求的时候，第一是一定要搞明白为什么要招这个人？第二是他独特的贡献是什么？第三是能不能把这个岗位给别人做，给别人加点工资？

在华为，一个部门经理只能干三年，第一年的任务就是精简人员，将很多岗位合并。企业一定要记住这几条：管理岗位和职能岗位越合并越好，一个岗位的职能越多越好，产出岗位越细越好。

产出岗位是什么？就是研发经理、市场经理、客户经理。对于产出岗位，最好不要让他“升官”，而是要他“发财”，要对产出岗位“去行政化”。也就是说，企业一定要提升产出岗位的级别，让他们只干产出的事情，但是可以享受总裁级的待遇。

从这个角度上来说，企业管理的行政岗位和产出岗位要进行分离，要有明确分工，有了分工以后，才能更好地调整工资结构。而且对于产出岗位，一定不能亏待他们。比如对于前三名的优秀产品经理、客户经理，要拿出20%的收入对他们进行增量激励。

资料来源：http：//www. zwgl. com. cn/cn/97920357. html（有删减）

本章小结

本章主要介绍了绩效管理的基础知识。绩效是指企业内员工个体或群体能力在一定环境中表现出来的程度和效果，以及个体或群体在实现预定的目标过程中所采取的行为及其做出的贡献。绩效管理是通过对企业战略目标的建立、目标分解、业绩评价，将绩效评价结果用于企业日常管理活动中，以激励员工业绩持续改进并最终实现组织战略目标的一种正式管理活动。绩效管理具有战略性、差异性、协调性、公平性等性质。战略性人力资源管理把各项职能活动，如招募与甄选、培训与开发、绩效管理及薪酬体系与战略管理过程紧密地联系起来。一方面，人力资源管理活动要与组织战略保持动态协同；另一方面，人力资源管理活动要为组织战略的实施创造适宜的环境，发挥战略伙伴的作用，从而实现组织目标，为组织创造持续的竞争优势。战略人力资源管理具有战略性、目标性、灵活性、协调性的特点。绩效管理是一个包含绩效计划、绩效监控、绩效评价和绩效反馈四个环节的闭环系统。

思考与讨论

1. 简述绩效、绩效考核和绩效管理的定义。
2. 绩效管理的性质是什么？
3. 传统绩效管理和战略性绩效管理的区别是什么？
4. 战略性绩效管理体系是如何建立的？
5. 战略性绩效管理的发展趋势是什么？
6. 绩效管理在战略性人力资源管理系统中的地位是什么？
7. 绩效管理的基本流程有哪些？

第二章

绩效管理理论和技术发展

案例引入

ANLI YINRU

不欢而散

某网络公司的人力资源部近日为销售部经理王一辞职深感苦恼。王一之前是一个入职两年多、业务水平中等偏上的销售员，但是他为人谦逊、思维敏捷、善于分析，迅速在销售片区形成了一套特色化的产品销售网络，因此深得公司老总赏识。去年公司老总力排众议，将他破格提拔为销售部经理。王一上任后，由于资历浅，业绩不突出，公司上下特别是销售人员对他颇有微词。王一并没有畏惧退缩，反而放手大干，大胆创新，在调查分析了市场销售的环境后，根据市场需求，重新制定了销售策略。同时他还联合人力资源部在工资、奖金制度上采取了与销售业绩直接挂钩的灵活的激励制度，极大地调动了销售人员的积极性，公司的销售业绩在一年内猛增了80%。王一的工作逐步得到公司上下级的认同，销售部得到公司的表扬。王一的下属们都得到了“价值不菲”的红包，但他却仅仅得到一个“不大不小”的红包。王一心里有些不是滋味：根据他的贡献，业内应该是享有工资翻倍、带薪休假15天的待遇。王一遂向公司老总提出异议，认为其“付出与收入不相称”，但公司老总以“作为部门经理，提高本部门业绩是应尽本分”为解释，谈话最终不欢而散。一周以后，王一跳槽到了竞争对手公司，薪金也随之涨了两倍。

思考：请问本案例中造成优秀员工销售部经理王一离职的本质原因是什么？

组织、管理和绩效是不可分割的概念。组织是管理活动的载体，管理是组织创造绩效的手段，绩效是组织实施管理的目的。经过百年的管理思想发展，各种组织的管理实践和管理领域的管理理论研究都围绕着绩效进行，都将组织绩效的提高作为探索的起点，始终致力于促进绩效水平的提高。从这一意义上讲，管理发展的历史是绩效管理探索的历史。

第一节　管理理论变革与绩效

一、绩效管理思想的演变

绩效管理经历了从萌芽到酝酿、生产、发展和完善的漫长过程。

19 世纪初期，被誉为“人事管理之父”的罗伯特·欧文在苏格兰的新拉纳克进行了最早的绩效管理实验。欧文坚持以人为本，强调人性化管理。他将工人的工作绩效分为恶劣、怠惰、良好和优质四个等级，并分别用黑、蓝、黄、白四色的木块表示，每个工人的前面都有一块不同颜色的木块，部门主管根据工人的表现进行考核，厂长再根据部门主管的表现对部门主管进行考核。为了保证考核的公正，欧文规定厂长要听取任何人对于规章制度方面的意见，且每个工人都可以将有关自己行为方面的表现记录向他提出申诉。考核结果摆放在工厂里的显眼位置，所有员工都可以看到每个人木块的不同颜色，从而知道对应的员工表观如何。刚开始实行这项制度的时候，工人表现恶劣的很多，表现良好的却很少，在众人目光的注视中和自尊心理的驱使下，表现恶劣的工人逐渐减少，表现良好的工人不断增多。欧文开创了企业建立工作绩效考核系统的先河。

20 世纪早期，科学管理占据管理学主导地位，以弗雷德里克·泰勒为代表的科学管理学派秉承亚当·斯密的“经济人”观点和大卫·李嘉图的“群氓假设”，将人看作一群无组织的利己主义的个体。这个时期提高绩效的方式是通过工作标准化和培养“第一流的工人”来实现的。

20 世纪 20 至 40 年代，基于埃尔顿·梅奥的“社会人”假设研究，人际关系学派和行为科学学派对个体的社会性需求、非正式组织的影响以及管理者的领导能力等方面进行了系统分析，对人的心理因素对绩效的影响有了更深的认识。

20 世纪 50 年代，彼得·德鲁克综合科学管理学派和行为科学学派的研究成果，把“重视物”和“重视人”的观点结合起来，提出了目标管理的思想，强调员工参与目标制定和充分尊重员工意愿以激发其内在动力。德鲁克的“目标管理和自我控制”管理思想促使目标管理发展成为一个卓越的管理工具。目标管理以制定目标为起点，以目标完成情况的评价为最重要的节点，以绩效反馈为终结；工作成果是评定目标完成程度的标准，也是评价管理工作绩效的最重要的标准。总之，德鲁克的目标管理理论为绩效管理发展做出了重要的贡献。20 世纪 50 年代以后，激励理论、领导理论、权变理论、战略管理理论等研究成果的涌现，使个体绩效的影响因素呈现出多层次、多维度和动态性的特征，并逐渐与组织的战略联系起来。

从科学管理运动兴起到 20 世纪 80 年代，企业内部绩效评价与控制的研究与实践主要是针对组织财务效率的衡量、个人绩效标准及其影响因素的研究与实践。这种传统的绩效评价模式产生于工业经济时代，以事后评价为基础，注重企业自身的状况，注重清晰、明显的短期绩效，主要以财务指标为基础。这种盈利模式对于依靠会计信息披露进行投资决策和管理的投资者和分析师来说是一个强有力的工具。然而，随着知识经济的兴起，无形资产对企业获取核心竞争优势的影响日益扩大。这种典型的会计业绩计量模式暴露出许多不足。

在信息时代与经济全球化到来的今天，市场竞争日趋激烈。为了提升自己的竞争力，企业纷纷寻找能够提高生产效率的有效方式，诸如调整组织结构，实行扁平化组织、分散化组织、组织裁员等来改善组织绩效。但是实践表明，组织结构的变化虽然能够一定程度降低管理成本，但却不能从根本上促进组织绩效的改善。真正能改善组织绩效的只有组织成员的行为的改变。20 世纪 80 年代中晚期至 20 世纪 90 年代早期，绩效管理逐渐成为一个被广泛认可的人力资源管理过程。

二、管理理论变革与绩效管理的发展

管理理论的演进不断地推动着绩效管理理论的发展，管理学、行为科学、信息论、系统论和控制论等共同构成了绩效管理的一般理论基础，而目标管理理论、管理控制理论等成为绩效管理的直接理论基础。绩效管理思想和方法从传统的非系统化阶段过渡到了现代的系统化阶段。随同管理理论的每一次变革，绩效管理经历了以下的发展变迁：

（一）科学管理理论阶段

20 世纪初泰勒在科学管理理论中提出科学管理理论的核心，即精神革命。精神革命认为雇主和雇员双方利益一致：雇主不仅仅追求利润最大化，同时也有对事业的追求；事业发展除了给雇员带来满意的薪酬，也能促使他们发挥自我潜质，实现自我价值。当劳资双方的关系是互利共赢时，双方可以通过合作来提高劳动效率，产生较以往更大的利润，使得雇主利润增加，雇员的薪酬增加、工作满意度上升。

科学管理阶段管理研究的重点是标准动作、标准时间、劳动定额、工艺规程和差额管理。绩效管理的特点则有绩效考核计划和执行分开执行、重视对员工工作结果的考核以达到控制员工的目的、重视员工工作绩效的数量而非质量。

（二）行为科学理论阶段

20 世纪 20 年代末至 30 年代初，行为科学理论始于美国哈佛大学教授梅奥主持的霍桑实验，其在 20 世纪 50 年代得到真正的发展。行为科学的研究，大致经历了两个阶段。首先是以人际关系学说为主要内容的时期，即从 20 世纪 30 年代梅奥的霍桑实验开始到 1949 年美国芝加哥大会第一次提出行为科学的概念为止。其次是 1953 年美国福特基金会上，其正式被定名为行为科学。

行为科学阶段研究重点是对人的行为以及行为出现的缘由，比如需要、欲望、动机以及目的的探究。这段时期绩效管理的特点是：既关注绩效的结果，同时也对员工的态度和行为展开考核；考虑员工的各种需求以提高激励的效果；通过员工个人绩效的提升来实现组织总体绩效的增长；重视非正式组织对员工绩效产生的影响。

（三）以人为本管理理论阶段

行为科学理论强调企业管理中人的因素的重要性，极大程度上改变了人们对组织管理的认识。以人为本的现代管理理论应运而生，其强调以人作为主体，以文化作为先导，以制度作为保证，以价值作为中心，在尊重理解个体的前提下，运用科学的方式合理地进行人性化管理，充分调动人的主观能动性，发挥人的主动性，激发人的内在潜能，深挖人的社会价值，从而全面提高组织的经济效能和社会效能。

以人为本管理理论的研究重点是强调对人的管理，帮助人实现其价值，从而实现组织和个体的共同发展。这一阶段的绩效管理也发生了重大的变化：以单纯的控制为目的的绩效管理发展为包含了六个板块的完整绩效管理过程；更重视开发员工的潜能绩效以及绩效结果的反馈与沟通；把绩效结果、员工工作态度和行为以及员工潜能的开发进行有机的结合。

三、国外绩效管理的理论与实践

积聚无数包含真理内核的管理科学体系在各种认识的交织和人们的讨论中向前推进。绩效管理理论虽不存在地域限制，但在不同环境和历史积淀中，也会表现出不一样的特征来。

欧美地区的绩效管理理论与实践。欧美地区的绩效管理思想研究较早，已经形成了较为完善的理论体系，在组织实践中也得到了不断的推广。欧美地区的绩效管理较为注重个体行为。受主流文化和一些其他因素影响，欧美地区企业绩效管理侧重于员工行为，并把绩效看作一个个体能力和动力的函数。欧美地区大部分人认为组织是由个体构成，个体是形成企业绩效的关键，组织绩效实质是个体绩效的综合体，因而绩效管理应以个体为中心进行。其中具有代表性的看法是 Compoll 的观点，他把绩效归纳为由八个主要个体因素组成的框架，这八个组成部分包括具体工作任务熟练程度、非具体工作任务熟练程度、书面和口头交流任务的能力、所表现出的努力、维护个人纪律、促进他人和团队绩效、监督管理或领导、管理或行政管理。它们都是从个体出发的，都是以个体为中心阐述的，并涉及以个体差异为前提的个人智力、个性和能力。

日本的绩效管理观念的发展。一般而言日本在绩效管理方面更加注重团体行为，日本企业的文化更加关注团队理论和精神的建设。日本企业绩效管理的根本目的是实现对组织的宗旨、预期的战略的贯彻和组织绩效的最优化。如果说欧美人采用的是“以管理员工绩效为主”的绩效管理模式，日本则表现为“以管理组织团体绩效为主”的绩效管理思想。虽然近年来这种差异随着管理经验的交流已逐渐减少，但其形成仍然倾向于适合各自文化主体的特征。由于日本人注重团队精神，日本企业进行绩效管理时对基层目标的制定以团体为主，团体的员工则采用不区分能力决定因素、差别很小的标准（而欧美的做法恰恰相反）。日本对团队精神的注重受到传统理论的影响，从一些严谨的日本管理科学的专著中可以看出日本人有关绩效管理的理论早已成熟：禀议制的目标决策控制、激励理论指导的组织员工激励和复杂的绩效评估等，无不说明日本绩效管理的系统性。

日本绩效管理的主体观念有：①权限的委让。松下公司创始人松下幸之助认为员工在工作中学习成长并且以工作的结果来评价其自身的知识和技能，主管应给员工实际行动的机会，委以相应工作的同时应该赋予相应的权限，使之能自由裁量，独立处理，才会使其充满信心且积极地工作。②参与计划与沟通。要使员工心甘情愿接受主管的命令，必须让他参与计划的制订并发表意见，使他们觉得自己的经验、意见和知识受到了重视，增加完成任务的责任感。分配工作就得沟通，而沟通是双向的，包括给予员工工作的重点指导并听取员工的意见和建议。③信赖。让员工知道主管对他的信任，主管与员工间不要有隔阂，员工有意见、困难都敢向主管反映，主管人员应对员工采取充分信任的态度。④团队是和谐的团体。每一个成员在接受主管的任务分配或工作指示时都能产生“我在做值得做的重要的工作，为了圆满完成任务，我要下功夫认真地去做”的想法；主管应明确地指示工作的目标并激励员工对工作产生兴趣；而员工则要利用团体的力量，共同努力完成业务目标，每个人为了自己的目标也是团队的目标而努力工作并相信自己在充实中成长。

日本的绩效管理不同于欧美的绩效管理理念，它比欧美人更“人性化”。它也是沟通和参与，但以“收买”的方式增加了员工的积极性和主动性。权利的分配是员工无条件信任的结果。虽然不称职的人很容易利用这一点，但它也增加了有能力的人的机会。团队的协作性强调诚信意识，以规避员工的道德风险。

四、文化差异对绩效管理的影响

经济全球化使得组织地域性的差别越来越小，组织成员的背景多元化使得组织文化的建设对组织绩效的影响越来越明显。组织文化是组织内具有相似的社会经验、受过相似教育的组织个体所共有的心理体验。群体不同，地域不同，组成成员的心理体验也就不同，文化便会存在差异，导致组织和个体的思维方式和行为方式也就有差异，因此对绩效管理也会产生不同的影响。

中西方的企业文化特征差异性非常明显。西方企业多以业绩为导向，其主要文化特征有：一是优胜劣汰、动态平衡，二是公司与个人结合、共同发展，三是职业规划、多途径发展，四是崇尚简单、业绩导向，五是立足长远、渐进突破，六是就事论事、求同存异。国内企业常以亲情文化为导向，主要文化特征有：一是普遍求稳的思想，二是对个人发展预期的不稳定性，三是官本位的思想，四是复杂的人际关系，五是利益群体的矛盾，六是面子为重，轻易不会为了公事而伤和气。

不同的企业文化对绩效管理带来不同的影响。西方的企业绩效管理非常注重上下级绩效目标的沟通与共同确认。在目标确认上，上级还要进行绩效过程中的指导与反馈，由上下级一起确认绩效目标实现过程中的人力资源、技术方法、业务流程等方法的障碍，然后共同研究提出解决障碍的方法。上级还要随时根据最初设定的绩效标准对下级的工作成果进行反馈。上级在陈述下级工作中的不足与失误之处时，出发点是促进公司整体利益的增长及员工个人能力的提升。我国企业则通常是以稳定为导向的亲情文化，通常认为通过考核结果的反馈，被评价者可以获得来自多层面的人员对自己的工作绩效、个人能力及工作态度的评价，客观地了解自己有关方面的优缺点信息，以作为自己工作绩效及能力不足的参考。反馈给被考核人的信息来自与自己工作相关的多层面考核人的评价结果，所以更容易得到被考核人的认可。而且反馈信息与自评结果的比较，可以让被考核人认识到差距所在，同时有助于组织成员彼此之间的沟通与互动，提高团队凝聚力和工作效率，促进组织的改变与发展。我国企业的绩效管理，不仅仅要制定适合企业发展绩效管理的制度，同时还要制定符合企业战略发展的绩效指标考核体系。遴选合适的绩效管理人员，培训富有执行力的绩效执行人员，编制全面而可行的绩效管理表

格，合理确定绩效结果并正确应用，不仅要解决绩效管理的文化基础问题，同时还要客观公正地运用考核制度改善员工的绩效考核水平。

第二节　绩效管理是管理理论变革的动力源泉

管理理论的发展，促进了绩效管理理论不断更新变化，而绩效管理也为企业顺利实现战略目标，明确员工和部门的任务和目标，制定衡量标准进行绩效考核，影响员工和组织的行为及工作结果提供了帮助。所以绩效管理本身的变化实际上也在影响管理的理论和实践。两者之间有着辩证的发展关系。

一、绩效管理是战略管理的重要因素

在全球化和信息化的时代背景之下，企业竞争规则发生了相当大的变化，很多工业时代的概念都不再适用，速度、客户和市场成为企业管理的重要内容。企业要实现目标利润的最大化，不能仅靠提高内部的管理水平和生产效率，而要重视战略竞争优势的形成和保持。信息时代的高度发达和高新技术的普遍应用使得企业战略管理发生了从未有过的巨大变革，绩效管理体系在这种复杂环境下面临严峻的挑战。为了适应这一现状，有效的战略绩效管理体系是必然之选，而绩效管理是战略管理的重要因素。

将绩效管理纳入战略管理全过程。绩效管理体系具有导向作用，越是优秀的企业，就越是需要优秀的绩效管理体系来监测企业的经营状况，这样管理者才能充分挖掘企业的潜力并且及时防范风险。传统的绩效管理一般建立在财务评价和财务目标的基础上，与企业的长期战略目标相关程度不高。其对短期财务评价的过分关注会导致战略的设计与实施之间存在脱节现象。在战略管理对企业获取竞争优势尤其关键的今天，一个有效的绩效管理体系必须成为战略管理过程中的重要环节，与企业的战略目标密切联系。因此，企业应当将战略作为起点，通过特定的指标体系将总体战略目标转化为具体的阶段目标，并自上而下逐层分解，以便各个层级的部门和人员能够在战略的统一指导下协调配合，实现企业整体利益的最大化。由此，战略绩效管理体系能够进入战略管理的全过程，真正为企业战略服务。

战略绩效管理反映利益相关者的需求。传统的绩效管理主要是为了满足投资者、债权人和管理者的需求，只关注企业内部管理的度量。随着利益相关者理论的兴起，利益相关者的概念和内涵大为扩展。广义的利益相关者可以影响企业或会受到企业的决策和行动的影响，比如政府、员工、客户和供应商等。在传统的企业管理理论中，以上这些个人和团队一般是从企业环境或外生变量的角度来定义的，并未列入企业管理范畴。然而，由于经济全球化和一体化进程的不断加快，市场的深度和广度得到扩展，企业的发展与员工、客户、供应商、监管方等之间的关系也随之加强。这些利益相关者与企业的关系成了最重要的战略资源，被视为企业的构成要素之一纳入企业管理范畴中，成为企业战略管理研究的新领域。战略绩效管理可以从多角度综合考虑各个利益相关者的需求，有助于战略的实施。

战略绩效管理将财务指标与非财务指标相结合。财务指标是评价企业战略运行绩效的重要方面，但它一般只侧重于企业内部某些因素对业绩的影响，而忽视了外部因素的影响。只有从影响企业战略实施的关键因素着手建立绩效管理的指标体系，才能正确评价绩效。企业面临的外部竞争愈发激烈，无法正确评估外部环境，就愈难以确认自身优劣与面临的机会、威胁，无法获得长期竞争中的战略优势。因此，企业除了关注内部的财务指标，还要充分重视客户满意度、产品的市场份额、技术和产品创新等非财务因素，才能实现客观全面的绩效管理。另外，财务指标数据取自会计报表，具有固有的滞后性。而非财务指标常常能够反映企业未来的发展趋势，具有预示作用，可以在一定程度上弥补单一财务指标易导致短期行为的缺陷。企业整体绩效涵盖了财务和非财务指标，二者缺一不可。战略绩效管理将财务指标和非财务指标结合使用，有助于实现绩效管理效用的最大化。

战略绩效管理将静态结果与动态过程相结合。传统的绩效管理主要是评价企业经营活动的结果，忽视企业经营过程的运行情况，使得管理存在滞后性，导致企业无法及时有效地进行监管。当前外部竞争环境的不确定性更加要求管理者全面了解并掌控企业的经营过程。要实现这一要求，管理者需要大量具有预见性的事前指标支持战略的制定与实施。所以绩效管理系统不仅要反映企业前一阶段的经营活动成果，还要能够全面反映企业现状以及未来发展趋势，以及时发现并解决问题，保障战略目标的实现。将静态结果与动态过程相结合，可以有效地实现经营过程中的实时控制，发挥绩效管理的导向性作用。

二、管理理论的演变促进绩效管理的战略观点形成

在现代管理理论的基础之上，现代绩效管理引入了系统控制理论的基本思想，认为绩效管理过程涵盖计划、实施、考核、反馈和沟通、应用结果等五个环节，其根本目的就是推广与实施组织战略。因此组织绩效管理应该与组织的战略目标紧密相连，才能实现组织的整体战略目标。

三、绩效管理是管理理论变革的动力源泉

绩效管理在管理理论的变革中起到了重要的作用，是管理理论变革的动力源泉。绩效管理以组织战略为导向，将组织的战略目标转换为具体的行动方案，促进形成组织上下一致的局面。绩效管理以提升工作绩效为目的，绩效评价的目的不是找出效率低下的员工，而是作为评价员工绩效的手段，为奖惩提供依据，对工作中的问题进行改进，从而更好地保证组织目标的实施。绩效管理是促进员工能力开发的手段，针对评价中存在的问题，对员工进行相关的培训，也可以了解员工的潜力，为其进行职业发展规划提供依据，以达到人岗匹配的原则。

第三节　绩效管理理念的发展趋势

绩效管理理念的发展是伴随着管理理念的发展而进步的，其每一次变革都与管理控制息息相关。绩效管理作为一种具体的管理方法，根本目的是改善组织和个体绩效，实

现组织战略目标。绩效管理经历非制度到制度化、传统上重视绩效考核到现代系统化绩效管理、单纯通过激励来促进绩效到重视执行力直到最后重视核心竞争力的提升、从结果导向到发展导向，经历许多次变革，每一次变革、每一种方法的使用，其目的都是对组织绩效或者成员绩效的控制，实际上这些都是一个对绩效信息的收集、分析和应用的过程。随着知识经济时代的来临，绩效管理发展将越来越关注战略导向，绩效管理的发展将逐渐走向成熟。

一、由绩效考核向战略性绩效管理理念的转变

随着经济的发展，企业的管理经历了从生产管理到经营管理，再由经营管理到战略管理的过程。根据纵向整合的原则，Lengnick-Hall 提出了业务战略与人力资源战略相结合的模型，认为战略人力资源管理必须能够为公司的业务战略做出贡献，进而影响组织的绩效。1992 年，罗伯特·卡普兰和戴维·诺顿认为传统的绩效考核体系只关注财务指标这一滞后的和片面的指标，而没有关注到其他对于企业发展具有长远意义的指标如客户发展方面的指标；指出企业应该找到财务指标与非财务指标、结果指标与驱动指标、短期目标与长期目标等之间的平衡点。他们认为组织绩效管理应该从以下四个方面来考量：财务方面、客户方面、内部流程方面、学习与成长方面。他们还认为企业组织体系应该基于企业的战略来进行构建，并指出了构建战略中心型组织的五大原则：化战略为行动、改革管理层、把战略任务拆分到每一个组织成员的日常工作中、战略与组织协同、使战略具有可持续性。2004 年其在《战略地图——化无形资产为有形成果》中进一步强调企业愿景与企业战略的重要性，并指出企业该如何充分利用现有的人力资源、信息资源等无形资产把内部流程变成一个创造价值的过程，不断提升自身的竞争优势，从而实现股东利益最大化的目标。

二、绩效考核的过程中需引进心理学的思考

心理学是研究个体生命全程中心理发生、发展特点和规律的一门学科，重在探索外因与内因、教育与发展、普遍特征与个体差异等内容。把心理学引入绩效管理理论中，尤其是学习理论和工业心理学的形成，对绩效技术的形成和发展有着重要的影响。学习理论包括行为主义学习理论、认知学习理论、构建主义学习理论等。工业心理学包括管理心理学、工程心理学、劳动心理学、人事心理学和消费心理学等。从心理学角度透视目前绩效管理的发展趋势可以发现如下四个鲜明特点：

第一，从目标导向转向过程管理，重视激励和控制。传统的绩效评价单方面强调目标的设置与分解，现在的绩效管理不仅强调目标设置和分解，更强调从绩效计划、辅导到评价和激励的全过程管理和监控，尤其要突显出管理者的沟通、反馈、辅导和激励的作用。第二，从结果导向转向发展导向，强调主动积极。传统的绩效管理或是仅仅关注工作任务和结果的完成水平，或是更多强调绩效目标完成与薪酬激励之间的关系；现在的绩效管理除关注上述方面，还关注员工的行为表现和投入程度，更加强调员工的个人成长和发展。第三，从单向评价转向系统评价，重视管理者的诚实正直品格建设。传统的绩效评价主要是人力资源部门或员工直接上司的单一评价，忽视了员工工作生活的生

态系统性特征。当今心理学的“生态系统论”（Bronfenbrenner，1986）认为个体发展的生态系统包括宏观、外观、中观及微观四大系统，需要从上级、下级、同事、自我、客户、供应商及合作伙伴等多个侧面来评价员工和管理者的绩效和行为。第四，重视营造主动化的战略性绩效管理的企业环境。主动化绩效管理是指在绩效管理过程中，让员工保持乐观积极的心态，引导员工做出更有建设性的工作行为，提升员工的工作绩效。因此员工的心理和价值观是主动性绩效管理的核心要素。员工在主动化的绩效管理过程中，乐于接受绩效计划，主动配合绩效管理执行，积极参与绩效考核，坦然接受并愿意分享绩效反馈，实现最佳的长期绩效。

三、绩效管理注重系统论思想的全方位考评

绩效管理的理论基础主要来源于系统理论及相应的管理理论，如目标设置理论、激励理论等。根据系统论的思想，我们可以把绩效管理看作一个大的系统，且它本身也是社会大系统的有机组成部分。绩效管理内部由更小结构的子系统构成，外部与人力资源管理的其他职能工作相互关联，进而形成与企业管理的其他管理职能工作乃至于企业战略管理系统相关联的系统。系统具有集合性、层次性和相关性等特征。

集合性是系统最基本的特征。一个系统至少由两个或两个以上的子系统构成，构成系统的子系统称为要素，即系统是由各个要素结合而成的，这就是系统的集合性。例如，企业的系统是研究开发子系统、生产子系统、销售子系统、管理子系统等的集合；企业人力资源系统是人力资源规划、招聘、开发、绩效管理、薪酬管理等子系统的集合。

层次性指系统的结构是有层次的，构成一个系统的子系统和子子系统分别处于不同的地位。系统从总体上看都有宏观和微观之分，而微观上还有各种层次。企业绩效系统则包括组织绩效、部门绩效、员工个人绩效三个层次。

系统的相关性是指系统内各要素之间相互依存、相互制约。一方面，它表现为子系统同系统之间的关系。系统的存在和发展，是子系统存在和发展的前提，因而各子系统本身的发展就要受到系统的制约。例如，企业绩效控制系统受人力资源管理系统、公司战略、企业文化的制约。另一方面，它表现为系统内部子系统或要素之间的关系。某要素的变化会影响另一些要素的变化，而各个要素之间的关系的状态，对子系统和整个系统的发展，都可能产生截然不同的结果。在企业管理中，我们可以看到员工、部门、组织整体绩效相互制约、相互影响以及绩效管理与其他人力资源职能的相互制约、相互影响。

深入分析系统管理理论的原理及其与绩效管理的关系，可以使我们高屋建瓴地洞察绩效管理的最高指导思想，明白其要义，更好地指导我们搞好绩效管理工作。

第四节 绩效管理技术的发展

随着人类社会进入知识经济时代，作为一种致力于提升组织和个体绩效的系统方法，绩效管理技术逐渐得到广泛的关注和重视。绩效管理技术涉及范围非常广泛，其应

用和研究日益普及。

一、组织变革

组织变革与绩效管理之间存在着密切的联系，可以说组织变革是目的，绩效管理是手段，两者的联结则是关键。

组织结构能影响组织绩效，由于个体在组织结构中的定位不同，其人力资本和天生能力的不同可能是个体在层级制组织中大量经济不平等的原因。此外，与个体特征无关的因素（如收益、成本等）也会系统地影响不平等的程度。

组织的权变理论指出必须对组织结构进行变革以确保组织获得高绩效。组织绩效的变化也能促使组织变革，使组织更适合环境。当组织绩效较低时，组织会陷入危机，使企业的价值降低，从而导致组织变革。组织绩效的变化可以作为组织变革的动力，当组织不适应出现时，组织绩效就会下降，低于满意水平，这样就会引发组织变革，使组织由不适应转变为适应。组织要保持高的绩效水平，并获得持续成长，必须不断地进行组织变革和改善组织适应力。

绩效组织包含三层含义：①绩效组织结构安排。绩效组织结构安排是企业绩效管理权在管理层、中间层、作业层等组织部门间的分配，是人力资源管理权在企业内部的初次分配。②绩效运营模式安排。绩效运营模式安排是财权在企业内部经营者及以下层次财务部门之间的分配，是财权在企业内部的二次分配。依据企业基本组织模式如直线职能制、事业部制、控股制等，在企业经营战略指导下，构建、形成合理集权、分权的财务运营模式，是人力资源管理发挥应有作用的重要基础。③作业岗位安排。作业岗位安排，也是组织治理结构的重要组成部分。就目前而言，这一安排必须要解决好两大实际问题，才能建立起有效的绩效管理结构。

二、知识管理策略

知识管理的概念起源于20世纪80年代的美国。知识就是信息经过整理、分析与整合等增值过程的结果，运用于实践中具有使用价值。在现代化生产过程中，人们意识到知识管理在提高企业的竞争能力和企业绩效方面具有其他物质生产要素不可取代的作用。然而，知识体系具有多样性、复杂性等特点，通过单一的模式来进行知识管理，效果并不明显，于是管理学者就开始对知识进行分类管理以提高管理的效果，其中著名的有美国学者 Peter Novins 和 Rechard Armstrong。我国学者在对企业知识分类的基础上，围绕企业的绩效影响因素，将知识管理分为五类并且提出了相应的管理策略。

以下是各类知识管理策略及评价企业绩效的代表性指标（见表2-1），通过对这些指标的量化分析可以了解知识管理策略对企业绩效的影响作用。各类知识管理策略的指标可按其定义及实施的方法给出，而评价企业绩效的指标则根据平衡记分卡法给出。

表 2-1 知识管理策略及评价企业绩效的代表性指标

显性知识	可编码化的知识、文件、手册、共享的资料	隐性的知识	与同事合作 与专家面对面交谈 个别辅导
外部知识	从客户处获取 从分析竞争对手中获取 通过外部咨询获取 通过联盟合作获取	内部知识	个人知识 数据库 工作流程和支持系统制度、管理模式和企业文化等知识
企业绩效	财务和客户	内部流程	学习与成长

知识管理绩效考核方法可以分为定性分析、定量分析、内外部绩效分析、面向项目分析、面向组织分析等类型。定性分析适用于测量隐性的知识，主要方法有问卷调查法、专家访谈法、关键成功因子分析法、决策支持系统法；定量分析适用于测量显性的知识，如那些需要且容易获取数据显示知识管理对决策和任务绩效的影响程度的知识。定量分析法可以避免定性分析法中由主观判断带来的随意性。内部绩效分析适用于分析流出效率和目标实现效率，其常常通过目标与现值的差距来评价知识管理的绩效，主要方法有投资回报率、净现值、平衡记分卡、基于绩效的评估和基于活动的评估、PDCA（计划、实施、检查、处理）。外部绩效分析通常会把组织与其他组织进行比较，常用的方法有定标比超、最佳实践等。面向组织分析集中于整个组合极其多维的问题，例如，横向分析领导、文化、技术、流程等问题，纵向分析战略、管理和实施等问题。

三、学习型组织与组织学习

学习型组织最早是由美国麻省理工学院的杰伊·弗瑞斯特（Jay Forrester）教授所提出。1965 年他在《企业新设计》中运用系统动力学原理，构想出企业未来组织的理想形态：扁平化的层次、信息化的组织、开放化的结构，组织从属关系逐渐转向工作伙伴关系，并且持续学习，不断调整结构关系。他的学生彼得·圣吉（Peter M. Senge）1990 年出版《第五项修炼——学习型组织的艺术与实务》，指出现代企业的分工负责的方式使得组织的功能被切割，组织成员的行动与责任并未有效联结。人们无须为行动的结果负责时，也就不会修正行为开展学习，从而导致组织欠缺系统思考能力，无法有效进行学习。该书提供了一套建立学习型组织的方法，使企业通过学习提升整体运作和持续创新的能力。建立学习型组织的关键是五项修炼或者技能：第一项修炼是自我超越；第二项修炼是改善心智模式；第三项修炼是建立共同愿景；第四项修炼是团队学习；第五项修炼是系统思考。

自我超越（personal mastery）是指突破极限的自我实现或者技能的娴熟。自我超越以磨炼个体才能为基础，却超乎其上；以精神成长为方向，也超乎其上。改善心智模式（improving mental models）是指改善存在于个体和群体中的描述、分析和处理问题的观点、方法和进行决策的依据和准则。建立共同愿景（building shared vision）是指组织成员与组织拥有一致的目标。团队学习（team learning）是建立学习型组织的关键。当团队能够整体搭配时，就会产生极强的凝聚力，个体的力量不断被激发，团队力量日渐增强，有利于形成共同的目标并且使之得以实现。系统思考（systems thinking）可以为构建学习型组织提供指导思想和原则，将前四项修炼融为理论和实践的统一体。

培训常常被视为增进组织绩效的最有效的办法之一。有效的培训的确可以提升组织绩效，然而培训却有诸多不足：耗时、耗钱、影响员工参与并完成正常工作。实际上员工并非必须离岗才能参加培训和学习，学习可以成为一种日常行为，学习应该是员工或者组织日常行为中的极为重要的一部分。"所有的组织都在不断学习来适应它们周围的真实世界的不断变化。但其中有一些组织的学习更快、更有效。"（彼得·圣吉，1990）组织学习与知识管理密切相关，知识在组织内部流通便形成了组织学习。

在学习型组织中，学习的内涵和方式都发生了很大的变化：①学习更强调协作性。学习型组织不仅努力创造一种自我发展的氛围，并且鼓励通过对话反馈来提高团队的集体智慧和能力；既强调个体的协作，又强调团队共享。②学习方式更多元化。为了更好实现组织的全员学习、终身学习，学习方式需要更加多元化，比如非正式学习、指导式学习、同伴式学习、在岗和脱产学习相结合、传统媒体与 E-learning 学习方式相结合，从而实现资源整合、优势互补。③学习理念更关注以学为中心。③学习型组织更为关注个体的自我发展，以学为主必然成为组织学习指导思想的主流；学习重点从教导转为促进。在创建学习型组织的过程中，如果仍然坚持使用机械化思维方式来管理组织，心智模式的改变必然是最困难的。因此，学习型组织中如果存在促进性的任务，则会促进人们反思，促进人们改变常规思维模式，促进人们提高绩效。

学习的根本在于创新。学习型组织是通过学习来创造自我，增加创造未来力量的组织。因此创新是学习型组织最根本的目的。

四、绩效技术专业化

衡量绩效技术是否专业化有五个关键标准，包括是否能够提供重要的社会服务，是否具有专业理论知识，在职业实践活动中个体是否享有高度的自主权，进入职业是否具有组织化和程序化的过程，从事职业是否具有伦理规范要求。1999 年《人类绩效技术手册》（Stolovitch，1999）虽提到绩效技术（HPT）专业人员的能力认证尚不合适，但是很快绩效技术专业人员的能力和道德规范认证标准便被建立且得到认可。美国国际绩效促进协会、美国培训与发展协会、美国认证协会、美国生产力和质量中心均先后得到国际绩效改进协会（ISPI）的授权，可以对绩效技术专业人员开展资格认证。目前全球经过认证的绩效技术专业人员已经不胜枚举。

绩效技术专业人员的十项能力标准：关注结果，并且帮助客户关注结果；系统分析现状（能结合竞争压力、资源受限和预期变化等环境因素）；通过本人工作及工作内容本身来提升价值；能与客户和专家保持良好的伙伴和合作关系；能系统考虑各方面，尤其是评估需求和机遇；能系统考虑各方面，尤其是分析工作和工作环境，确定绩效受限的原因及影响因素；能系统考虑各方面，尤其是设计和说明解决方案；能够系统考虑各方面，尤其是整体或者部分解决方案的开发；能够系统考虑各方面，尤其是实施解决方案；能够系统考虑各方面，尤其是评估结果和过程。

绩效技术专业人员的六项道德规范原则：价值提升原则；有效实践原则；合作原则；持续改进原则；真诚原则；保密原则。

五、技术化的战略性绩效管理

远程通信和计算机技术的发展对人们工作和组织管理的方式影响巨大。利用卫星技术，信息发送不再受到时空的限制，可以随时随处传送。信息技术变革促进了组织内外部各种资源的有力整合。

技术化的战略性绩效管理可以促进人力资源和组织内其他资源的整合。信息技术最早用来管理工资册、保存培训记录和跟踪职业申请等。随着绩效技术的发展与更新，绩效技术不仅可以方便绩效技术专家迅捷获取人力资源信息，也可以使得员工迅捷获取组织人力资源管理的信息，帮助管理者和员工制定职业生涯规划和员工培训计划，实施绩效管理。

技术化的战略性绩效管理在组织的信息共享方面为绩效技术专家提供了强有力的工具。借助绩效技术手段，组织可以利用网络工具（内部网、互联网和其他计算机网络）进行连接沟通、共享信息及分享知识，实现学习型组织的构建。

技术化的战略性绩效管理为绩效技术在教学领域的应用提供交互性学习的技术支持。E-learning 由于不受时空限制，越来越受到众多学习型组织在开展个体、团队和组织学习和教育时的青睐。

技术化的战略性绩效管理为绩效技术在非教学领域的应用提供决策支持。迈入信息技术时代，企业变革管理机制、构建学习型组织、改进绩效技术手段、实现知识性管理等都顺理成章。企业在拥抱技术更新的同时，也不要盲目迷信技术是改进绩效的唯一因素，而是要掌握技术，成为技术的主人，让信息技术为绩效管理在非教学领域的应用提供有力的支持和帮助。

六、电子绩效管理系统

电子绩效管理系统是一个集成的解决方案，旨在以一个清晰但灵活的流程实现人才管理最佳实践，从而提升员工敬业度，提供战略性劳动力洞察力，并帮助企业实现关键的企业目标。

电子绩效管理系统通过推动一个交互式绩效流程来促进企业获得成功，该流程使企业能够确定、计划、观察、提升绩效并根据绩效给予奖励。首先，企业要确定企业战略和相关企业目标，并与员工分享。其次，管理人员与员工协作制定与企业目标协调一致的明确的个人绩效目标和指标。再次，根据员工能力或其他情况（如市场环境或企业战略的变化）调整计划和目标。在整个流程中，企业可以使用各种工具来指导员工获得成功。如果需要员工进一步发展，那么电子绩效管理软件可为学习提供支持。最后，进行整体评估，并与相关计划（例如薪酬变更、学习活动或继任候选人计划）集成。

通过在整个企业获得对最优秀员工的洞察力，电子绩效系统能够帮助机构保留和激励顶尖人才。通过将绩效管理流程简化为一个基于全球广域网（web）的实时解决方案，机构可以消减成本。电子绩效管理系统的强大功能将帮助机构实现以下主要受益：①灵活性。可配置的模板、轻松全方位或多评估人选择以及完整的全球架构使机构的绩效管理流程能够适应任何员工群体，从而执行各种简单或复杂的业务策略。②嵌入式智能。集成的绩效和能力内容以及嵌入式管理人员工具提高了反馈给员工的意见的质量、及时性和效率。③集成。电子绩效管理系统与人力资源管理系统人才管理套件中的核心员工数据紧密集成，有助于企业实现真正的按绩效付酬、及时提供学习和发展机会以及制订继任计划。与档案和能力数据的集成确保了有效的信息交流。

七、绩效管理技术发展趋势

绩效管理随着社会的变革和信息技术的更新，日益受到各类组织和管理者们的关注，而绩效管理技术在实践和理论领域也得到了迅猛发展。

绩效管理技术研究的人性化。组织在关注生产效率、产品和服务质量、客户满意度等的同时，将会更加关注组织成员个体的发展，比如建设互信、开放的组织文化和氛围，强调个体心智模式的改变，重视人本文化对组织的影响，从而构建一种具有“持续创造”特征的学习型组织。所以，绩效管理技术无论在实践领域还是在理论领域都更加重视人性化因素。

绩效管理技术服务的专业化。绩效管理技术专业人员作为一种专家、顾问型人才日益受到组织的关注。小型化、专业化、扁平化是现代组织机构发展的一种趋向，组织倾向于把非战略性职能（培训、人才招募、信息管理等）外包给专业机构，使得绩效技术服务工作的自主性和能动性大大增强。这必然会催生一些专业性的绩效技术咨询公司出现在市场，使得绩效管理服务向更专业化的方向转变。

绩效管理技术系统的全球化。互联网技术的成熟化，使得组织的网络运营成本降低。组织可以选择建立内在和外在的信息支持系统，将组织的职能部门和外在的相关机构紧密连接，更容易发挥组织的各项职能。绩效技术系统的全球化也就日渐明朗。

绩效管理技术研究的合作化。绩效管理技术的日臻成熟，使其研究与实践领域得到大大拓展，如企业、教育、心理、国民经济等领域。高校、企业和专业服务机构联合研发绩效管理技术，丰富了绩效技术理论和实践的研究成果。

第五节　团队绩效管理

在组织扁平化的趋势下，团队工作形式在组织管理中非常普遍。组织的绩效不仅仅是个体绩效的简单相加，而主要是以团队绩效的形式呈现。

一、团队绩效管理概述

团队是指一种为了实现某一目标而由相互协作的个体所组成的正式群体，是由员工和管理层组成的一个共同体，它合理利用每一个成员的知识和技能协同工作，解决问题，达到共同的目标。团队的构成要素总结为 5P，分别为目标（Purpose）、人（People）、定位（Place）、权限（Power）、计划（Plan）。目前学者关于团队绩效管理的定义很多，归纳起来主要分为两个方面。一是认为团队绩效管理应以团队绩效为主，以团队成员的绩效为辅，强调团队的整体利益，团队绩效管理是为了团队的利益而服务。

二是认为团队绩效管理是建立在团队成员个人绩效管理的基础上的。不过团队绩效管理不是个人绩效管理的简单叠加，而应是一个有机组合，目的是通过绩效管理，使团队成员个人绩效总和大于团队绩效。

我们认为团队绩效管理就是同时对团队绩效和团队成员绩效进行管理的活动或过程。团队绩效和团队成员绩效同样重要，甚至每个阶段可以采用团队成员绩效考核和团队绩效考核相结合的绩效考核模式来对团队进行考核。团队绩效管理的主体可以是脱离于该团队的某一组织，如企业任命某几个人组成绩效管理小组对团队的绩效进行管理；也可以是该团队自己。团队绩效管理的客体是团队和成员为实现某一目标而进行的项目协作工作过程。团队绩效管理的过程包括团队识别、绩效计划、绩效实施、绩效考核、绩效反馈和改进、绩效考核结果应用。团队识别是指在开展团队绩效管理之前对团队的定位、组织架构、任务目标、成员组成、工作计划构成要素进行分析，是团队开展绩效管理的前提条件。

影响团队绩效的因素有许多方面，其中主要有以下几个方面：团队凝聚力、团队的领导、团队的目标、团队的激励方式、团队成员多元化程度、团队成员的素质水平、团队的反省能力、团队的冲突管理能力以及团队的和谐水平。

组建团队是为了提高绩效，高绩效团队往往具有许多共性：有共同目标；有矩阵式的合成团队，成员能力出众，来自不同部门，为了完成特定任务而组合成为团队；存在优秀的领导者，高绩效团队领导者并非一定通过控制的方式来领导团队，而是指导、支持团队，鼓励团队成员，开发他们的潜力；有适度的团队规模；有适宜的团队精神，如互信、开放、诚实、协作、忠诚、奉献、认同等都是团队精神的最好体现；存在良好的内部沟通；有有效的团队绩效考核；团队会随着任务的完成而宣告解散，成员回到各自所在的部门。

二、团队绩效考核体系建立

团队绩效考核体系是某一项目团队为绩效管理而实施的一系列操作方法、程序和规范的集合。一套科学的、完整的、适合于项目特点及团队组织架构的绩效考核体系是对项目团队进行有效的绩效管理的前提。

企业在实施团队绩效考核的时候，应该把重点放在团队成员行为的目标聚焦效应、角色配置效应和行动协同效应这些关键维度上；通过有效的绩效考核激励机制，将团队、组织和个人的绩效目标系统地联系在一起，以顺利实现组织目标、团队目标和个人目标。

团队绩效考核是一个非常复杂的流程，包括许多环节和阶段。①预备阶段主要确立绩效考核的方法、考核指标、考核者团队、考核周期和考核方法。②收集信息阶段主要收集绩效考核所需的材料。③实施考核阶段要按照考核标准对被考核者的绩效做出评价。④反馈沟通阶段主要是绩效考核的双方就绩效考核的结果和改进的措施进行相互沟通。⑤绩效考核结果的应用阶段主要注重绩效考核结果的应用。

考核指标体系的建立应该遵循以下原则：以定量指标为主，以定性指标为辅；要选择尽可能反映绩效考核目的的关键性绩效指标；单个绩效指标要与组织战略、绩效考核

目标一致；考核指标的依据要容易获取；团队指标体系要是组织绩效、团队绩效和员工绩效等三个层次的指标的整合。

团队指标体系的设计流程：

（1）确定团队绩效的考核维度。绩效与工作行为和结果有关，所以团队绩效考核指标可以从工作流程和组织绩效目标来考虑设定。工作流程涉及工作能力和工作态度两个方面的内容。组织绩效目标则可以采用关键绩效指标分析的方法，企业首先把战略目标逐层分解为团队目标，使团队能够朝着企业的战略目标前进，保证团队绩效和组织绩效的有机整合，然后把这两个方面的维度进行综合，从目标聚焦效应、角色配比效应和行动效应这三个关键指标来构建团队绩效指标体系。

（2）确定团队成员的考核维度。对团队成员的考核指标的选取也可以从工作流程和绩效目标这两个方面来确定。不过，团队成员个人绩效考核指标的选取与部门员工个人绩效考核指标的选取是不一样的。前者主要是依据员工岗位的职责情况来确定，而后者主要是根据成员在完成团队目标中的角色完成情况来确定。团队成员的考核主要是站在团队的角度来实施的，以便把团队绩效与成员绩效整合起来。

（3）分解各维度形成相应的指标标准。根据上述确定的考核维度，企业应对每个维度进行分解，来确定相应的指标要素，建立相应指标的标准。团队的考核指标包括以团队为基础和以员工为基础的考核指标。企业在建立了合适的指标之后，还要构建相应的权重体系。

（4）完成团队指标体系的构建。把指标和标准进行整理便生成了团队的指标体系。完善的指标体系应该具有一定的稳定性（不会随着成员的变化而变化），以及相应的灵活性（如果工作流程变化或目标变化，指标体系也随之而变化）。

团队指标体系的设计方法主要有：利用组织绩效目标来确定团队绩效考核指标；利用客户的关系图来确定团队绩效的考核指标；利用绩效的金字塔来确定团队绩效考核指标；利用工作流程图来确定团队绩效的考核指标。总体而言，如果组织绩效目标要得到团队的支持，常被采用的方法就是组织绩效。当客户满意度是团队的主要驱动因素时，企业常用客户关系来确定团队绩效的考核指标。当团队和组织的联络非常重要，但是关系却不甚清楚时，企业常用团队业绩的金字塔作为考核指标。当团队的工作流程非常清晰时，企业常用工作流程图作为考核指标。

三、团队绩效考核方法

团队绩效考核方法很多，每一种考核方法都有其自身的特点，在某些方面有一定的优势，所以在进行绩效考核时，应该根据考核对象自身的特点，采用一种或者多种考核方法，或者将某种考核方法加以改进，以达到更好的考核效果。下面就现在主流的考核方法进行介绍：

集对分析法。集对分析法从团队管理的由来和发展入手，探讨团队绩效的优化，并建立相应的数学模型。该方法认为要使得团队优化运行，除了团队成员的知识、能力、素质、智力因素，团队的协调性也是提高绩效的关键。目标管理法、关键事件法、360度考评法的整合。这三种方法的结合，可以针对企业的研发团队和团队成员实施考核。

关键绩效指标（KPI）考核法：该方法可以针对营销团队的业务流程，提高营销团队的绩效管理效率。平衡计分卡法：该方法把团队平衡积分卡的绩效维度设置为虚拟团队的目标、虚拟团队的客户、虚拟团队的沟通和协作、虚拟团队的学习与成长四个维度，同时确定成员平衡计分卡的绩效维度，包括成员的工作目标、工作职责、工作过程、学习与成长。

其他方法还有加权灰色关联法、层次分析法（AHP）、任务分解法等。加权灰色关联法：该方法针对科研活动存在较大的主观性和能动性。采用加权灰色关联分析平衡灰色系统中位置信息的方法考核科研团队，使得结果更加客观公正。层次分析法（AHP）：该方法以团队与绩效评价的基础理论作为研究理论基础，通过运用 AHP 的方法，确定各指标的权重，构建创新团队绩效评价的指标体系。任务分解法：该方法将项目计划管理中的任务分解法引入团队绩效考核中，分解并细化团队目标，以找到最佳的考核指标体系和方法。

案例分析

ANLI FENXI

绩效主义毁了索尼

2006 年索尼公司创业 60 年。过去它像钻石一样晶莹璀璨，而今却变得满身污垢、暗淡无光。因笔记本电脑锂电池着火事故，世界上使用索尼产锂电池的约 960 万台笔记本电脑被召回，估计更换电池的费用将达 510 亿日元。

PS3 游戏机曾被视为索尼的“救星”，在上市当天就销售一空。但因为关键部件批量生产的速度跟不上，索尼被迫控制整机的生产数量。PS3 游戏机是尖端产品，生产成本也很高，据说卖一台 PS3 游戏机索尼就亏 3.5 万日元。索尼的销售部门预计，2007 年 3 月进行年度结算时，游戏机部门的经营亏损达 2 000 亿日元。

多数人觉察到索尼不正常恐怕是在 2003 年春天。当时据索尼公布的数据，其一个季度就出现约 1 000 亿日元的亏损。市场上甚至出现了“索尼冲击”，索尼公司股票连续两天跌停。身心疲惫的职工急剧增加。回想起来，索尼是长期内不知不觉慢慢地退化的。不少索尼员工对发生这些感到难以接受，但一位公司高层管理人员道出了索尼出现这种情况的缘由。

1. “激情集团”消失了

首先，“激情集团”不存在了。所谓“激情集团”，是指在公司早期开发 CD 技术时期那些不知疲倦、全身心投入开发的集体。在创业初期，这样的“激情集团”接连开发出了具有独创性的产品。索尼当初之所以能做到这一点，是因为有井深大这样的领导。

井深大最让人佩服的一点是，他能点燃技术开发人员心中之火，让他们变成为技术献身的“狂人”。井深大对新人采取的并不是高压态度，而是尊重的态度。

从事技术开发的团体进入开发的忘我状态时，就成了“激情集团”。要进入这种状态，其中最重要的条件就是“基于自发的动机”的行动，比如“想通过自己的努力开发机器人”，就是一种发自自身的冲动。

与此相反的就是“外部的动机”，比如想赚钱、升职或出名，即想得到来自外部回报的心理状态。如果没有发自内心的热情，而是出于“想赚钱或升职”的世俗动机，那是无法成为“开发狂人”的。

2.“挑战精神”消失了

今天的索尼职工好像没有了自发的动机。为什么呢？因为索尼公司实行了绩效主义。绩效主义就是：“业务成果和金钱报酬直接挂钩，职工是为了拿到更多报酬而努力工作。”如果外在的动机增强，那么自发的动机就会受到抑制。

如果总是说“你努力干我就给你加工资”，那么以工作为乐趣这种内在的意识就会受到抑制。从1995年左右开始，索尼公司逐渐实行绩效主义，成立了专门机构，制定了非常详细的评价标准，并根据对每个人的评价确定报酬。

但是井深大的想法与绩效主义恰恰相反，他有一句口头禅：“工作的报酬是工作。”如果你干了件受到好评的工作，下次你还可以再干更好的工作。在井深大的时代，许多人为追求工作的乐趣而埋头苦干。

但是，因实行绩效主义，职工逐渐失去工作热情。在这种情况下是无法产生“激情集团”的。为衡量业绩，首先必须把各种工作要素量化。但是工作是无法简单量化的。公司为统计业绩，花费了大量的精力和时间，而在真正的工作上却敷衍了事，出现了本末倒置的倾向。

因为要考核业绩，几乎所有人都提出容易实现的低目标，可以说索尼精神的核心即“挑战精神”消失了。因实行绩效主义，索尼公司内追求眼前利益的风气蔓延。

索尼公司不仅对每个人进行考核，还对每个业务部门进行经济考核，由此决定整个业务部门的报酬。最后导致的结果是，业务部门相互拆台，都想方设法从公司的整体利益中为本部门多捞取好处。

3.“团队精神”消失了

2004年2月底，索尼公司某高管在美国见到了“涌流理论”的代表人物奇凯岑特米哈伊教授，并聆听了他的讲演。讲演一开始，大屏幕上放映的一段话是他曾在索尼公司多次读过的，只不过被译成了英文：“建立公司的目的：建设理想的工厂，在这个工厂里，应该有自由、豁达、愉快的气氛，让每个认真工作的技术人员最大限度地发挥技能。”这正是索尼公司的创立宗旨。索尼公司失去活力，就是因为实行了绩效主义。

该高管万万没有想到居然在绩效主义的发源地美国，聆听到了用索尼的创建宗旨来否定绩效主义的“涌流理论”。绩效主义企图把人的能力量化，以此做出客观、公正的评价。它的最大弊端是搞坏了公司内的气氛。上司不把部下当有感情的人看待，而是一切都看指标，用“评价的目光”审视部下。

过去在一些日本企业，即便部下做得有点出格，上司也不那么苛求，工作失败了也敢于为部下承担责任。另外，尽管部下在喝酒的时候说上司的坏话，但在实际工作中仍非常支持上司。索尼后来强化了管理，实行了看上去很合理的评价制度，于是大家都极力逃避责任。这样一来就不可能有“团队精神”。

思考：你认为是绩效管理毁了索尼吗？

本章小结

在绩效管理思想的发展过程中，由于绩效本身的丰富内涵和对事物理解的角度不同，人们对绩效管理的理解也存在差异。绩效管理是组织对一个人关于其工作成绩以及他的发展潜力的评估和奖惩。绩效管理经历了从萌芽到酝酿、生产、发展和完善的漫长过程。欧美地区企业绩效管理侧重于员工行为，并把绩效看作一个个体能力和动力的函数。日本绩效管理注重团体行为。西方企业多以业绩为导向，国内企业则通常是以稳定为导向。中国企业的绩效管理，不仅仅要制定适合企业发展绩效管理的制度，同时还要制定符合企业战略发展的绩效指标考核体系。绩效管理是战略管理的重要因素，组织绩效管理只有与组织的战略目标紧密相连，才能实现组织的整体战略目标。绩效管理在管理理论的变革中起到了重要的作用，是管理理论变革的动力源泉。随着经济的发展，企业的管理经历了从生产管理到经营管理，再由经营管理到战略管理的过程。

绩效管理是一个大的系统，内部由更小结构的子系统构成，外部与人力资源管理的其他职能工作相互关联，进而形成与企业管理的其他管理职能工作乃至于企业战略管理系统相关联的系统。组织变革是目的，绩效管理是手段，两者的联结则是关键。

知识就是信息经过整理、分析与整合等增值过程的结果，运用于实践中具有使用价值。建立学习型组织的关键是五项修炼：第一项修炼是自我超越；第二项修炼是改善心智模式；第三项修炼是建立共同愿景；第四项修炼是团队学习；第五项修炼是系统思考。

衡量绩效技术是否专业化有五个关键标准：是否能够提供重要的社会服务，是否具有专业理论知识，在职业实践活动中个体是否享有高度的自主权，进入职业是否具有组织化和程序化的过程，从事职业是否具有伦理规范要求。远程通信和计算机技术的发展对人们工作和组织管理的方式影响巨大。电子绩效管理系统是一个集成的解决方案，旨在以一个清晰且灵活的流程实现人才管理最佳实践，从而提升员工敬业度，提供战略性劳动力洞察力，并帮助企业实现关键的企业目标。

目前学者关于团队绩效管理的定义很多，归纳起来主要分为两个方面。一是认为团队绩效管理应以团队绩效为主，以团队成员的绩效为辅，强调团队的整体利益，团队绩效管理是为了团队的利益而服务的。二是认为团队绩效管理是建立在团队成员个人绩效管理的基础上的。不过团队绩效管理不是个人绩效管理的简单叠加，而应是一个有机组合，目的是通过绩效管理，使团队成员个人绩效总和大于团队绩效。

思考与讨论

1. 简述管理理论变革与绩效管理的发展。
2. 为什么说绩效管理是管理理论变革的动力源泉？
3. 什么是电子绩效管理系统？
4. 什么是学习型组织？
5. 什么是团队绩效管理？
6. 如何建立团队考核绩效体系？
7. 简述绩效考核如何向战略性绩效管理理念转变。

第二部分

绩效管理系统

JIXIAO GUANLI XITONG

第三章

绩效计划

案例引入

ANLI YINRU

华为技术有限公司（简称华为）是一家生产、销售通信设备的民营通信科技公司，于1987年正式注册成立，总部位于中国广东省深圳市龙岗区坂田华为基地。华为是全球领先的信息与通信技术（ICT）解决方案供应商，专注于ICT领域，坚持稳健经营、持续创新、开放合作，在电信运营商、企业、终端和云计算等领域构筑了端到端的解决方案优势，为运营商客户、企业客户和消费者提供有竞争力的ICT解决方案、产品和服务，并致力于实现未来信息社会、构建更美好的全联接世界。

华为能够取得如此巨大的成就，其内部的绩效管理是功不可没的。提及华为的绩效管理，就不得不提华为的PBC。PBC（Personal Business Commitment）中文名为个人业绩承诺或个人事业承诺，是由IBM发起的以战略和经营目标为基础而层层分解目标和工作的考核方式，其本质是一种围绕业务来进行的考核管理工具。华为在绩效管理的变革过程中就引进了PBC，在全集团范围内通过自上而下的将集团、部门的工作逐级分解到每一个员工的方式，由直线经理与员工确定PBC协议，以实现组织绩效和个人绩效的联结。

PBC的制定包括战略解码、目标分解和形成个人PBC三个步骤。首先公司根据愿景、使命来确定战略，通过对公司战略的层层分解，得到满足战略的关键指标及基本业务流程；然后运用平衡记分卡来解码财务、内部流程、学习与成长和客户四个维度的指标体系，对指标进行细化分解，形成KPI指标和部门工作重点；最终制定出个人PBC，包括结果目标承诺、执行措施承诺和团队合作承诺。在目标制定时，各事业部将下达的目标分解至部门、片区、办公室、科室，再通过与员工的沟通，将目标落实到具体岗位，使员工个人目标紧紧围绕组织目标。公司在制订绩效计划时，要严格依据SMART原则，即计划要具体、可衡量、可实现、与战略相关和有时间界限。PBC形成的过程，就是传递华为期望和要求的过程，就是为了实现上下对齐，具体包括三个方面的对齐，即目标对齐、思路对齐和理念对齐。其具体来讲是指：要帮助下属聚焦正确的事情，使个人目标与组织目标一致；辅导下属将事情做正确，使其达到目标的思路与方式相贯通；激发下属主动设定有挑战性的目标。华为 PBC 的形成如图 3-1 所示。

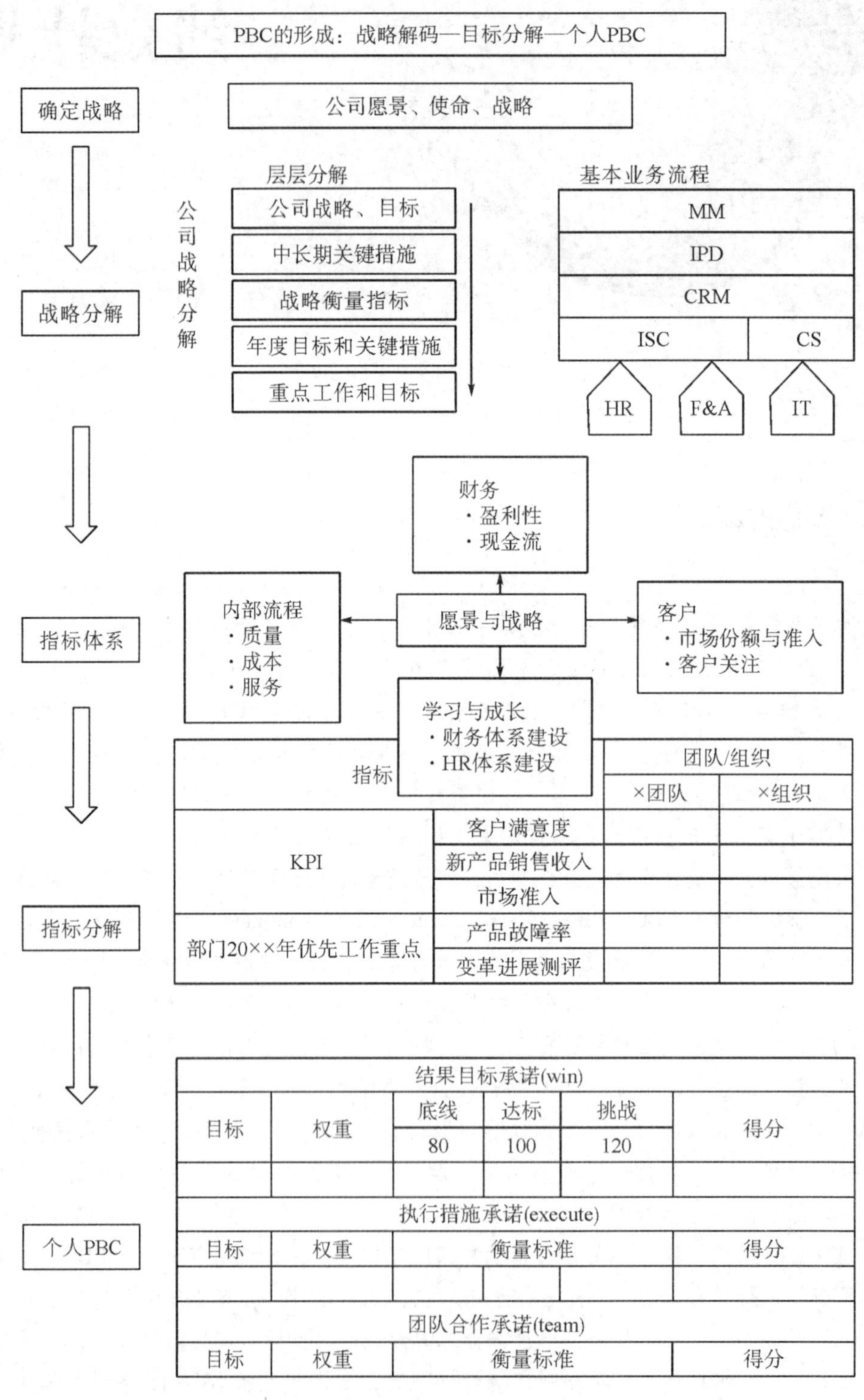

图 3-1　华为 PBC 的形成

思考：

1. 华为在制定个人 PBC 时，需要注意哪些问题？

2. 华为在制定组织绩效目标时，需要遵循哪些原则？

通过华为的 PBC 绩效管理方式，我们不难看出，一个企业在制定绩效目标时，要首先根据企业的使命和愿景形成组织战略，并通过对组织目标的分解，形成部门目标和个人目标，同时要确定衡量目标实现效果的指标库。在此过程中，管理者和下属要进行充分的沟通，保证企业内部自上而下都能够明确组织战略与目标，并且协调一致地共同为实现组织目标而努力。那么在实务操作中，如何进行绩效计划的制订，需要遵循哪些原则，怎么确定绩效指标等问题都有待解决。通过本章学习，相信读者都能找到这些问题的答案。

绩效计划是绩效管理体系的第一个关键性的步骤，也是一项重要的绩效管理工具。企业在管理者和员工的双向沟通与协商的基础上，在组织的使命、核心价值观、愿景和战略的指导下，根据组织战略目标和年度工作计划，制订组织绩效计划，并通过自上而下的层层分解和承接，制订部门绩效计划和个人绩效计划，最终通过员工的一致努力在实现个人目标的同时推动组织目标的达成。

第一节　绩效计划概述

一、绩效计划的含义

绩效计划是绩效管理的首要环节，也是绩效管理成功实施的关键环节。绩效计划是一个确定组织对员工的绩效期望并得到员工认可的过程。绩效计划必须清楚地说明员工达到的结果以及为达到该结果所期望员工表现出来的行为和技能。战略性绩效管理通过绩效计划来连接战略与运营，使管理中的计划职能得以实现。绩效计划是指管理者和下属在新的绩效周期开始的时候，根据组织的战略规划和年度工作计划，通过绩效计划面谈，共同制定组织、部门以及个人的工作任务，并签订绩效目标协议的过程。为了加深对绩效计划含义的理解，我们可以从以下几个方面来把握：

（一）绩效计划的目的——实现组织的战略目标

企业在制订绩效计划的过程中，为了确保组织战略目标的有效实现，需要将组织的战略目标层层分解，转化为组织层面、部门层面和个人层面的绩效目标，保证每个部门和员工的绩效目标与组织的战略目标一致。

（二）绩效计划的主体内容——确定绩效目标、指标、评价标准和行动方案

绩效计划的主体内容就是在充分沟通的基础上，管理者和下属确定在一个绩效周期内应该“做什么”以及“怎么做”的问题。具体而言，“做什么”就是确定绩效目标、绩效指标、绩效评价标准，“怎么做”就是确定行动方案。首先，企业将组织战略目标分解为部门目标和个人目标，然后制订行动方案帮助管理者和下属都达到规定的绩效标准，并保证各个行动方案间相互配合，共同为组织的战略目标服务。

（三）绩效计划的重要环节——绩效计划面谈

绩效计划面谈就是管理者和下属通过双向的、全面的和持续的沟通方式，就绩效目标、指标和评价标准进行沟通，达成一致并确定绩效计划。

（四）绩效计划的最终表现形式——签订绩效协议

社会心理学家的大量研究发现，当人们亲自参与某项决策的制定时，一般会倾向于坚持最初的意见。而这种坚持的态度主要取决于两种因素：一是他在形成这种态度时卷入的程度，即是否参与态度形成过程；二是他是否为此进行了公开表态，即做出正式承诺。因此，在绩效计划阶段，管理者和员工应通过沟通，对绩效目标达成共识，并分别做出公开承诺，共同推动组织目标的达成。

小故事

XIAO GUSHI

据说美国华盛顿广场有名的杰弗逊纪念大厦，因年深日久，墙面出现裂纹。为能保护好这幢大厦，有关专家进行了专门研讨。

最初大家认为损害建筑物表面的元凶是侵蚀的酸雨。专家们进一步研究，却发现对墙体侵蚀最直接的原因，是每天冲洗墙壁所含的清洁剂对建筑物有酸蚀作用。而每天为什么要冲洗墙壁呢？因为墙壁上每天都有大量的鸟粪。为什么会有那么多鸟粪呢？因为大厦周围聚集了很多燕子。为什么会有那么多燕子呢？因为墙上有很多燕子爱吃的蜘蛛。为什么会有那么多蜘蛛呢？因为大厦四周有蜘蛛喜欢吃的飞虫。为什么有这么多飞虫？因为飞虫在这里繁殖特别快。而飞虫在这里繁殖特别快的原因，是这里的尘埃最适宜飞虫繁殖。为什么这里最适宜飞虫繁殖？因为开着的窗阳光充足，大量飞虫聚集在此，超常繁殖……

由此发现解决的办法很简单，即关上整幢大厦的窗帘。此前专家们设计的一套套复杂而又详尽的维护方案也就成了一纸空文。

在绩效管理中，绩效面谈是个重要环节，通过面谈帮助员工找出导致问题的根本原因是经理帮助员工成长的重要技能。

资料来源：https：//www. hrloo. com/rz/14322178. html？myhf=

二、绩效计划的类型

根据不同的分类标准，绩效计划可以分为不同的类别，具体如下：

（1）根据人员岗位层次的不同，绩效计划可以分为高层管理者绩效计划、部门管理者绩效计划和一般员工绩效计划。

（2）根据绩效周期的差异，绩效计划可以分为任期绩效计划、年度绩效计划、半年绩效计划、季度绩效计划、月度绩效计划、周计划甚至日计划等。

（3）根据绩效层次的差别，可以将绩效计划分为组织绩效计划、部门绩效计划和个人绩效计划。这也是绩效管理实践中最普遍的一种分类方式。

①组织绩效计划。企业通过对组织战略目标的分解和细化来制订组织绩效计划，其中组织绩效目标和绩效指标对整个绩效计划体系有着指引作用，决定着绩效计划体系的

方向和重点。

②部门绩效计划。部门绩效计划基本上是对组织绩效计划的承接与分解，往往是部门在一个绩效周期内需要完成的核心工作，当然每个部门都有各自的职责，所以部分绩效计划需要与部门职责相关。

③个人绩效计划。个人绩效计划有广义和狭义之分。广义的绩效计划包括组织内所有人员的绩效计划，即高层管理者绩效计划、部门管理者绩效计划和员工绩效计划，其中高层管理者绩效计划是对组织绩效计划的承接，部门管理者绩效计划是对部门绩效计划的承接，员工绩效计划是对部门绩效计划的分解和承接，同时也要反映个人职位职责的要求。狭义的个人绩效计划就是指员工绩效计划。

虽然有不同类型的绩效计划，但是各个绩效计划之间并不是相互独立的，而是互相影响、互相融合的。

三、制订绩效计划的原则

为了保证绩效计划的有效实施，并实现组织的战略目标，在制订绩效计划的过程中需要遵循一些基本的原则。

（1）战略性原则。管理者和下属根据组织的使命、核心价值观、愿景及战略目标，制订组织绩效计划，通过目标的分解和承接，制订部门和个人的绩效计划。

（2）参与性原则。在制订绩效计划的整个过程中，管理者和下属要进行充分的沟通，就绩效目标、指标、标准和行动方案达成共识，以确保在签订绩效协议的时候能够做出有效的承诺。

（3）协同性原则。绩效计划的制订是为了实现组织的绩效目标，因此，绩效目标贯穿了绩效计划这一全面协同系统。在横向上，业务部门和支持部门的目标相互协同，特别是支持部门需要为业务部门的绩效目标达成提供全面的支持。在纵向上，它要求组织绩效目标、部门绩效目标和个人绩效目标是一个协同的系统。

（4）SMART 原则。S 代表具体（speific），即没有参与计划制订的员工也能够根据计划的细节来进行绩效计划实施，通过绩效计划所设定的绩效目标尽可能地细化、具体化，这样有利于激发员工实现目标。该原则要求尽量避免使用“尽快解决客户投诉问题”之类的笼统表述。M 代表可衡量（measurable），即绩效目标应该提供一种可供比较的标准，将员工实际的绩效表现与绩效目标相比较。其一方面可以给人们的行为提供及时的反馈，另一方面也可以激发人们的潜力，为实现组织目标而共同努力。A 代表可实现（attainable），即绩效计划所最终确定的目标要在付出努力的情况下可以达到，不能过高也不能过低，因为过高的目标会使员工失去信心，过低的目标又无法使员工真正发挥出个人的能力。R 代表相关性（relevant），即绩效计划要在组织战略和年度工作计划的指导下来进行制订，保证组织能够通过计划的实施来实现战略。T 代表有时限（time-bound），即绩效计划的制订和实施都要有一个明确的时间节点，绩效目标也要根据工作任务的权重、事情的重要性确定最后期限，这样才能保证管理者和员工的执行力，否则人的惰性可能会使绩效计划和目标成为纸上谈兵。

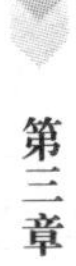

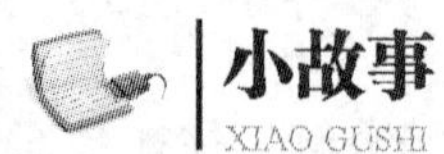

小故事
XIAO GUSHI

H企业销售部张部长在管理方面一向比较强势。最近企业刚实施绩效管理，公司已根据总体发展战略规划为销售部制定了本年的年度目标，于是，张部长根据经验把销售目标细分给本部门各销售员，不仅包括个人年度目标，还包括个人季度目标。等一季度过去后，因为公司来了不少新销售员，他们经验不足，对业务还不熟悉，所以季度业绩考核成绩很差，于是大家开始怨声载道，认为制定的目标不合理，自己根本不知道这些考核目标为何而来，也没有承诺一定要实现这些目标，而且也没有得到相关资源支持和帮助，因此对绩效考核结果很不服气，扬言要集体辞职。

资料来源：https：//wenku. baidu. com/view/54b27bb2900ef12d2af90242a8956bec0975a52c. html

第二节　绩效计划的制订程序

绩效计划的制订要围绕组织战略，全面反映组织战略目标的要求，通过对组织目标的层层分解，保证组织、部门和个人三个层次的绩效计划相互支撑。在绩效管理的实践中，绩效计划通常包括绩效计划的准备、绩效计划的沟通、绩效计划的审核和确认三个步骤。

一、绩效计划的准备

绩效计划的制订需要管理者和员工进行双向的沟通，在绩效计划的准备阶段，主要是调动员工积极性和充分交流信息，保证各个层次的绩效计划共同为组织的战略目标服务。因此，准备工作包括组织信息的准备、部门信息的准备和个人信息的准备三个方面。

1. 组织信息的准备

组织的绩效计划是为了最终实现组织的战略目标而制订的，组织信息的准备有利于绩效管理的成功实施，组织的使命、核心价值观、愿景和战略是组织内所有成员必须熟悉的，这有利于组织战略能够有效落地。管理者和员工以组织的战略目标和企业的年度经营计划为核心来制订绩效计划。当组织信息的内容确定之后，企业可以通过不同的方式（培训、公司的总结大会、各种文件或通告、组织的刊物等）及时传达给所有成员。

（1）组织的使命

使命是组织存在的根本价值和追求的终极目标，使命本身是不变化的，它可以在企业中延续上百年，同时，使命是永远也不可能实现的，所以它与具体的目标、战略是不同的。目标是可以随着环境的变化而进行调整的，并且目标和战略可以一步一步实现。使命决定了组织的发展方向，激励和鼓舞员工不懈地努力。几乎每一个成功的组织都有一个准确的、具有指引性的、朗朗上口的使命，如表3-1所示。

表 3-1 使命陈述样本

组织使命	使命陈述
腾讯	通过互联网服务提升人类生活品质
惠普	为了人类进步、人类福祉做出技术贡献
迪士尼	让人们快乐
索尼	体验发展技术造福大众的快乐
万达集团	共创财富，公益社会
麦肯锡	帮助杰出的企业和政府更加成功
中国移动	创无线通信世界，做信息社会栋梁
国家电网	奉献清洁能源，建设和谐社会
重庆富侨	弘扬中华养生文化，造福人类健康
沃尔玛	让普通百姓买到有钱人用的东西
玫琳凯	为女性提供无限社会
长庆油田	我为祖国献石油
3M	创造性地解决未解决的各种问题
耐克	体验竞争、获胜和击败对手的感觉
蒙牛	强乳兴农，愿每一个中国人身心健康

（2）组织的核心价值观

核心价值观是组织为了实现使命所必须长期坚持的深层的、根本的价值准则，也是组织中指导决策和行动的永恒原则。核心价值观一般来自组织创始人或最高领导人的个人信仰，它是保证组织长盛不衰的根本信条。不同的组织所处的行业、使命、内外部环境、员工个性等有差异，价值观本身就有所不同，所以一个组织的核心价值观应具有个性和辨别性。核心价值观的数量是有限的，往往只有几条，表述要简洁、直接、通俗易懂，如表 3-2 所示。

表 3-2 核心价值观陈述样本

组织名称	核心价值观
通用电气	充满追求出色的激情，厌恶官僚作风
	欢迎任何建议并致力于解决问题
	每个人充满自信，按最时尚的方式行事
	无限活力并能带动他人
	将变革视作机会而非威胁
	全球观点并建立多样化的全球化的团队

表3-2(续)

组织名称	核心价值观
迪士尼	不愤世嫉俗
	创造、梦想和想象
	狂热地关注协调和细节
	保护和掌握迪士尼形象
腾讯	正直
	进取
	合作
	创新
IBM	成就客户
	创新为要
	诚信负责
重庆富侨	诚实守信
	科学保健
	文明服务
	顾客至上
中国移动	正德厚生
	臻于至善
宝洁	领导才能
	主人翁精神
	诚实正直
	积极求胜
	信任

（3）组织的愿景

愿景是组织描绘的发展蓝图和期望实现的中长期目标，能够反映组织的使命和核心价值观，指引组织战略的制定，保证组织朝着正确的方向发展。卡普兰和诺顿认为，愿景应明晰组织最高层面的宏伟战略目标，并且要包含挑战性目标、市场定位和时间限制三个要素。挑战性目标是指组织的愿景需要与当前的定位有所差异且要与使命相关联。市场定位是指愿景应该以市场为导向，对组织将要参与的竞争领域和预期的市场表现加以明确，能够为战略分析与决策提供指引。时间限制是指愿景所描述的中长期目标要有具体的完成期限，其时间跨度一般为3~10年，如表3-3所示。为了使得愿景能有效地转化为战略，企业需要进行愿景的细化。目前最有效的方式就是绘制战略地图，它的四层面框架就是一种很好的细化愿景的工具。举例如图3-2所示。

表 3-3　愿景陈述样本

英国利兹大学	
到 2015 年，我们整合世界水平的研究、学术和教育，进入世界大学 50 强	挑战性目标：进入世界大学 50 强 市场定位：整合世界水平的研究、学术和教育 时间限制：到 2015 年
美国肯尼迪政府空间计划	
在 20 世纪 60 年代结束之前，实现登陆月球，并安全返回地球（1961 年）	挑战性目标：实现登陆月球，并安全返回地球 市场地位：航空航天事业探月工程 时间限制：在 20 世纪 60 年代结束之前
东莞市科学技术博物馆	
到 2015 年，成为国内一流、国际知名的（专题）科技馆（2009 年）	挑战性目标：国内一流、国际知名 市场定位：专题科技馆 时间限制：到 2015 年
金鹤门业有限公司	
到 2015 年，成为中国木门行业的领导品牌（2008 年）	挑战性目标：成为国内木门品牌的领导者 市场定位：国内木门行业、产品领先 时间限制：到 2015 年

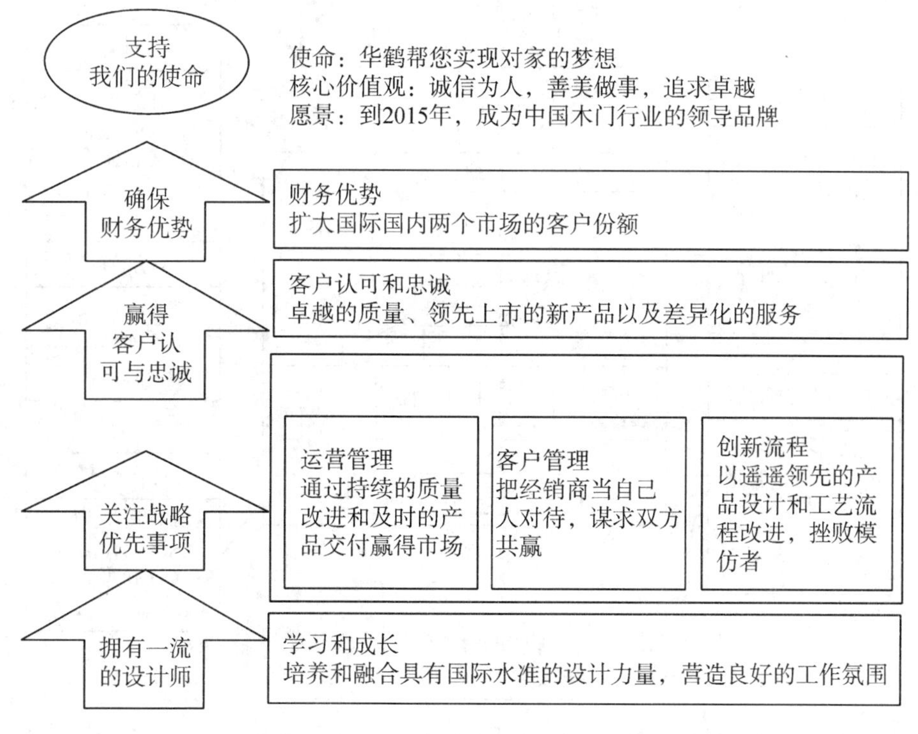

图 3-2　金鹤门业公司确定的细化的愿景

（4）组织的战略

战略是组织使命、核心价值观和愿景的可视化蓝图和逻辑表现。企业为了有效地制定战略，首先要进行具体的战略分析，除了要对组织的使命、核心价值观和愿景进行回顾，也需要审视组织的内外部环境。常用的环境分析工具包括PEST分析、SWOT分析、五力模型、竞争者分析、利益相关者分析、组织资源分析、价值链分析等，其中，SWOT分析是最常使用的分析工具之一（如表3-4所示）。在大量的内外部环境分析之后，企业需要制定战略并进行战略选择。目前存在许多方式或工具用于战略的制定，但是在管理实践中，由于许多管理者对这些工具缺乏准确的认识，平衡记分卡成为一种综合性的战略性管理工具。管理者可以利用战略地图引导战略选择，以战略地图为基本框架，采用多种方式支持战略制定流程，如图3-3所示。组织选定了战略之后，便要将其以文字方式呈现，并传递给组织的所有管理者和员工。

表3-4　SWOT分析矩阵

	S——优势	W——劣势
O——机会	SO战略：发挥优势，利用机会	WO战略：利用机会，克服劣势
T——威胁	ST战略：利用优势，回避威胁	WT战略：减少劣势，回避威胁

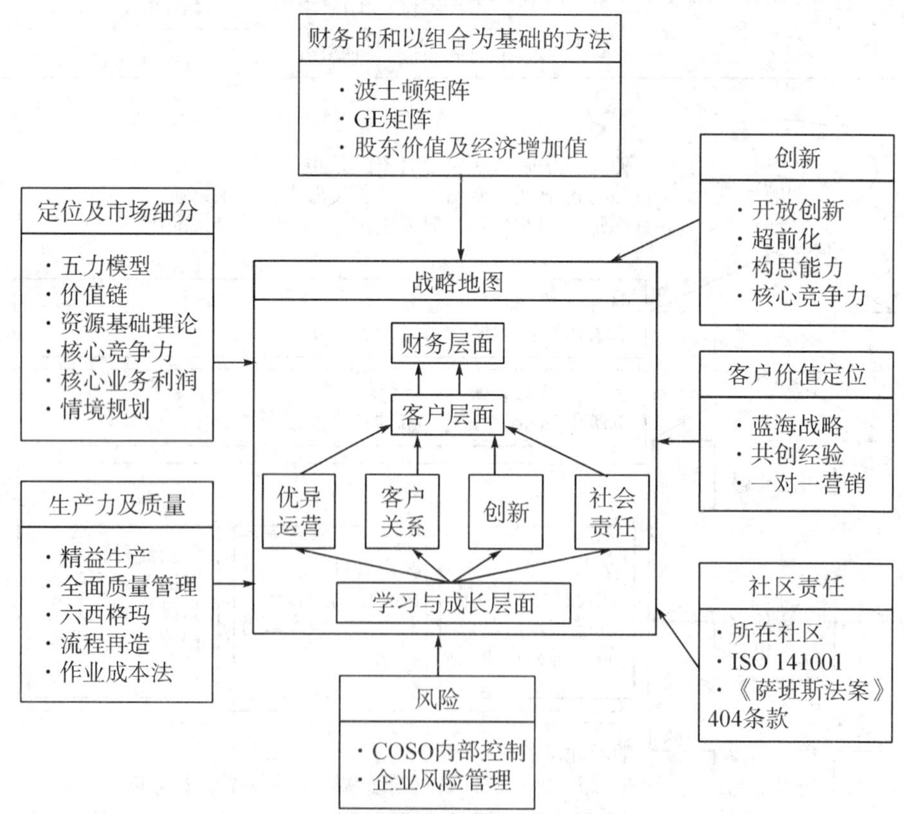

图3-3　多种方式共同支撑战略制定流程

小知识
XIAO ZHISHI

SWOT分析方法从某种意义上来说隶属于企业内部分析方法，即根据企业自身的条件在既定范围内进行分析。SWOT分析有其形成的基础，著名的竞争战略专家迈克尔·波特提出的竞争理论从产业结构入手对一个企业“可能做的”方面进行了透彻的分析和说明，而能力学派管理学家则运用价值链解构企业的价值创造过程，注重对公司的资源和能力的分析。SWOT分析，就是在综合了前面两者的基础上，以资源学派学者为代表，将公司的内部分析（20世纪80年代中期管理学界权威们所关注的研究取向），与以能力学派为代表的产业竞争环境的外部分析（更早期战略研究所关注的中心主题，以安德鲁斯与迈克尔·波特为代表）结合起来，形成了自己结构化的平衡系统分析体系。

2. 部门信息的准备

部门信息是制订部门的绩效计划所必需的信息，主要包括四个方面：第一，与部门的战略相关的资料，一方面要能够牢牢紧扣组织的使命、核心价值观及愿景，支持组织的战略，另一方面要与组织文化相契合；第二，与部门的职责相关的资料，通常来自对各部门工作内容的有效分析与归纳，能够保证部门战略的有效执行；第三，部门上一绩效周期的绩效情况，绩效计划的制订通常是建立在上一个绩效周期的基础之上，需要取其精华、去其糟粕；第四，与部门的人力资源配置相关的资料，在制订绩效计划时，要充分考虑到部门的分工，使得绩效计划能更好地完成。

3. 个人信息的准备

个人信息的准备主要包括两方面的信息，一是工作分析的信息，二是上一绩效周期的评估结果。工作分析通常规定了工作的主要职责及任职资格等，以工作分析为基础，可以更好地促使员工对个人职位的理解，将个人的工作目标与职位的要求相联系，使组织的战略目标落实到个人的工作之中。当然，工作职责可能会随着环境的变化而有所调整，在每一个新的绩效计划开始前有必要对此进行调查。同时，上一绩效周期的评估结果，需要在制订新的一轮绩效计划时进行回顾，针对绩效不佳的问题提出绩效改进计划，使员工的绩效能够不断提高。

二、绩效计划的沟通

绩效计划是一个管理者和员工进行充分的沟通与交流的过程，绩效计划的沟通阶段也是绩效计划的核心阶段，在这一阶段，双方就绩效周期内的绩效目标和计划达成共识。通过双向的沟通，管理者和员工之间有更加深入的了解。对于管理者来说，其可以根据员工的实际情况，通过前一绩效周期的具体表现来确定合适和有激励效果的绩效计划；对于员工来说，其亲自参与计划的制订，能够感知到自己受到了尊重与重视，加深对绩效计划的内容与实质的理解，同时员工在此过程中会对绩效计划做出公开的承诺，这有利于绩效计划的顺利实施。绩效计划的沟通需要注意以下几个方面：

（1）良好的沟通环境。企业在进行绩效沟通前，要确定一个双方都合适的时间段，保证有充足的时间进行沟通；同时要选取一个轻松愉悦的环境，很多管理者会和员工在咖啡厅进行交流，这使得双方心理上减少抵触，当然小型会议室或管理者的办公室也是

不错的选择，不过在交流期间最好避免外界的干扰。

（2）沟通的形式。绩效沟通的形式是多种多样的，包括正式的和非正式的形式。企业可以根据绩效管理的需要进行选取，如召开全体动员大会或小组讨论会，让每位员工汇报个人的工作完成情况；进行一对一的绩效计划面谈；让员工定期提交书面报告；问题发生时，与员工进行简短的交流。

（3）沟通的内容。绩效沟通的内容需要根据不同的发展阶段进行相应的调整，具体如表 3-5 所示。

表 3-5　绩效沟通内容举例

发展阶段	沟通内容
首次实行绩效管理	绩效管理的主要目的是什么？
	绩效管理对员工个人、部门以及组织有什么好处？
	绩效管理系统中，重要环节和关键决策有哪些？
	如何才能在组织内部建立起高绩效文化？
已建立完善的绩效管理系统	高层管理者需要提供组织信息
	中层管理者需要传达组织信息，并提供全面、翔实的部门信息
	选定绩效管理工具，并在此基础上进行沟通
	管理者向下属提供系统全面的绩效反馈信息
	员工提供初步的绩效计划以及行动方案
	管理者和下属需要在制订计划之前收集的其他信息

（4）沟通的过程。企业在进行绩效沟通时，首先回顾已经准备好的各种信息，在此基础上，围绕组织战略目标和年度工作计划制定具体的绩效目标以及衡量目标实现效果的绩效标准和指标；然后，需要了解员工在实现目标过程中可能存在的问题和障碍，管理者有必要承诺提供相应的解决办法和支持。最后，管理者需要明确每个计划和目标的重要性级别及授权问题。

三、绩效计划的审核和确认

在制订绩效计划的整个过程中，计划的审核和确认是最后一个环节。这一环节所需的时间长短主要由绩效计划的复杂程度或者计划的不同层次决定，通常组织绩效计划和部门绩效计划所经历的时间较长，而个人绩效计划所经历的时间相对较短。在审核阶段，管理者和员工需要对一些不确定事项或者细节问题进行反复推敲和认真思考，具体问题如表 3-6 所示。

表 3-6　绩效计划的审核内容举例

序号	问题
1	员工在本绩效周期内的工作职责和工作目标是什么？
2	如何判断员工的工作目标完成得怎么样。从哪些方面去衡量？

表3-6(续)

序号	问题
3	各类绩效指标的权重分配是否合理？各类目标的主次是否明确？
4	员工在完成工作目标时会遇到哪些困难和障碍？管理者是否能够提供帮助？
5	员工在完成工作任务时拥有哪些权利与资源？
6	在执行计划过程中，管理者和员工是否清楚沟通程序？如何防止偏差？
7	员工是否有必要获得相应的培训或进行自我开发来掌握某种工作技能？

在完成绩效计划的审核之后，管理者和员工签订绩效协议，这标志着绩效计划的结束。当然，绩效协议的签订不仅仅是一种书面的承诺，也代表了管理者与员工之间在心理上所做出的一种承诺。个人绩效协议如图 3-4 所示。

员工个人绩效计划

姓名：__________ 所在部门：__________ 职位：__________

一、公司目标、部门目标和个人目标

1. 公司目标：××××××

2. 部门目标：××××××

3. 个人目标：××××××

二、本人岗位的职责描述

重要性	应负职责
1	××××××
2	××××××
3	××××××
……	……

三、上期考核结果与不足

1. ××××××

2. ××××××

四、个人绩效计划

序号	目标	目标来源	实现目标的步骤措施	达成标准	完成时间	协调部门
1						
2						
3						
……						

目标设定日期：__________ 员工签字：__________

直线上司签字：__________ 总经理确认：__________

图 3-4 个人绩效协议

第三节 构建绩效指标体系

一、绩效指标的内涵与特点

（一）绩效指标的内涵

指标是用以衡量目标达成效果的指数和标准。绩效指标也称为绩效评价指标或绩效考核指标，是衡量绩效目标实现情况的尺度，即为了判断绩效目标具体达成效果，需要对绩效指标进行评价。在评价的过程中，企业往往需要从评价对象的不同方面进行评估，最终的评价结果的好坏取决于各个评价指标的评价结果的准确与否。绩效指标内容举例如表 3-7 所示。

表 3-7 绩效指标内容举例

评价对象	评价指标
企业	经济效益、市场地位、客户关系、员工关系、股东关系等
销售员	销售额、回款率、顾客满意度等

绩效指标在绩效管理的过程中扮演了双重角色，一方面可以用于衡量绩效目标的达成情况，即“晴雨表”；另一方面可以指引管理决策和员工的行为，即“指挥棒”。为了保证组织成员对绩效指标达成共识，形成统一的认识并能够有效、规范地操作，许多组织都在绩效指标库的基础上，对每一个指标建立了指标卡。通常指标卡由指标描述和指标衡量两大模块组成，每个模块又包含若干栏目，如表 3-8 所示。

表 3-8 指标卡模板

<table>
<tr><td colspan="6">指标描述</td></tr>
<tr><td>指标名称</td><td colspan="2"></td><td colspan="2">责任部门/人</td><td></td></tr>
<tr><td>所在层面</td><td colspan="2"></td><td colspan="2">衡量目标</td><td></td></tr>
<tr><td>指标解释</td><td colspan="5"></td></tr>
<tr><td>计算公式</td><td colspan="5"></td></tr>
<tr><td colspan="6">指标衡量</td></tr>
<tr><td>评价周期</td><td></td><td>评价主体</td><td></td><td colspan="2">数据来源</td></tr>
<tr><td>绩效基数</td><td></td><td>目标值</td><td></td><td colspan="2">计算单位</td></tr>
<tr><td rowspan="6">评分标准</td><td colspan="4">等级描述</td><td>分值</td></tr>
<tr><td colspan="4">S：</td><td>90 分及以上</td></tr>
<tr><td colspan="4">A：</td><td>80~89 分</td></tr>
<tr><td colspan="4">B：</td><td>70~79 分</td></tr>
<tr><td colspan="4">C：</td><td>60~69 分</td></tr>
<tr><td colspan="4">D：</td><td>59 分及以下</td></tr>
<tr><td>备注</td><td colspan="5"></td></tr>
</table>

（二）绩效指标的特点

有效的绩效指标往往具有以下几个方面的特点：独立性、一致性、可接受性、可控性和敏感性。

（1）独立性。评价指标之间要具有独立的内容和含义，每一个指标的界定要清晰，内容界限要明确，避免指标之间出现交叉和重复。如果几项指标都测量同一种内容，那么不仅会消耗不必要的人力、物力与财力，同时可能使评价结果的可靠性降低。

（2）一致性。评价指标的目的是衡量绩效目标的实现情况，因此需要针对特定的组织目标和组织战略制定相应的指标，做到具体问题具体分析。当组织战略和目标发生变化时，评价指标也要做出相应的调整。

（3）可接受性。评价指标的制定需要管理者和员工通过沟通与协商就最终的指标达成一致，保证双方支持或接受评价指标，能够真正付诸实践，否则在实施过程中会受到阻碍，影响整体的绩效管理效果。

（4）可控性。绩效指标应该是被考核者通过自身的努力，能够控制和施加一定影响的，因为影响绩效的内外部因素是很多的，而且有些还是非可控因素。那么在制定绩效指标时，企业需要充分考虑，尽量避免不可控因素，保证员工的努力能够被有效、准确、公正地衡量。

（5）敏感性。绩效指标的作用之一是收集绩效信息以便为绩效评价和绩效考核服务。那么为了保障绩效管理能够起到改善绩效和激励员工积极性的作用，绩效指标应该能够区分绩效优异与绩效一般的员工的工作表现。

小故事
XIAO GUSHI

有一个新上任的HRD给四个楼层的保洁员定了同样的薪酬和绩效考核标准，主要是出于对公平公正的考虑，认为应该同工同酬。结果到了第二天，一楼的保洁员很开心，二楼和三楼的保洁员有些疲倦，四楼的保洁员提出要辞职。HRD很疑惑，心想我制定的绩效指标怎么会有问题呢？后来他亲自去每一个楼层做了一天的保洁，于是才明白其中的原因。这是一个男多女少的公司，只有一楼有女卫生间，其余楼层均为男卫生间，且每个楼层的保洁员都要到一楼清洗拖布，这使得四楼的阿姨工作量最大，得到的工资却和其他阿姨一样。HRD之后便调整了绩效指标体系及绩效考评方案。

二、绩效指标的类型

1. 硬指标和软指标

（1）硬指标

硬指标是指将统计数据作为主要评价信息，在此基础上建立数学模型，并用数量来表示评价结果的评价指标。当处理数据较为复杂时，其可以借助电子计算机来完成，从而有助于提高评价结果的可信度与准确性。

硬指标的优点在于，它具有一定的客观性和可靠性，因为硬指标在一定程度上避免了个人的主观判断与经验的影响，充分建立在客观的数据之上。

但是，硬指标的使用也具有一定的局限性。在评价过程中，其没有吸收个人的主观判断，导致评价缺乏灵活性。另外，如果评价所依赖的数据不够准确或者评价指标不易量化时，评价结果就不够可靠和客观。

（2）软指标

软指标是指通过评价者的主观判断对评价对象进行判断，并得出评价结果的评价指标。这种评价指标往往依赖于评价者的丰富经验与知识，因此容易受到各种因素的干扰，所以实际操作需要多个评价主体共同得出一个结论，使得评价结果更加完善。

运用软指标的优点在于以下三个方面：一是评价过程充分考虑了多种因素，使得评价结果更加全面；二是该指标充分考虑了人的经验和知识，可以有效避免统计数据的缺乏或者不可靠；三是该指标的运用范围广泛，可以用以评价各种类型的员工。

当然，软指标本身也具有一定的局限性：首先，软指标依赖于评价者的主观判断，其结果的客观性与准确性无法得到有效保障；其次，软指标所得到的评价结果容易受到外界环境的影响，其稳定性不足，当民主氛围不理想时，可能会引起评价对象的不满情绪。

硬指标和软指标都存在一定的不足，所以在实际操作中，企业往往将两者结合在一起使用，扬长避短以充分发挥各自的优势。当评价数据容易取得且评价指标容易量化时，企业可以更多地使用硬指标，将软指标作为补充；而当评价数据较为缺乏且评价指标不易量化时，企业需以软指标为主，以硬指标为辅来进行绩效评价。

2. 工作业绩和工作态度评价指标

（1）工作业绩评价指标

工作业绩评价指标用以衡量工作行为的结果。在设计该类指标时，企业通常将指标分为数量指标、质量指标、工作效率指标和成本费用指标四大类。工作业绩指标的优点在于容易进行衡量、客观性较强并且与企业的经济效益有直接关联，不过在考核时，可能存在短期化行为。

（2）工作能力评价指标

不同职位有不同的职责要求，对员工有不同的能力要求。为了能够真正完整地评价员工的绩效，企业需要在考核指标体系中加入工作能力的考核指标，其表现形式包括身体条件指标、工作经验指标、业务能力和技巧指标以及业务知识水平指标。

（3）工作态度评价指标

工作态度会影响工作行为，不同的工作态度会产生不一样的工作结果。比如，有的人具有很强的工作能力，但对待工作敷衍了事，不能达到较高的工作业绩；有的人工作能力一般，但对待工作勤勤恳恳，往往能够取得较好的工作业绩。所以在绩效评价中，企业需要考虑员工的工作态度指标，以此指导员工的工作行为，最终实现组织的目标。

3. “特质、行为、结果”三类评价指标

在进行绩效评价指标体系的设计时，常见的一种方式是运用特质、行为、结果三类指标，其详细比较情况如表 3-9 所示。

表 3-9　特质、行为、结果三类指标比较表

	特质	行为	结果
适用范围	适用于对未来的工作潜力做出预测	适用于考核可以通过单一的方法或程序化的方式实现绩效标准或绩效目标的岗位	适用于考核那些可以通过多种方式达到绩效标准或绩效目标的岗位
不足	●没有考虑情景因素，通常预测度较低 ●不能有效地区分实际工作绩效，员工易产生不公平感 ●将注意力集中在短期内难以改变的人的特质上，不利于改进绩效	●需要对那些同样能够达到目标的不同行为方式进行区分，以选择真正适合组织需要的方式，这一点是十分困难的 ●当员工认为其工作重要性较小时，意义不大	●结果有时不完全受考核对象的控制 ●容易诱使考核对象为了达到一定的结果而不择手段，使组织在获得短期利益的同时丧失长期利益

在进行三类绩效指标的选择时最好采用如下方式：将评价指标冠以“特质”之名，评价指标的定义和尺度则采用行为导向和结果导向相结合的方式。

三、绩效指标体系的设计

（一）绩效指标体系的设计原则

绩效指标体系是由一系列的指标组成，具有一定的层次结构。绩效指标包括组织绩效指标、部门绩效指标和个人绩效指标三个层次。为了实现各个层次指标的有效整合，企业在设计指标时需要遵循一些原则，以下两条原则是较为常见的原则：

一是坚持“少而精”原则。在设计绩效指标时，所选取的指标需要具有代表性，并不需要面面俱到，一定要避免结构的复杂化。过于复杂的指标体系，一方面会造成工作效率的低下，具体来说就是不便于对关键绩效指标的监控，绩效信息的收集、处理过程较为繁琐；另一方面，不利于对绩效评价技术的掌握，会导致绩效沟通不顺畅、绩效管理不易得到认可。

二是坚持“以定量指标为主，以定性指标为辅”原则。绩效指标的量化原则，是绩效指标设计的首要原则，因为量化的指标可以提高绩效评价的客观性与准确性，使得评价结果更易得到评价对象的认可。在实际操作过程中，通过战略目标分解的绩效指标必须坚持量化，但是一些来自具体职责规定的绩效指标是很难量化的，因此就需要一定的定性指标作为辅助。当然，一些定性指标可以运用数学工具进行适当的处理，使得定性指标可以量化，以保证评价结果的准确性与可信性。

小故事
XIAO GUSHI

防止绩效指标含义置换

某公司为了扩大市场运作，将每月出差天数作为市场管理人员的绩效指标纳入绩效考核。刚开始有人抱怨工作细节影响了个人绩效，员工不知所措；三个月后公司发现，

员工每月都能达到规定的出差天数，但市场并未因此有所改善。

经过了解，公司发现员工为达到绩效目标，有的只是在本地“出差”；有的单挑没去过的地方潇洒走一回，再找几个态度好的客户聊聊，指标就达成了。如此的绩效考核结果与公司的意图大相径庭，绩效指标含义发生了置换。

在绩效管理中这种现象主要有以下几种特征：①关注数量或时间性的要求而忽视了对质量的要求；②重结果，轻过程；③指标定义不清晰。

（二）绩效指标的设计方法

（1）个案研究法

个案研究法是指通过对个人、群体或组织进行调查研究，并依据典型个案得出普遍规律的研究方法。典型人物（事件）研究与资料研究是最常见的两大类。其中典型人物研究是对典型人物的工作绩效、行为表现、工作情境进行系统观察和分析研究，在此基础上归纳总结所研究群体的评定要素。资料研究是通过对典型人物的文字资料进行总结与分析，最后归纳出评定要素。

（2）工作分析法

工作分析就是对工作本身进行分析的过程，它是确定完成一项工作所必须履行的责任和具备的知识及技能。工作分析的结果是得到工作描述和任职资格，其中工作描述包括工作性质、工作职责、工作条件、工作的物理环境和社会环境等，任职资格包括员工完成工作所需的工作经验、技能、知识、教育程度等。

企业在以制定绩效指标为目的的工作分析中，首先对某一具体职位的员工进行分析，确定其完成工作所需具备的能力和工作职责，然后选取合适的指标来衡量其能力和工作职责，并且要指出这些能力、指标的相对重要性。

（3）问卷调查法

问卷调查法是最为普遍的一种调查方法。设计者根据研究目的，将所需调查的问题、填表说明呈现在一张调查表上，选取好调查对象后将问卷分发并回收，最后对收集的信息进行分析和总结。问卷所包含的问题要适量、简明易懂，以免影响调查质量和问卷的回收率。

问卷调查法按照答案形式可以分为开放式问卷和封闭式问卷两种，其中封闭式问卷又可以分为是非法、选择法、计分法、排列法四种。封闭式问卷类型举例如表 3-10 所示。

表 3-10　封闭式问卷类型举例

类型	操作定义	例子
是非法	问卷列出若干问题，被调查者做出“是”或“否”的回答	管理者需要具备较强的组织协调能力吗 是（　）　否（　）
选择法	被调查者必须从并列的两种假设提问中选择一项	对销售人员而言，最重要的工作能力是沟通能力（　）
		对销售人员而言，最重要的工作能力是抗压能力（　）

表3-10（续）

类型	操作定义	例子
排列法	被调查者对多种可供选择的方案按其重要程度进行排序	一个优秀的主管应具有沟通能力、协调能力、团队领导能力、丰富的专业知识、高度的责任心，请根据这五大特征的重要性进行排序
计分法	问卷列出几个等级分数，要求被调查者进行判断选择	您对于工作薪酬的满意程度：非常满意（ ） 满意（ ） 基本满意（ ） 不太满意（ ） 非常不满意（ ）

（4）专题访谈法

专题访谈法是通过调查者和被调查者面对面的交谈来获得有关信息的方法，该研究法包括个别访谈法和群体访谈法两种。它能够直接、快速地获取信息，例如，通过与组织各个部门的主管、人力资源部门人员、某个职位的员工等进行沟通与交流以获取绩效指标。专题访谈的内容主要围绕以下三个问题展开：

- 你认为担任现有职位的员工最基本的要求是什么？
- 现有职位的工作的主要特点是什么？
- 检验现有职位的工作成效的主要指标是什么？

（5）经验总结法

经验总结法是由多名专家对个人的经验进行总结并归纳出普遍规律的研究方法。一般可以根据参与人数将其分为个人总结法和集体总结法。个人总结法需要人力资源专家或人力资源部门人员对过去的工作进行回顾，分析自己最成功或最不成功的人力资源决策来总结经验。集体总结法是通过多名人力资源专家或有关部门的主管（6~10人）共同回顾以往工作，对绩效优秀和绩效一般人员的差异进行比较，罗列出用于评价某类人员常用的指标，在此基础上提炼出绩效指标。

（三）绩效指标体系设计的步骤（如图3-5所示）

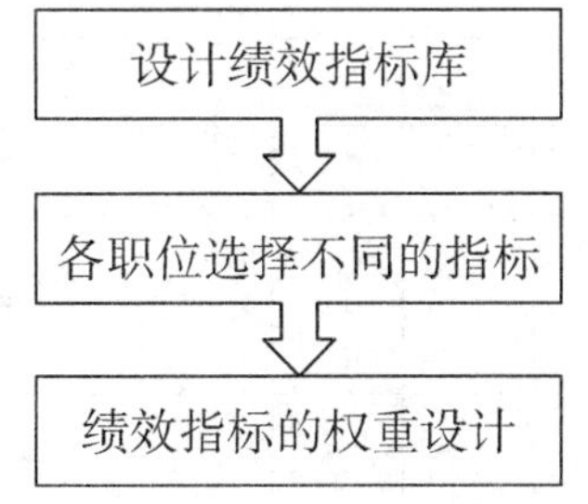

图3-5 绩效指标体系设计步骤

1. 设计绩效指标库

企业首先需要根据组织目标和组织战略，建立一个绩效指标库，当然该指标库不可能涵盖最终每一个需要评价职位的所有指标，许多指标都是在层层分解的过程中，根据实际需要并结合职位的特点而确定，然后补充到指标库里。指标的选择需要遵循“SMART”原则，“S”表示指标要具体，“M”表示指标要可衡量，“A”表示指标通过努力是可以实现的，“R”表示指标与目标和战略相关，“T”表示指标是有时间限制的。

2. 各职位选择不同的指标

管理者和员工根据自身的工作职责与绩效标准，从绩效指标库内选择合适的绩效指标。在实际操作中，主要有两种绩效指标体系的设计方式，一种是按不同的层级进行纵向的设计，另一种是按不同的职能特点进行横向的设计。

（1）按不同层级的纵向设计

一个企业，不论是什么类型、规模有多大，都存在一定的管理层级，一般可以划分为组织、部门和个人三个层次，在个体层面也可以区分为高层、中层和基层。在纵向上，组织的目标自上而下层层分解和承接，组织、部门和个人的目标存在一定关联性，相应的绩效指标也有逻辑关系，每个部门和个人都有自己的特殊的职责和任务，所以也存在一些与其他指标没有必然联系的个性化指标。

（2）按不同职能特点的横向设计

不同的企业在职位类别的分类上存在一些差异，最为常见的职位类型有生产类、销售类、研发类、职能管理类、工程技术类、行政事务类等，常见的职能等级有经理、部长、主管、主办、操作工人等。在企业中建立一个明确的职位系列是按职位职能标准进行绩效管理的前提。在分层分类评价时，不一定完全按照职位系列来进行，通常我们会对一些比较复杂的职位进行一定的合并。组织根据自身的规模和实际情况来进行职位分层，根据组织的生产经营对人员类别的需要来确定职位分类。表 3-11 是一份用于分级分类评价的绩效指标。

表 3-11　分级分类评价的绩效指标汇总表

考核指标		人员类别											
		生产人员			销售人员			研发人员			职能管理人员		
		经理	主管	主办	经理	主管	主办	经理	主管	主办	经理	主管	主办
工作业绩	工作数量												
	工作质量												
	工作效率												
	目标完成程度												
工作能力	业务知识												
	执行能力												
	理解能力												
	文字表达能力												
	微机操作能力												
	规划能力												
	组织领导能力												
	沟通协调能力												
	管理创新能力												
	公共关系能力												
	培育部下能力												

表3-11(续)

考核指标		人员类别											
		生产人员			销售人员			研发人员			职能管理人员		
		经理	主管	主办	经理	主管	主办	经理	主管	主办	经理	主管	主办
工作态度	全局意识												
	责任感												
	纪律性												
	积极性												
	培育部下意识												
	自我开发意识												

3. 绩效指标的权重设计

绩效指标的权重设计是指对各项绩效指标的相对重要程度进行设计，是一项非常重要且具有较高技术要求的工作。绩效指标的重要程度的影响因素很多，其中主要包括三个方面，即绩效评价的目的、评价对象的特征和组织文化倡导的行为或特征。在考虑了各种影响因素之后，企业就需要选取合适的设计方式来设计权重系数，主要有以下几种方法：

（1）经验判定法

这是最为简便的确定方法，它依赖于决策者自身的经验，对各项绩效指标的重要程度进行自行判断并确定权重系数。有时候也可以由集体进行决策，即每位专家对绩效指标进行打分，然后取平均值。

这种方法决策效率高、成本低、容易被认可，但是所获得的信息往往带有片面性，并且对决策者的能力要求较高。

（2）权值因子判断表法

权值因子判断表法是指评判专家组制定和填写权值因子判断表，并根据各个专家所填写的权值因子判断表来确定权重的方法。这种方法的具体操作步骤如下：

①组成评价的专家组。组成人员主要包括人力资源专家、评价专家和其他相关人员，根据不同的评价对象和目的，可以构成不同的专家小组。

②制定绩效指标权值因子判断表，如表3-12所示。

表3-12　权值因子判断表

评价指标	指标1	指标2	指标3	指标4	…	指标 n
指标1						
指标2						
指标3						
指标4						
…						
指标 n						

③专家填写权值因子判断表。专家将行因子与列因子进行比较，若采用四分制，非常重要的指标为 4 分，比较重要的指标为 3 分，同样重要的指标为 2 分，不太重要的指标为 1 分，相对很不重要的为 0 分。

④对各专家所填写的判断表进行统计，并将统计结果折算为权重，如表 3-13 所示。

表 3-13　权值因子计算表

评价指标	考核人员								评分总计	平均评分	权重	调整后权重
	1	2	3	4	5	6	7	8				
指标 1	15	14	16	14	16	16	15	16	122	15. 25	0. 254 17	0. 25
指标 2	16	8	10	12	12	12	11	8	89	11. 125	0. 185 42	0. 20
指标 3	8	6	5	5	6	7	9	8	54	6. 75	0. 112 50	0. 10
指标 4	8	10	10	12	12	11	12	8	83	10. 375	0. 172 92	0. 20
指标 5	5	6	7	7	6	5	5	8	49	6. 125	0. 102 08	0. 10
指标 6	8	16	12	10	8	9	8	12	83	10. 375	0. 172 92	0. 15
合计	60	60	60	60	60	60	60	60	480	60	1. 000 01	1. 00

（3）倍数加权法

倍数加权法是由考核人员对需要考核的要素进行排序并选出一个最次要的要素作为参考要素，将其他要素与该要素相比，得出重要性的倍数，最后进行权重的计算。具体步骤如下：

①对各个考核要素进行比较，从中选取出最次要的要素，并赋值为 1。

②将剩余的考核要素与参考要素进行比较，并确定其重要性的倍数。比如，对营销人员的考核要素（品德素养、工作经验、智力素质、推销技巧、销售量、信用）进行比较，假设智力素质是最次要的，如表 3-14 所示。

表 3-14　倍数加权法举例

考核要素	与智力素质的倍数关系	权重
品德素养	3	0. 18
工作经验	2	0. 11
智力素质	1	0. 06
推销技巧	4	0. 24
销售量	5	0. 29
信用	2	0. 12
合计	17	1. 00

③将所有要素的重要性倍数加总，将各个考核要素的倍数与总的倍数相除，并将结果转化为百分数，即为各个考核要素的权重。

小故事

XIAO GUSHI

K公司是一家中型民营制造企业，其经济效益一般。但近一年来公司产品质量不断出现问题，生产成本居高不下，而且员工流失率较高，在此情形下，公司决定加强绩效管理，董事长为此专门成立了绩效管理委员会。委员会由董事长、总经理、常务副总经理和各部门经理组成，该委员会是公司有关绩效考核管理事项的最高决策机构，主要负责对公司各部门经理进行绩效考核。目前，K公司有生产部、营销部、研究与开发部、财务部和人力资源部五个部门，委员会拟对各部门经理进行年度绩效考核，人力资源部黄部长受命拟定K公司部门经理年度绩效考核表。黄部长在确定工作业绩、能力、态度考核指标与权重时，一筹莫展。如果你是黄部长，你将如何确定部门经理工作业绩、能力、态度年度考核指标及权重？

案例分析

ANLI FENXI

案例一：

A公司是家电行业的领导厂家之一，长期依靠对产品质量、销售和生产的投入取得成功，随着竞争的加剧，近年来也加大了对新产品的投入，并建立了一定规模的研发队伍和引入IPD研发模式，可是在绩效管理上，A公司仍然采用以前的模式。

每年年底与次年的年初，都是公司绩效经理石先生最紧张和头疼的时期，总经理将绩效管理工作完全授权给人力资源部下属的绩效管理科。在2~3个月时间内，石先生要根据对下年度总体目标的指示，经过自己的理解加工，将公司目标分解为市场体系、研发体系、生产体系、财经体系等分目标，并与各体系的主管副总、各个职能部门经理分别进行一对一沟通，达成一致见解，最后由总经理拍板。绩效目标的达成率影响部门的考评，并直接和各个部门的工资、奖金挂钩，所以各个副总和部门经理对选取什么指标及目标值都非常重视，都从自己部门的角度出发对指标的合理性进行“可行性研究”，尽量避免设定过高的绩效目标导致部门最终的绩效考核分数不高。

不过指标最终还是由石先生综合衡量，以便和公司最终目标一致。虽然总经理有一些指示，但都是零散和不系统的，指标全靠石先生和各部门的“诸侯”经讨价还价确定。比如说研发部门避重就轻地选择一些好量化、容易达成的指标，如“出勤率”“客户问题解决”“新产品开发周期”等，而将一些不易衡量、不确定性过高的指标摒弃，如“关键技术掌握程度”“员工能力培养”“新产品竞争力”等，但有时候这些被遗弃的指标反而对部门的发展有至关重要的影响。

有时候石先生对所制定的目标不太满意，但是各个副总、部门经理却毫无疑义，总经理公务缠身，没有太多时间参与绩效计划的制订，在各副总和各部门都达成一致的情况下，大笔一挥签字同意，就由人力资源部门下达给各部门执行。

每一次绩效考核的结果显示，各个部门都能达成绩效计划阶段所制定的目标，绩效管理制度正常运行，指标完成率为90%~110%，但是公司的总体目标总是达不成，如技术积累、新产品竞争力、竞争地位等“软性目标”也与竞争对手的差距越来越大。

思考：

1. A 公司在绩效计划阶段存在哪些问题导致其无法实现总体目标？

2. 结合绩效计划的相关理论知识，谈谈你对于改进 A 公司的绩效管理有哪些建议。

案例二：

B 公司是一家国有通信器材公司。经过 20 多年的发展，其下属 8 家分公司，员工 1 万人，年销售额约 30 亿元。近年来，随着市场竞争的激烈，B 公司经济效益持续下降，公司高层管理者决定通过在组织内部加强绩效管理，以绩效考核来加强对各部门和各级员工的激励和管理。

于是公司高层与某咨询公司合作，对公司各个部门制定了关键绩效考核指标和绩效目标，并规定部门绩效考核由人力资源部负责，各部门员工绩效考核由部门负责人来考核，优秀员工不超过 10%。

年终将至，公司销售部经理开始有些焦虑，因为他花了很大的精力才说服了几个大客户采购他们公司最新研发的电子产品，但这批货必须在年底前交货。然而公司新产品的生产线始终处于调试阶段，出不了产品。如果不能按时交货，客户有权取消订单，这样就会导致销售业绩下降，并且新生产线的投资也会遭受很大损失，这势必会影响销售部今年的考核指标。

此时，公司的生产部经理却相当乐观，因为今年他们部门的三个关键绩效考核指标（质量、生产成本和生产率）基本能完成。而新产品的生产和质量达标费时费力且效率相对低的工作，在绩效考核指标中权重不高。为了不影响部门的绩效考核，他下令减少了本应该配给新产品生产线的生产投入。

公司财务经理的日子也很轻松，他的关键绩效指标之一是缩短应收账款的周期，降低公司的财务费用。他采取的措施是缩短客户付款期限，尽管他知道这样做对销售不利，但这不是他应考虑的问题，为此该部门的绩效指标也完成得不错。

公司研发部主管也觉得今年的绩效考核没什么压力，因为新产品的研发数量和成本考核只占部门绩效考核的 30%，其余 70%考核关注研发团队的建立和研发能力的培养，研发部门每年的优秀员工是轮流坐庄，大家一团和气，是个看上去很融洽的团队。

人力资源部按照公司高层制订的绩效考核计划，按部就班地在准备年底各部门的绩效考核工作。

资料来源：https：//www. ppkao. com/tiku/shiti/7709603. html

思考：

1. 结合相关理论，分析 B 公司绩效计划存在哪些问题。

2. 你认为 B 公司各部门的绩效考核指标应该如何改进？

本章小结

绩效计划是绩效管理的首要环节，绩效计划是指管理者和员工，在新的绩效周期开始的时候，根据组织的战略规划和年度工作计划，通过绩效计划面谈，共同制定组织、部门以及个人的工作任务，并签订绩效目标协议的过程。绩效计划按照不同的分类标准可以分为不同类型的绩效计划，最常见的是分为组织绩效计划、部门绩效计划和个人绩效计划。为了有效地制订绩效计划，我们需要遵循战略性原则、参与性原则、协同性原则和 SMART 原则。在相关原则的指导下，通过绩效计划的准备，绩效计划的沟通和绩效计划的审核和确认三个步骤，最终绩效协议的签订就标志着绩效计划的完成。在准备阶段需要对组织、部门和个人三个层次的信息进行收集。

绩效计划确定了绩效目标，为了准确地衡量绩效目标的实现情况，需要制定有效的绩效指标，通常要保证指标具有独立性、一致性、可接受性、可控性和敏感性。绩效指标体系的设计要坚持“少而精”和“以定量指标为主，以定性指标为辅”两个原则，根据实际情况选择合适的方式来设计绩效指标。绩效指标体系设计包括三大步骤，即设计绩效指标库，各职位选择不同的指标和绩效指标的权重设计。其中绩效指标的权重设计是一项非常重要且具有较高技术要求的工作，主要包括经验判定法、权值因子判断表法和倍数加权法三种方式。

思考与讨论

1. 什么是绩效计划？绩效计划有哪些类型？
2. 谈谈制订绩效计划需要遵循的原则。
3. 制订绩效计划的步骤是什么？准备阶段需要注意哪些问题？
4. 绩效指标体系设计需要遵循哪些原则？
5. 绩效指标体系的设计包括哪些步骤？绩效指标权重设计有哪几种方法？

第四章

绩效考核

案例引入

ANLI YINRU

华为的绩效考核

华为作为全球领先的ICT（信息与通信）基础设施和智能终端提供商，其绩效考核制度也一度成为各大企业学习的标杆。华为的绩效考核包括定性考核与定量考核相结合原则、上级考核与下级考核相结合原则、工作结果与岗位目标相结合原则、不同岗位与不同权重相结合原则，这些原则给予员工与其贡献相应的激励以及公正合理的待遇，以促进科技管理的公正和民主。

绩效考核是针对全员开展的，从最基层的员工到公司高层都要进行绩效考核。这就形成了从上而下的业绩压力，公司把业绩的压力分摊到了每个员工的身上。普通员工每半年进行一次评估，二级部门主管以上则采取年度考核方式，而文员、秘书等岗位人员和生产类技术工人则一般采取季度和月度考核结合的形式。考核主要根据直线经理与员工签订的个人业务承诺（PBC）和关键绩效指标的完成情况进行。考核的流程大致分为以下四步：

●自评：由员工根据个人PBC进行自我打分，并根据分数评定绩效等级。

●主管评价：主管根据员工PBC和KPI的完成情况，结合员工工作态度及自评分对员工进行打分并做出评价，确认员工绩效等级。

●人力资源部审核：人力资源部对部门人员绩效比例控制情况进行审核，并对绩效评定等级中的明显异常情况进行跟踪审查。

●一级部门经理人团队评议：员工绩效最终结果由所在一级部门经理人团队进行评定。一级部门经理人主要对绩效等级评定比例、等级合理性进行评审讨论，讨论通过后报一级部门总裁进行确认，并将结果进行反馈。评估过程中，人力资源部每季度对各部门绩效考核执行情况进行检查，重点检查绩效辅导、绩效评估过程，采取自检和抽检相结合的形式。华为专门聘请党政机关、事业单位离退休老干部组成第三方团队，专门对绩效考评的公正性、客观性进行访谈，并负责对公司员工部分投诉和突发事件进行处理。

考核过程中，华为十分重视管理者对下属的指导工作。其考核体系的基本假设之一就是“员工未能达到考核标准化要求，也有管理者的责任”，因此严格要求各级管理人员必须与员工保持沟通，每月员工的上级必须与员工进行一次以上的沟通辅导，了解员工工作进展、需要的支持以及员工个人职业发展意向，对绩效表现不佳的员工给予及时反馈和指导，以免造成工作误解和拖延。

从以上内容来看，我们不禁思考：华为的绩效考核到底好在哪里？为什么不同员工之间的绩效考核具有差异性？强调管理者和下属之间的持续沟通对绩效考核有什么重要意义呢？希望你在通过本章的学习后，能找到答案。

了解完华为公司的绩效考核结果运用后，不知道你是否会有疑惑：华为公司的绩效考核到底好在哪里？企业应该如何确保考核的公平、公正？为什么不同员工的绩效考核结果具有差异性？强调管理者和下属之间的持续沟通对绩效考核有什么重要意义？为了更好地激励员工，你认为企业的绩效考核应该如何进行呢？我相信，在你认真学习完本章节后，你会有自己的思考和答案。

第一节　绩效考核概述

绩效考核作为战略性绩效管理过程中的一个核心环节，连接着绩效计划和绩效反馈与评估，也是绩效管理中花费时间最长、花费精力最大的环节。组织、部门和个人制订相应的绩效计划后，在绩效计划实施的过程中，管理者需要不断跟进并了解目标计划的实施进程和实施效果，运用有效的考核方法进行多层次、多角度和多维度的考评，以保障目标计划顺利达成，在这一过程中还需要不断收集并记录重要的考核信息，为绩效反馈和评估提供有力依据。

一、绩效考核的含义与性质

随着经济的发展和企业管理的不断进步，人们对绩效考核的认识也不断加深。从绩效的三个层次来看，绩效考核也应该具有相应的层次结构。其一般包括三个层级：一是针对组织绩效的考核；二是针对部门绩效的考核；三是针对个人绩效的考核。虽然有三个层级，但它们之间又密不可分，是整个企业绩效考核的统一有机体。企业进行绩效管理的目的就是希望通过提升个人绩效、部门绩效和组织绩效实现整个企业的战略经营目标。因此绩效考核作为绩效管理的重要环节，必须有效支持绩效目标和组织的战略目标。

在本书中，我们将绩效考核定义为评价主体根据制订的绩效计划和考核标准，选择适当的考核方法，对组织、部门和个人目标任务的完成情况以及工作态度和行为进行考核评价并及时给予反馈的过程。进一步理解其含义可以从以下三个角度进行思考：

第一，绩效考核是否从战略经营目标出发？通过绩效考核是否能够推动战略目标的实现？企业在制定绩效目标和建立绩效考核指标体系时就必须界定清楚与实现组织战略相关的目标是什么，雇员的工作行为和结果应该达到什么程度可以有效支持组织战略。这些思考的内容都会变成相应的考核细则传递给所有雇员，从而对所有雇员的工作产生指导作用，确保雇员履职行为和结果与组织战略保持一致。

第二，绩效考核是否能提升企业的绩效水平？绩效考核拥有一套完整的、系统的、规范的考核程序，管理者和考核部门通过对组织绩效、部门绩效和个人绩效的监控，及时发现绩效实施过程中的现存问题和潜在问题。此外管理者还要及时和下属反馈沟通，分析绩效不佳的原因，给予必要的辅导和支持，并制订切实的改进计划，从而促进企业绩效水平提升。换句话说，绩效考核不仅要注重结果，还要注重下属的工作过程并帮助其达到目标绩效。

第三，绩效考核结果是否有效支持人力资源管理决策？绩效管理是人力资源管理六大模块之一的核心板块。绩效考核结果的作用之一就是为各项人力资源管理决策提供依据，例如招聘和甄选、升职加薪、培训与开发等决策。只有将绩效考核结果与这些决策密切联系，才能充分发挥绩效考核的作用，也正是因为有了绩效考核，以上决策才能更加科学、可信。

二、绩效考核的特点和原则

（一）绩效考核的特点

学习绩效考核的特点，有助于更加容易地理解绩效考核的含义以及考核的重要性。参考众多学者的研究成果并归纳总结各种实践经验，本书将绩效考核的特点提炼为以下四点：

1. 全面性

传统的绩效考核，仅仅表现为考核者对被考核者的绩效结果进行评定，也就是我们俗称的“90°考核”。各大理论和实践证明此种考核在当下的管理工作中存在诸多弊端，难以达到以考核促进整体绩效的目标。此外，影响绩效的因素多种多样，决定了绩效考核也必须是多层次、多角度和多维度的全面考核。

多层次。组织绩效、部门绩效和个人绩效是自上而下的三个层次。个人绩效是部门绩效和组织绩效达成的基础，组织绩效和部门绩效是个人绩效的总体效应。针对三个层次的考核缺一不可。如果仅考核个人绩效而忽略组织绩效和部门绩效，则难以保障企业宏观的、整体的经营目标的实现；如果仅考虑组织绩效和部门绩效，则忽略了雇员对企业的贡献价值。

多角度。员工的绩效会随着环境的变化和时间的推移而变化。管理者应该综合多角度的考核意见对绩效进行评定。如图 4-1 所示，除了上级、同事和下属的评价，必要时还应该有客户、服务对象的评价。管理者不仅要考虑最近考核期的考核，还要联系几个考核期的考核结果，从而可以分析组织、部门和雇员的发展趋势，用发展的眼光对待绩效考核。

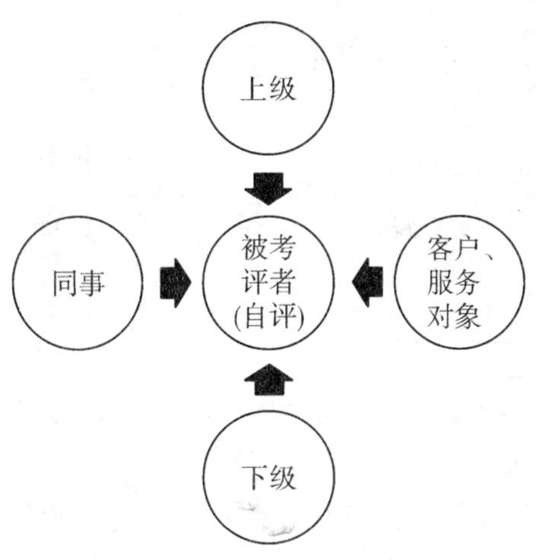

图 4-1　多角度绩效考核

多维度。绩效考核不能仅仅关注结果，过程中的行为和态度往往是决定绩效水平的关键，也与组织内部流程等管理有关。可以通俗地理解为既要关注最后的获利，也要优化组织结构，控制成本，规避错误操作，以实现更大利益。

2. 协同性

绩效考核的协同性是指通过运用一套完整的、系统的考核机制，实现企业各部门的纵向和横向协同，产生“1+1>2”的效果。绩效考核中所关注的绩效指标应该打破传统“自扫门前雪”的观念，部门内部、部门与部门之间应该密切联系，相互支持。例如某生产制造业的采购部采购材料的及时性和采购质量直接影响到生产部的产品生产效率和质量，从而又影响到销售部的销售业绩和客户满意度等。因此各部门的重点考核指标存在一定的关联性。

3. 差异性

绩效考核的差异性主要指针对不同的考核对象有不同的考核体系。企业不可能用一个量表去考核所有的部门和雇员，应该根据职位和工作任务的差异制定特定的考核指标和标准，选择适合的考核方法。如表 4-1 中呈现了用于不同目的的考核指标，毋庸置疑这些指标和标准还必须能有效支持组织的经营目标。

表 4-1　考核指标

成本控制指标		
指标	定义	功能
制造成本与主营业务成本比率	制造成本/主营业务成本	检测制造成本在主营业务成本中的比例
管理费用	在生产销售产品中发生的管理费用	检测分（子）公司的管理费用比例
营业费用	在产品销售过程中发生的费用	检测分（子）公司的产品销售费用
……	……	……
市场营销指标		

表4-1(续)

指标	定义	功能
销售收入增长率	(本期销售收入-上期销售收入)/上期销售收入	检测一定周期内的销售增加情况
解决客户投诉率	一定周内解决的客户投诉数/客户总投诉数	检测相关部门客户投诉的解决力度和效果
……	……	……

4. 公平性

绩效考核的公平性包括考核过程公平和考核结果公平。在考核过程中，考核人员严格按照设置的考核程序进行操作并记录考核的关键信息，杜绝徇私舞弊。考核人员应该尊重被考核者，在友好和谐的氛围中进行客观的考核，使被考核者感受到公平的人际待遇。考核过程公平也是结果公平的有效保障。考核结果的公平主要体现在绩效达成和劳动付出的关系上。雇员对自己的付出都有一定的自我评价，与考核结果相比较的差异会直接影响他们的公平感受。

小知识

XIAO ZHISHI

绩效考核申诉

绩效考核申诉是指雇员对考核过程或考核结果存在质疑，向相关部门（一般是人力资源部）提出申请的一种机制。绩效考核申诉也是维护雇员权益、体现公平性的一项重要措施。以某公司的绩效考核申诉管理办法为例：

某公司绩效申诉管理办法

第一条　为确保绩效考核的公平、公正，防止绩效考核实施过程中出现妨碍绩效考核公平、公正的行为发生，特制定本办法。

第二条　在绩效考核评议结束、考核结果公布之后，被考核人若对考核结果持有异议，有权向人力资源中心提出申诉。

第三条　若经考核小组发现或被考核人员发现在考核过程中存在妨碍绩效考核公平、公正的行为发生，绩效考核小组有权对其进行查证，一经查证属实根据相关规定进行处罚。

第四条　申诉提起：被考核人必须在考核结果公布以后三个工作日内向人力资源中心以书面形式提起申诉，逾期视为对考核结果不存在异议。考核申诉表填写必须列明申诉人和被申诉人，并且必须具有确切的证据陈述。若申诉表填写不符合要求，申诉不给予受理。

第五条　申诉受理：人力资源中心业务主管有责任受理合格的申诉书，从受理申诉之日起，原有绩效考核流程自动终止。

第六条　申诉事项查证：在申诉流程开始以后，三个工作日内人力资源中心业务主管通过会议、访谈、查阅客观数据资料等方式，对申诉事项进行全面查证工作，得出查证结果并通报绩效考核小组。在查证过程中申诉人和被申诉人以及相关部门都必须积极配合。

第七条　在申诉查证工作结束后的三个工作日内，绩效考核小组做出相应处理决议，并将查证结果及处理决议反馈给申诉人。

附件（绩效申诉流程图见图4-2、绩效考核申诉意见表4-2）：

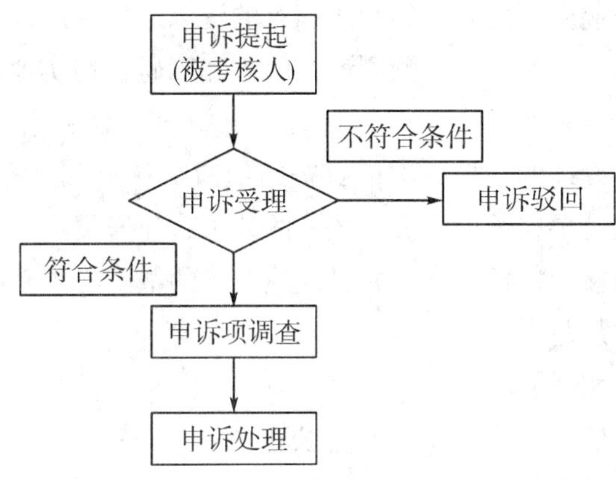

图4-2　绩效申诉流程图

表4-2　绩效考核申诉意见表

申诉人		所在部门		职位/职务	
考核人		考核结果		申诉日期	
申诉原因［详细列举事由（可附页）］					
本人认为自己的绩效考核结果及相关理由和事实（可附页）					
申诉处理意见： 上级部门负责人： 日期：					
人力资源中心调查过程及结果： 人力资源中心负责人： 日期：					

资料来源：http：//www. doc88. com/p-7187494454693. html

（二）绩效考核的原则

要顺利实施绩效考核，确保考核的有效性，必须遵循一些基本的考核原则。

1. 可行性与可接受原则

每一次绩效考核都需要时间、人力、物力和财力，要顺利实施绩效考核就必须充分考虑以上客观条件。企业应该先研究组织所拥有的资源、技术以及其他条件，再合理设计考核方案并对其进行可行性分析，预测潜在困难和障碍，切实评估考核方案能为组织带来哪些经济效益和社会效益。

所谓可接受性是指设计的考核方案能够被组织成员认可和接受，无论是考核标准、考核程序，还是考核人员都应该得到被考核者的认可，让雇员适当参与考核方案的设计可以提升雇员对绩效考核的信任程度。并且绩效考核的范围必须是组织的所有成员，不搞特殊性也不专门针对某些人。

2. 公平、公正、公开原则

一个良好的绩效考核体系必然是公平、公正的，这也是有效开展绩效考核的前提。贯彻公开原则首先要将考核工作公开化，避免造成神秘的氛围从而使雇员产生猜忌和不安，甚至是抵触情绪。考核结果也必须遵循公开原则，注重上级和下级之间持续不断的绩效沟通。有效结合自我评价和绩效申诉，有利于组织成员将自身与绩效考核结果进行比较衡量，发现自身差距，对不公平的结果提出质疑。

3. 可靠与准确原则

绩效考核的可靠性即考核信度，是指运用绩效考核方法所得到的绩效数据、履职行为和态度的信息是稳定的、可信的。这意味着不同的评价主体对同一个雇员或一组雇员的评价应该保持一致或者差异在可接受范围内。绩效考核的效度是指绩效考核中测量结果的准确程度。明确考核指标和考核标准、选择合适的考核方法和工具、帮助考核主体和被考核者理解考核内容等都有助于提升绩效考核的信度和效度。确保考核的可靠性和准确性是绩效考核最重要的工作之一，毕竟绩效考核的结果与每个雇员的工资和福利等密切相关，也会直接影响雇员的满意度。

4. 及时反馈原则

绩效反馈是指管理者通过绩效公开公布或绩效面谈等方式将绩效考核结果反馈给雇员的过程。反馈要及时，以避免雇员因不能充分理解考核结果而出现焦虑不安。与考试后同学们都希望尽快出成绩和答案道理一样。在反馈时，管理者要向雇员说明考核的具体情况并对一些比较敏感的结果进行委婉转达和解释。遵循及时反馈原则的意义还在于充分发挥考核的激励作用，肯定成绩和进步，一起分析绩效不佳的原因并制订改进计划，以提升绩效水平。

三、绩效考核的应用及局限性

有的人不明白为什么要进行绩效考核，绩效考核有什么意义。绩效考核作为一种流行的管理手段，在组织管理中运用极其广泛。任何好的管理方法都是顺应时代发展的产物，绩效考核的多种实际应用表明考核对协调控制员工关系、组织整合人力资源、支持组织总体经营战略目标有重大意义。

首先，绩效考核可以应用于组织的人才招聘和甄选。招募与甄选是组织获得新鲜血液的重要工作。招聘结束后，初次录用的人才会进入实习期。在此期间，组织需要观察和考核这些人才是否真的如招聘中表现得那样优秀，是否能够胜任组织安排的实际工作，以及是否能够融入组织环境，认可组织文化。运用绩效考核对这些问题进行评定，最终甄选出真正能够加入组织的人才。在此也可以通俗地将绩效考核看作检验招聘效果的重要手段。

其次，绩效考核可以为组织成员的职位变动提供主要依据。员工在组织内部的晋升、降职或解雇或者只是横向轮换工作，都需要绩效考核提供主要依据。特别是职位的纵向变动，对于优秀的员工，组织通过绩效考核发现其发展潜力，为组织留住优秀人才提供保障。对于绩效不佳的员工，绩效考核提供的重要依据可以让他们清楚地认识到自己的不足，以缓解降职或解雇造成的负面情绪。

再次，绩效考核是组织设计培训内容的信息基础。绩效考核不仅要注重绩效考核结果，更要关注绩效考核的过程。在过程控制中，管理者和下属需要保持持续不断的绩效沟通和辅导，管理者以此可以了解下属在工作中是否遇到困难，并结合绩效考核提供的信息判断这些问题是否是因为个人知识、技能等方面存在不足而造成的，从而进行有针对性的培训。此外，除了从绩效考核出发判断是否需要进行培训，组织的培训与开发工作也需要主动参考绩效考核结果。

然后，还有一项最主要的应用就是薪酬分配。在如今的企业中，绩效考核最广泛的应用还属薪酬分配。绩效考核往往直接与薪酬挂钩，也与奖金分配和福利密切相关。因为绩效考核最初的目标就是判断雇员或团队为组织做出的贡献。例如表 4-3，其中展示了顺丰速运企业对其分部经理的考核，能力指标中的“员工满意度”和“上级满意度”直接涉及扣除绩效工资且扣除力度极大。

表 4-3 顺丰速运分部经理的绩效考核

主管经理	权重	指标	考核标准	说明
运营指标	30%	达标率	按进出港总量的万分之二计达标	如某月进出港量为 15 000 票，可以允许出现扣 3 分的问题件，如果超过 3 分，每分按 15% 的权重计。如问题件为 5 分，则得分为 30%×［100-（5-3）×15］=21 分
能力指标	10%	员工满意度 5%	员工对其领导及其能力的认可	员工匿名评价满意度达 98% 及以上，全额支付所占权重绩效工资； 50%～98% 扣除 50% 的绩效工资； 50% 以下扣除所有绩效工资
		上级满意度 5%	考核期间工作获得领导认可	满意：全额支付所占权重绩效工资； 一般：支付 50% 的绩效工资； 不满意：不支付绩效工资

最后，除了以上应用，有效的绩效考核在改进绩效水平和建立企业文化上也有积极作用。绩效的改进包括组织期望的行为和结果能够发生或增加发生的频率。在绩效考核中，层层设计的组织、部门和个人绩效考核指标和考核标准充分诠释了组织的期望，每个层级还有对应的目标计划，这些内容都可以引导各层级向组织期望的行为保持一致，从而实现绩效水平的提升。

每个企业都有企业文化，并且健康的企业文化有利于增强员工对企业的忠诚度，产生“家的归属感”。如何让员工充分理解和认可这些企业文化呢？许多企业将文化融入绩效考核指标中，通过绩效考核强化员工对企业文化的认识。阿里巴巴就是典型的例子。阿里巴巴的企业文化充满武侠情结，公司的价值观被誉为“六脉神剑”，针对管理层的评价指标由“独孤九剑”组成，如表 4-4 所示。

表 4-4　阿里巴巴企业文化

六脉神剑	客户第一
	团队合作
	接受变化
	诚信
	激情
	敬业
独孤九剑	服务与尊重
	群策能力
	教学相长
	质量
	简易
	激情
	开放
	创新
	关注

虽然绩效考核运用广泛，但必须认识到绩效考核也有局限性。众多企业耗费大量资金、人力和时间，挖空心思想方设法建立完善的、全面的考核体系，事无巨细，所有工作都用绩效来衡量。但绩效考核只是一种管理工具和手段，并非是管理的最终目的，绩效考核的结果并不是管理的终点。

过分依赖绩效考核只会导致组织的工作氛围处于高压状态，并造成以下弊端：

●员工改善绩效的动力来自利益的驱使和对惩罚的惧怕。

●过分依赖考核制度而削弱了组织各级管理者对改善绩效方面的责任。

●单纯依赖定期的、既成绩效的评估而忽略了对工作过程的控制和督导。

●管理者充当监督和评价的角色，造成管理者与被管理者之间的对立与冲突。

●不利于培养缺乏工作能力和经验的资历浅的员工，只会让他们处于随时应对绩效考核的戒备和警惕状态。

●当员工发现难以达到工作标准时，自暴自弃、放弃努力，或归因于外界、他人和其他因素。

●在工作标准不能确切衡量时，员工易规避责任。

●雇员对业绩优秀者产生抵制情绪，使成绩优秀者成为被攻击的对象等。

●会过度耗费组织的资源。

第二节 绩效考核技术

一、绩效考核技术

绩效考核是一项繁琐、庞大的工作，甚至常常被 HR 称为“最难啃的骨头”。随着人们对绩效考核的认识和重视，相应的绩效考核技术也应运而生。“工欲善其事必先利其器”，学者们苦心研究相继提出了目标管理、关键绩效指标和平衡记分卡等绩效考核技术。不得不说绩效考核技术使考核工作事半功倍，正是因为考核技术的不断创新和完善，使得绩效考核得到更大的发展空间。绩效考核技术比较如表 4-5 所示。

表 4-5 绩效考核技术比较

考核技术		目标管理	标杆管理	关键绩效指标（KPI）	平衡记分卡（BSC）
时代		20 世纪 50 年代至 70 年代	20 世纪 70 年代末以来	20 世纪 80 年代以来	20 世纪 90 年代以来
重要性质		注重管理思想；重视人与职务相互结合	强调学习和比较；注重实践与创新	以组织战略为导向；将指标层层分解	财务指标与非财务指标有效结合；战略管理和绩效管理有机结合
对象		个人	组织	组织、部门、个人	组织、部门、个人
要素		工作目标； 指标； 目标值	最佳实践； 系统的学习措施和改进方案	战略； 关键成功领域； 关键绩效要素； 关键绩效指标	使命、核心价值观、愿景和战略； 四个层面的目标（财务层面、客户层面、内部流程管理和学习与成长）； 指标； 目标值； 行动方案
指标	设计	根据组织目标，由上下级协商确定	依据与最佳实践的比较进行模仿确定	依据组织战略层层分解制定	依据使命、价值观、愿景、战略和客户价值主张的引导而确定
	关系	指标之间基本独立，没有明显联系	各指标之间没有明确的联系	各成功领域之间基本相互独立，没有明确联系	目标的因果关系导致四个层面的指标有关联性
	类型	侧重定量指标	客观指标和主观指标	强调客观指标	有前置指标（学习与成长和内部流程管理）和滞后指标（客户层面和财务层面）；客观指标和主观判断指标

目标管理、标杆管理、关键绩效指标和平衡记分卡是应用最为普遍的系统性绩效考核技术，它们之间既有不同又有联系，如表 4-5 中列举的比较内容。本书的第三部分将

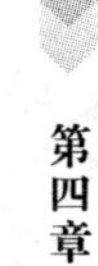

为大家详细介绍每种绩效考核技术如何使用等，本节以企业事例为基础进行简单的铺垫。

（一）目标管理

美国著名管理学家彼得·德鲁克（Peter Drucker）将目标管理定义为一种程序或过程，在这个过程中，组织中的上下级一起协商制定目标，并定期反馈。也就是说目标管理包括两个部分的重要内容：为每位雇员制定便于衡量的工作目标；定期与雇员面谈分析其目标的完成情况。如表 4-6 所示，某企业广东分公司银行保险业务部经理的客户指标目标包括管理 200 个网点和开拓 53 个新网点，都是具体的、便于测量的目标。

表 4-6　广东分公司银行保险业务部经理的客户指标目标

一级目标	二级目标
客户指标	管理网点数量：完成对 200 个网点的管理，这些银行网点的银行保险业务销售能正常运作
	新网点开拓：本年内完成对省内 53 个新网点的开拓，并完成这些网点银行开展保险业务的各项基础工作

（二）标杆管理

标杆管理是由美国施乐公司首创的绩效考核技术。在其推出标杆管理并取得明显成效后，美国的许多大型公司纷纷效仿，将标杆管理发展成绩效管理热潮。标杆的选择突破了行业限制，通常是在全行业甚至是全世界范围内选择最佳实践者或者最优标杆，强调针对不同的工作领域选择不同的学习标杆进行超越。

我国最大的现代化钢铁联合企业宝钢集团在 2000 年引入标杆管理，选定 164 项生产经营指标作为进行标杆定位的具体内容，选择 45 家世界先进钢铁企业作为标杆企业，如表 4-7 所示。

表 4-7　宝钢集团标杆管理

工作领域	标杆及成就
专利技术	与世界 500 强中的 P 钢公司的专利成果数量进行对标。2001 年宝钢集团获国家受理专利比上年递增 17%，签订技术贸易合同比上年递增 340%
研发基地	与世界 500 强中的 2 家钢铁公司在科研实验用的工艺模拟仿真等设施及基地方面进行对照，并投入专项技术资金，加快实验设备和基地的建设
产业结构	与世界 500 强的同行企业的装备技术进行对标，发现钢铁子公司的产业结构不合理，立即进行产业升级，提高了子公司的核心竞争力
信息技术	在信息化管理方面曾以日本综合商社、欧美钢铁企业、汽车跨国集团的信息化管理模式为标杆，实现了宝钢自己的信息化技术建设

资料来源：https：//www. docin. com/p-1147291186. html

宝钢集团的标杆管理成效十分显著，将该技术运用到组织的各个领域并选择某方面优先的企业分别对标。宝钢集团不是一味地模仿学习，而是不断实践和创新才实现了超越，取得了竞争优势。

（三）关键绩效指标（key performance indicators，KPI）

一个企业的绩效考核可以根据不同部门、不同岗位细化出成百上千的考核指标，若是真的对所有指标都进行考核，那么绩效考核不仅无法有效支持经营战略，反而会摧垮整个企业。关键绩效指标的核心思想就是"二八原则"，从组织战略出发，抓住组织的关键绩效领域，并细化为关键绩效要素和关键绩效指标。著名的鱼骨图可以直观地体现关键绩效领域（KRA）、关键绩效要素（KPF）和关键绩效指标（KPI）的关系，如图 4-3和图 4-4 所示。

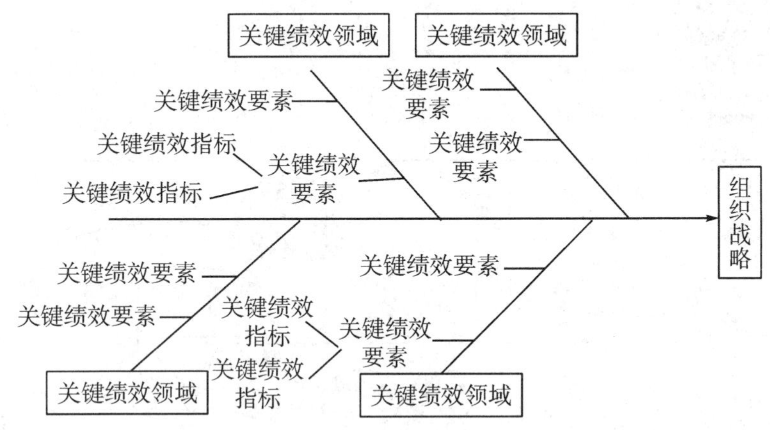

图 4-3　基于 KRA、KPF 和 KPI 的鱼骨图

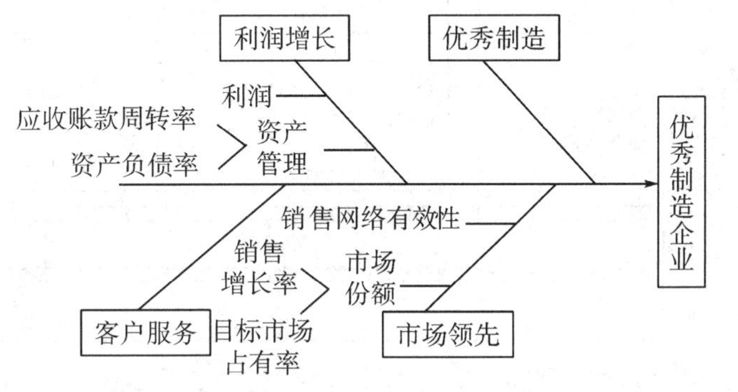

图 4-4　某制造企业关键绩效指标鱼骨图

二八原则

二八原则是 19 世纪末 20 世纪初意大利经济学家帕累托发现的。他认为，在任何一组东西中，最重要的只占其中小部分，约 20%；其余 80%尽管是多数，却是次要的。

用在关键绩效指标这一考核技术中我们可以理解为组织中只有少数的关键指标可以为组织实现绝大部分增值并创造竞争优势。或许其他指标有存在的理由，然而对组织实现战略目标没有显著作用。

（四）平衡计分卡

平衡记分卡问世后，建立了将财务指标与非财务指标有效结合并能协调好各个指标之间关系的系统框架。平衡记分卡以组织使命、核心价值观、愿景、战略为引导，紧密联系学习与发展、内部流程管理、客户和财务四个层面建立系统的、全面的考核体系。平衡记分卡常常运用战略地图（如图 4-5 所示）实现对战略的可视化描述，并体现出各指标之间严密的关联性以及组织内的协作关系，从上至下进行引导，从下至上实现支撑。

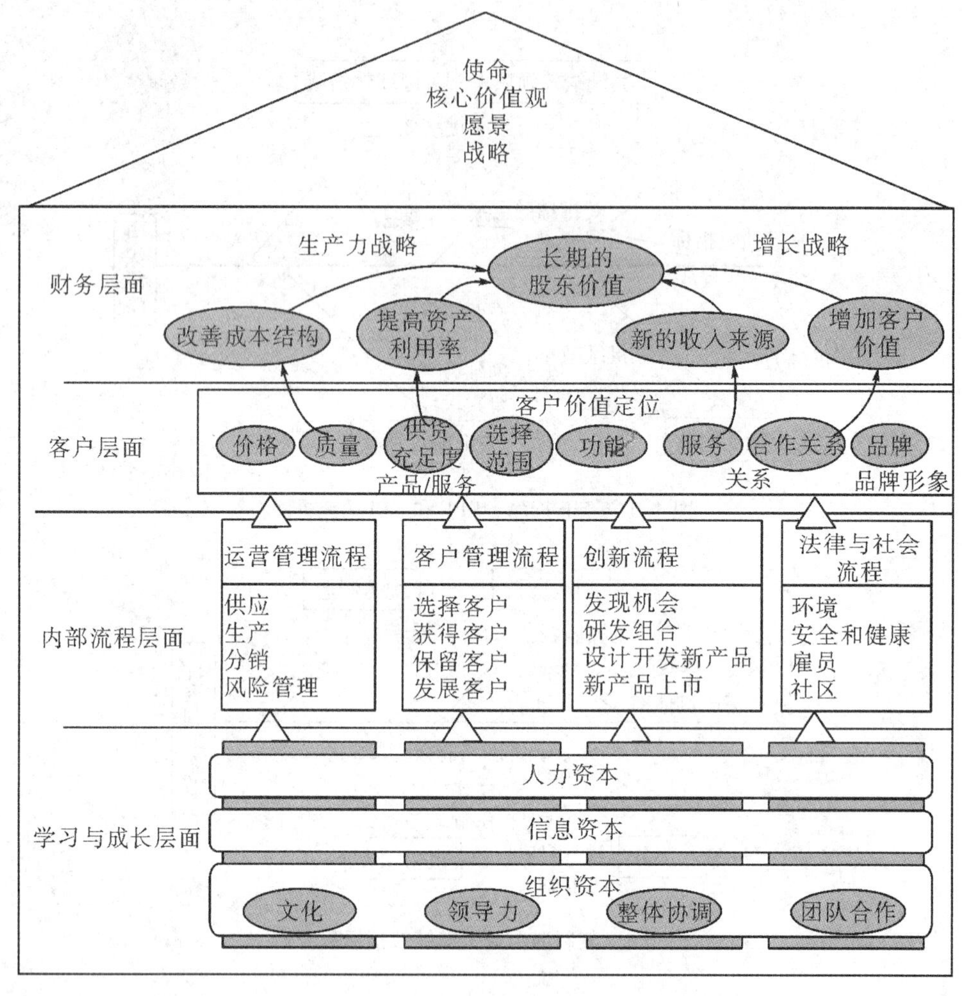

图 4-5　平衡记分卡与战略地图

财务层面使用专业的财务术语直观地阐述了企业的经营目标是长期的股东价值。为了达成统一的目标，组织可以通过两种战略来改善财务业绩，即收入增长和生产率改进。

客户层面由市场上的产品/服务特征、客户关系和品牌形象构成。不同的组织通过向目标客户群体提供不同的产品或服务（价格、质量、供货充足度、选择、功能），维护客户关系（服务、合作关系），建立品牌形象等客户价值主张形成与竞争对手的差异化经营战略。

内部业务流程主要包括运营管理流程、客户管理流程、创新流程和法律与社会流程。其以此将组织的内部部门和工作进行了分类。

学习与成长层面描述了组织的无形资产并展现了无形资产是组织价值创造的基础和源泉。

二、绩效考核方法比较

通过前面的学习，我们了解到建立绩效考核体系的几项重要技术，但如何对建立的指标进行考核？评价标准又该怎样制定？绩效考核方法可以解决以上问题。综合学者们的研究，绩效考核方法主要分为比较法、量表法和描述法，如表 4-8 所示。

表 4-8　绩效考核方法

考核方法		优点	不足
比较法（相对评价）	排序法（最简单）	设计成本和使用成本低；使用便捷；考核结果一目了然	主观性强，结果易遭质疑；业绩相近者难以排列；员工不能得到有效的自身反馈
	配对比较法	设计简单，操作简单；结果比排序法更可靠	如果员工数量过大，不但费时耗力，考评质量也不好
	人物比较法	以标准人物为比较标准，结果更客观	标准人物挑选困难
	强制分布法（常用）	避免考评者过分严厉或过分宽松；对员工有激励和鞭策作用	无法在不同群体之间进行横向比较
量表法（绝对评价）	图尺度量表法（常用）	实用性强，设计和使用都比较简单	多数情况下只评定等级和分数，不能通过行为描述指导雇员工作；因分数未被明确规定导致评价失真
	等级择一法（常用）		
	行为锚定量表法（常用）	可指导监控员工行为；评分依据更可靠	设计复杂；多个等级的行为可能同时出现导致难以评定
	混合标准量表法	混合各指标的等级，有效避免等级对客观评价的影响	设计难度较大
	行为观察量表法	使用简便；能向员工提供有效的信息反馈	设计成本较高；等级划分缺乏明确定义；只适用于行为比较稳定、不太复杂的工作
描述法	自我报告法（常用）	利于员工主动进行自我反省	只适合做定性分析
	工作业绩记录法	督促员工积极完成工作任务	
	态度记录法	及时记录员工的长处和不足	观察和记录成本高；只能做定性分析
	关键事件法（常用）	以行为为导向，以事实为依据，考核结果更客观；能向员工提供具体的评价证据	

（一）比较法

比较法又称为相对评价法，是将雇员进行相互比较来考核工作绩效的相对水平，主要包括排序法、配对比较法、人物比较法和强制分布法。

1. 排序法

将雇员的绩效进行比较并排序，比较类似于学校考试的成绩排名。常见的排序法有直接排序法和交替排序法。

（1）直接排序法。直接排序法作为最简单的排序方法，使用时只需要将一定范围内所有被考核者的绩效结果进行比较并从绩效最高者到绩效最低者排出顺序。如表 4-9 所示。

表 4-9　直接排序法样表

排序	等级	员工姓名
1	最好	王××
2	较好	李××
……	……	……
10	最差	郑××

（2）交替排序法。交替排序法与直接排序法的不同之处在于前者是先确定一定范围内被考核人员的最好者和最差者，再从剩下的被考核人员中继续确定最好者和最差者，以此类推直到将所有人的顺序排定。如表 4-10 所示。

表 4-10　交替排序法样表

最好	姓名	最差	姓名
1	王××	10	张××
2	李××	9	田××
……	……	……	……
5	胡××	6	周××

排序法是使用得比较早的考核方法，其优点主要是设计成本和运用成本都较低，设计思路和使用方法都十分简单，考核结果也一目了然。但排序法的缺点也十分明显：无论是直接排序还是交替排序，评价过程都比较主观，这样容易发生争议，特别是几个人的绩效水平比较相近时，难以进行准确的排序。综合上述优点和不足，排序法比较适用于考核一些用量化指标表达的工作质量和效率，不建议直接用于人事管理。

2. 配对比较法

配对比较法是由排序法衍生而得，又称为一一比较法、成对比较法。该方法的操作程序主要是将被考核人员中的每一个人与其余的被考核者一一进行比较，得出每次比较中的“高绩效者”和“低绩效者”，可以分别以“+”和“-”进行标注。最后统计每个人获得“+”和“-”的次数。得到“+”越多的人将获得更高的考核分数。如表 4-11所示，以纵向统计“+”的次数为结果，王××的考核得分最高。

表 4-11　配对比较法样表

考核要素：团队协作精神

	王××	李××	张××	胡××	周××
王××		-	-	-	+
李××	+		+	-	-
张××	+	-		+	-
胡××	+	+	-		+
周××	-	+	+	-	
统计	3“+”	2“+”	2“+”	1“+”	2“+”

配对比较法的设计和操作也很简单，考核结果一目了然且比排序法更科学可靠，但对于数量庞大的群体，一一配对比较会花费大量时间。

3. 人物比较法

人物比较法是指将一定范围内的被考核人员与最初选定的一位标准人物进行比较，因此又称为标准人物比较法。人物比较法可以使用如表 4-12 所示的表格。

表 4-12　人物比较法样表

考核项目：<u>业务知识</u>　　　　标准人物：<u>王一一</u>

被考核人员姓名	非常优秀	比较优秀	相同	比较差	非常差
张××					
胡××					
周××					

标准人物的各方面就是组织设定的比较标准，因此与前两种比较方法相比，人物比较法在一定程度上能够使评价依据更客观，也更能提高雇员的工作积极性。但人物比较法的实施难点在于标准人物挑选困难，容易发生晕轮效应。

4. 强制分布法

强制分布法要求将被考核者按考核结果分配到一种类似于正态分布的标准中。在所有的不同的部门中或者小组中都有优秀、一般和较差的员工，考核者需要在每一个档次上都分派一定比例的雇员。如表 4-13 所示，阿里巴巴绩效考核坚持“271”绩效等级分布原则。

表 4-13　阿里巴巴强制分布原则

<table>
<tr><th>打分</th><th>等级</th><th>分布</th></tr>
<tr><td>5</td><td>杰出</td><td rowspan="3">≤20%</td></tr>
<tr><td>4. 5</td><td>持续一贯地超出期望</td></tr>
<tr><td>4</td><td>超出期望</td></tr>
<tr><td>3. 75</td><td>部分超出期望</td><td></td></tr>
<tr><td>3. 5</td><td>符合期望</td><td></td></tr>
<tr><td>3. 25</td><td>需要提高</td><td></td></tr>
<tr><td>3</td><td>需要改进</td><td></td></tr>
<tr><td>2. 5</td><td>不合格</td><td>≥10%</td></tr>
</table>

强制分布法常常与末位淘汰制密切相关，雇员们会担心因多次落入绩效最差区域而被解雇，所以强制分布法具有极强的激励和鞭策作用。但该方法不能实现不同部门或小组之间的横向比较，例如一个部门中排名最差的员工可能比另一个部门的第一名员工更优秀。

综合了解以上四种主要的比较方法，不得不承认比较法是最方便、最简单的绩效考核方法，因此得到广泛运用。但是其缺点也十分明显：考核过程过于主观，难以提供令人信服的依据，考核结果也无法在不同群体之间进行横向比较。因此企业一般不会单独使用比较法进行考核，往往会与下面介绍的量表法和描述法结合使用。

（二）量表法

量表法作为一种绝对评价法，注重将绩效考核指标进行合理量化，即考核者根据被考核者在各个考核指标上的实际表现进行判断和评分，最后计算出总分。

在量表法中，多以行为为导向，对每项标准都有明确、具体的定义以帮助考核者进行客观评价。因此考核结果更客观、准确，信度和效度更高。量表法还突破了比较法不能在不同群体间横向比较的障碍，使考核结果能更加有效地运用于各项人事决策。但量表法的设计十分复杂，专业性极强，因此需要花费大量的时间和精力，通常还需要专家协助才能完成。

1. 图尺度量表法

图尺度量表法又称为图尺度考核法，其考核尺度的设定包括依不间断分数表示的尺度和依等级间断分数表示的尺度，分别称为连续尺度法和非连续尺度法。表 4-14 是典型的以等级间断分数为尺度的图尺度量表样表。该表列举了一些考核指标，定义了 s（极优）到 d（差）的评价等级和分数，并为每项考核指标设定了相应的权重，最后将每项指标的等级得分乘以对应的权重并加总得出最终分数和档次。

表 4-14 图尺度量表法样表

考核指标	评价尺度	权重	得分	事实依据及评语
专业知识：经验以及工作中的信息知识	s30 a24 b18 c12 d6	30%	24	
计划能力：对要完成工作的有效计划能力	s15 a12 b9 c6 d3	15%	15	
……	……	……	……	……
s：极优 a：优秀 b：良好 c：中等 d：差	最终得分：77 最终档次：a	档次划分		s：80 分及以上 a：65~79 分 b：49~64 分 c：33~48 分 d：16~32 分

图尺度量表法的优点是它的实用性强且开发成本和使用成本低，可以对雇员的工作内容、责任和行为特征进行考核。权重的合理设定向雇员们展示了一系列考核指标的重要程度，以此可以激励雇员对重要的成功要素加以重视。

但图尺度量表法也有很多问题：量表只能评定等级和分数，不能有效指明雇员必须做什么才能得到某个分数。由于每个考核等级没有明确的定义，这使得不同的考核者对每个等级有不同的理解，难免会导致考核失误。表 4-14 中另外设有的"事实依据及评语"供考核者填写重要的考核依据或一般说明，可以稍微缓解以上问题造成的负面影响。

2. 等级择一法

等级择一法的原理与图尺度量表法基本相同。等级择一法的考核尺度以不同等级含义的短语表示，而不是使用图示。表 4-15 是等级择一法的样表。

表 4-15　等级择一法样表

考核对象：__________　部门：__________　考核者：__________　考核日期：__________

考核指标	权重	优秀 5	良好 4	满意 3	尚可 2	不满意 1	得分（等级得分×权重）
工作数量	10%			√			0. 30
评语							
工作质量	15%		√				0. 60
评语							
专业知识水平	15%			√			0. 45
评语							
合作精神	10%		√				0. 40
评语							
……							
总得分							

等级择一法与图尺度量表法相同，其优点是使用方便、开发容易且成本较低。组织确定了合适的指标库后，为各个职位设计此类量表就更加得心应手。由于等级择一法的等级界定没有具体的行为定义，该方法的信度和效度难以保证，因此往往需要与描述法特别是关键事件法结合使用。

3. 行为锚定量表法

行为锚定量表法巧妙地结合图尺度量表法和关键事件法，将某项考核指标可能出现的各种典型行为赋予相应的分值，并建立锚定评分表，在考核时依据被考核者的实际工作行为与评分表进行比较评分。如表 4-16 所示。

表 4-16　行为锚定量表法：对大学老师的考核

考核指标：传授知识		
考核等级	（1）优秀	教师能够向学生介绍国际前沿的知识，并给予清楚的讲解
	（2）较好	教师能够使用适当的例子辅助自己讲解
	（3）一般	教师讲课能够生动地传授知识，但是缺乏新意
	（4）较差	教师讲课缺乏新知识，照本宣科
	（5）极差	教师讲课知识有错误
考核结果		

行为锚定量表法是使用反映不同绩效水平的具体工作行为作为一个考核等级的定义，是典型的以行为为导向的考核方法。该方法与前面所提及的方法相比，标准行为的选择专业性更强，因此设计更加复杂，需要花费更多时间。其仅适用于比较容易界定行为等级的工作。还令众人感到疑惑的是：是否只有以关键事件确定的行为标准才能达到

预期的绩效考核效果？同样令人不解的是被考核者可能同时出现多种行为与锚定行为一样，例如某位老师能够使用适当的例子辅助自己讲解知识，但例子的内容经常出错，这就难以对这位老师进行评定了。

尽管如此，行为锚定量表法的优点也十分突出：运用特定标志的关键事件使特定等级的评价尺度更加精确，有利于考核者更加清楚地理解各个评价等级的含义，从而做出客观评价，避免发生较大的考核误差。考核者根据考核量表可以向被考核人员提供清楚的信息反馈，指出行为缺陷。

4. 混合标准量表法

混合标准量表法的主要特征是所有评价指标的各级标准行为并不按等级顺序进行排列，而是混在一起随机排列，并对每个行为都进行考核，得出“高于”“等于”或“低于”的结论，可分别由“+”“0”“-”表示。如表 4-17 所示，“主动性”和“与他人关系”两个考核指标分别有“高”“中”“低”三个等级，每个等级都有标准行为进行定义并随机混合排序，考核者需要对这些标准行为全部进行评价。

表 4-17　混合标准量表法

考核指标		等级说明	
主动性 与他人关系		主动性和与他人关系两个考核指标分别有“高”“中”“低”三个等级，每个等级都有标准行为进行定义	
主动性	高	该雇员确实是个工作主动的人，个人一贯都是积极主动地做事情，从来不需要上级督促	+
与他人关系	低	总是与别人发生不必要的冲突	0
与他人关系	中	这位雇员与大多数人相处都比较好，只是在少数情况下偶尔会与他人在工作上发生冲突，这些冲突可能是要受到监督的	-
主动性	低	这位雇员总是坐等上级安排工作并需要经常督促	+
与他人关系	高	这位雇员与他人关系都不错，即使是与他人意见相左的时候也能友好相处	-
主动性	中	这位雇员通常来说工作还是积极主动的，但是偶尔需要上级督促	+

资料来源：方振邦. 战略性绩效管理［M］. 4 版. 北京：中国人民大学出版社，2014.

5. 行为观察量表法

行为观察量表法是通过针对各个考核项目列举出关键行为来进行绩效考核，与行为锚定量表法一样，都是由关键事件法演变发展而来。与其他方法不同的是行为观察评价法考核的并不是某项工作的完成程度，而是雇员在工作中标准行为出现的频率。

如表 4-18 和表 4-19 所示，行为观察量表法首先确定绩效考核的指标例如工作知识，然后再将考核指标细分成若干关键行为，考核者只需要根据被考核者在工作中实际行为出现的频率进行评分即可。

行为观察量表法能够向雇员反映组织所期望的行为，并将这些行为与组织战略有效结合，有利于引导雇员工作行为与组织期望保持一致。此外，行为观察量表法帮助解决了行为锚定量表法中可能出现多种行为导致难以评定的问题，因为行为观察量表法会尽量细化出考核指标的所有工作行为。也正是因为每个职务或指标都需要单独进行开发，行为观察量表法的开发成本较高。除此之外，该方法的频率等级仅是短语形容，不同的评价者之间容易出现理解偏差，导致考核信度下降。

表 4-18 行为观察量表样表

说明	通过指出员工表现下列每个行为的频率，用下列评定量表在指定区间给出你的评分 5=总是；4=经常；3=有时；2=偶尔；1=极少或从不	
考核指标	细化行为	得分
工作知识	对所有的患者和合作者都表现出同情和无条件的关心	
	系统地陈述可测量的目标，为每位患者提供全面的文件证明和反馈	
	显示关于可供治疗和/或治疗安排的社区资源的知识	
临床技能	很快评估患者的心理状态并开始恰当的相互配合	
人际技能	与所有的医院职员保持开放的沟通	
	利用恰当的沟通渠道	

表 4-19 行为观察量表：克服变革的阻力

细化行为	频率等级	得分
向下属描述变革的细节	几乎从来没有 1 2 3 4 5 几乎总是	
解释为什么必须进行变革		
与雇员讨论变革会给雇员带来何种影响		
倾听雇员的心声		
在变革成功的过程中请求雇员的帮助		
如果有必要，会就雇员关心的问题定一个具体的日期来进行变革之后的跟踪会谈		
6~10 分：很差 11~15 分：尚可 16~20 分：良好 21~25 分：优秀 26~30 分：出色		总分：

（三）描述法

描述法与前面的比较法和量表法相比，是一类特殊的绩效考核方法。描述法没有统一的考核标准，多采用描述性和总结性的文字评价，因此也不会单独使用，往往是作为比较法和量表法在使用时的必要补充。

根据描述内容的不同，描述法大抵包括自我报告法、态度记录法、工作业绩记录法和关键事件法。

1. 自我报告法

自我报告法顾名思义，是雇员利用书面形式对自我工作进行总结陈述的考核方法。自我报告法通常会让雇员依照岗位要求或前期制定的绩效计划目标，回顾一定时期内的工作情况，并填写雇员自我鉴定表，如表 4-20 所示。

自我报告法比较类似于简易的月末总结和年度总结，需要雇员自己独立完成，有利于雇员主动进行自我反省。

表 4-20　雇员自我鉴定表样表

姓名		部门		职位	
项目					
目前工作	本月（年）你所担任的实际工作？ 执行任务时，你曾感到哪些困难？				
工作目标	本月（年）你的工作目标是什么？				
目标实现	本月（年）你的目标实现程度如何？				
贡献	你认为本月（年）对公司比较有贡献的工作是什么？				
工作构想	对你担任的工作还有哪些更好的构想？请具体说明。				

2. 态度记录法

所谓态度记录法，是由考核者观察被考核者在工作中的工作态度并记录下来的考核方法。需要注意的是在记录过程中，考核者应该将被考核者在考核的态度指标中表现出的优点和不足一起记录，这样做对雇员的工作更有指导意义。考核者还可在末尾处附上对被考核者的综合评价意见。如表 4-21 所示。

表 4-21　工作态度记录表

姓名：	部门：	职位名称：
记录人：	观察时间：	
项目	长处	不足
积极性		
服务意识		
责任意识		
学习意识		
……	……	……
综合意见		

3. 工作业绩记录法

工作业绩记录法主要要求考核者根据被考核对象的业绩进度以及工作过程中的实际行为填写工作业绩记录表，在一定程度上能够督促被考核者积极完成工作任务。如表 4-22 所示，工作业绩记录表还可用于记录被考核对象在遵守组织规章制度方面的表现。

表 4-22　工作业绩记录表

姓名：	部门：	职位名称：
记录人：	观察时间：	

表4-22(续)

姓名：	部门：	职位名称：
工作任务	进度	结果
任务一：完成本省53个新网点的开拓	2月： 3月： ……	
……		
缺勤记录		
迟到或早退情况		

4. 关键事件法

关键事件法是指考核者通过观察将被考核对象在工作中出现的关键事件进行记录评价的考核方法。这里的“关键事件”包括会对组织绩效产生极大积极作用的事件和产生严重消极作用的事件，简单来说就是“特别好”和“特别差”的工作行为事件。这两种关键事件的确定主要是向一线管理者和一线员工汇集相关的实际工作经验。

关键事件法关注实际的具体行为和发生的真实事件，考核者可以有理有据地向被考核者提供考核结果，例如：王某某同志，在帮助下属成长与发展这一指标上，我给你的评价等级较低，因为在过去一个季度中，你至少4次以多种理由拒绝了下属在工作上的求助，事后也没有主动向下属了解问题解决的情况。以上这个例子也说明关键事件法能够向被考核者提供改进依据。

需要着重注意，单独使用关键事件法的效果远不及与量表法中的图尺表度量法、行为锚定量表法结合使用。关键事件法就是以客观求是的态度准确地记录实际行为，为绩效考核的其他方法提供事实依据，更在绩效反馈中发挥着重要作用。

三、绩效考核方法选择的原则

我们在前面的内容中介绍了多种绩效考核方法，不同的考核方法各有特色，也有明显的优缺点。需要明确考核方法没有最优，只有最适合。综合考虑考核需求和考核方法的优缺点，选择最合适的考核方法才能使考核结果既可靠又准确。在实际的绩效考核工作中，遵循以下原则将有助于选择出合适的考核方法。

（一）与考核指标相匹配原则

绩效考核方法本就是为了解决某个具体指标怎么考核的问题，那么合适的绩效考核方法自然要与具体的考核指标高度匹配。按绩效指标的特性，我们可将其分为硬指标和软指标。硬指标是指能够以具体数据表示、能够量化的指标，例如销售增长率、客户增长率等指标。相对应的软指标多指以行为、态度为主的主观性指标。硬指标只需结合简单的数据统计和排序即可进行评定，而软指标则需要依据各种关键行为和工作记录进行判断。如表4-23所示。

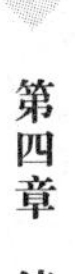

表 4-23 销售经理的绩效考核

考核指标		考核方法
财务指标	销售数量增长率	排序法
	销售额增长率	排序法
服务指标	客户满意度	行为锚定量表法、关键事件法
	客户走访计划完成率	工作业绩记录法、排序法
	问题解决及时性	行为观察量表法、关键事件法
工作态度	责任感	混合标准量表法
……	……	……

（二）实用性原则

绩效考核不是为了考核而考核，其终极目标是支持组织经营战略和人力资源管理决策。不同的考核目的需要使用不同的考核方法得出有用的考核结果。哪怕是同一个评价指标，如果考核结果运用的目的不同，考核方法也会有明显差异。例如“责任感”这一指标的考核结果应用于职位晋升，则需要用比较法将多位被考核人员进行比较排序。如果只是应用于上级了解下属近期的工作态度，则可以采用描述法形成汇报记录。

（三）控制成本原则

不同的考核方法之间存在着明显的成本差异，主要包括设计成本和使用成本。在设计考核方法时，考核标准的量化和客观化程度越高，往往越需要专家进行指导，设计成本也就越高。考核方法的使用过程实际是一个信息收集和比较的过程，那么谁提供信息、提供什么信息、信息要如何处理都是考核过程中面临的问题。提供信息的人越多，信息就越难处理，考核方法的使用成本就越高。

相对而言，量表法的优点十分明显，但对人员、时间和资金投入的要求都比较高。因此，在选择绩效考核方法时，考核者根据考核需要选择合适的方法还能为组织节省各种成本。

四、绩效考核中可能出现的问题

在绩效考核的实际过程中，由于各种主客观因素的影响，难免会出现各种各样的问题使得绩效考核好像总是与预期结果有所差异。这些问题会使绩效考核形成不良循环，如图 4-6 所示。绩效考核中常见的问题一般分为考核系统的客观问题以及评价主体和被考核者的主观误区。

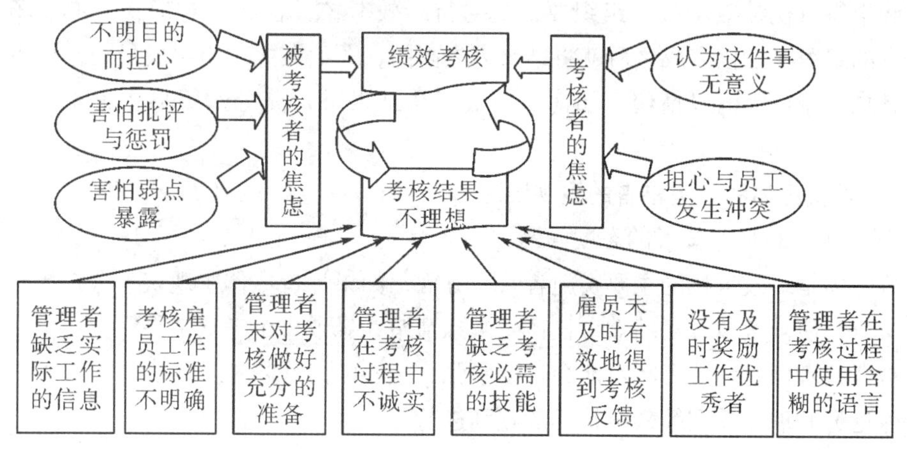

图 4-6 绩效考核不良循环

（一）考核系统常见问题

1. 考核目的不明确

有的组织虽然十分重视绩效考核甚至投入大量的资金和人力，但并不清楚绩效考核的目的是什么，仅仅是为了考核而考核，把绩效考核当作一项不得不完成的工作和任务。有的组织盲目跟风，看见别的企业用什么考核技术和方法，立马“抄袭”使用，全然不顾组织进行绩效考核对组织有什么意义，不仅使绩效考核的作用大打折扣，更是劳民伤财。

2. 考核标准缺失

在考核方法中，许多考核标准均是类似于“优秀”“一般”“较差”等短语，难以用目标值完成到什么程度来划分以上标准，或者说懒得划分，因为这是一项极其繁琐的工作，毕竟每一项指标都有若干等级。考核标准缺失也就导致评价主体在绩效考核时凭主观判断进行等级评定。

3. 考核方式单一

在绩效考核中，只让上级对直属下级进行审核考核，会造成片面化、主观化的考核结果，难以服众。单一的考核人员可能因为精力和时间有限，难以对被考核人员进行细致的评价。绩效考核的特点之一就是多角度，要科学全面地评价一位雇员，评价主体一般应该包括上级、同级同事、下属、客户和被考核者本人等。除此之外考核方法选择单一，也会导致考核不够全面。

4. 考核周期确定有误

绩效考核周期是指“多久进行一次绩效考核”。一些组织为节省考核成本，笼统地将所有考核周期都定为一年，导致组织对短期问题和潜在问题缺乏重视，问题得不到及时解决，容易给组织造成长期影响。而有些组织将绩效考核周期设定得过短，考核频率过高严重影响组织正常运作甚至造成员工抵触，导致管理成本过高。设定考核周期应该综合考虑绩效考核的对象、考核指标的性质以及考核目的等因素。

5. 考核结果运用不充分

绩效考核的结果只有用到实处，与雇员的切身利益相关，与组织的发展相关，才能使雇员和组织重视绩效考核。组织要认真对待绩效考核，杜绝“走形式，走过场”的现象。有的组织在考核完成之后就将结果束之高阁，久而久之，组织成员对绩效考核工作产生懈怠、应付等消极情绪。如何对绩效考核结果进行充分运用将在第六章中详细解答。

（二）评价主体和被考核者的主观误区

1. 评价主体和被考核者的态度问题

评价主体是绩效考核的主要实施者。一方面，如果评价主体主观认为考核工作本就没有意义，会使被考核者对绩效考核产生懈怠情绪，导致整个考核结果完全失真。另一方面，被考核者面对绩效考核可能会过度紧张，担心缺点暴露被上级责骂，对整个考核工作产生逃避心理，导致绩效考核不能顺利进行。

2. 晕轮效应

晕轮效应是指对某个人的个别特性评价会直接影响对这个人其他品质或特性的评价。例如某位考核者评价某位被考核者的人际交往能力极强，导致他对这位被考核者的其他的绩效指标评价也较高。在日常生活中，晕轮效应经常发生，在绩效考核工作中也难以避免。

3. 逻辑误差

绩效考核工作中的逻辑误差主要表现为评价主体对某些有逻辑关系的考核指标进行考核时直接使用简单的推理进行评定而造成的误差。例如，大部分人认为“人际交往能力与口头表达能力有密切关系，人际交往能力强的人口头表达能力一定不差”，在绩效考核时，评价主体往往会依据其中一个指标的考核结果直接推导另一个或一些考核结果，导致绩效考核缺乏准确性和可靠性。

4. 宽大化倾向

作为常见的评价误区，宽大化倾向会使评价主体对被考核者做出高于实际成绩的评价。造成宽大化倾向的主要原因有以下几个方面：

- 评价主体不愿意与被考核者产生冲突。
- 评价主体对考核工作不自信，尽量避免引起争议。
- 评价主体希望本部门的绩效高于其他部门。
- 评价主体想以此鼓励被考核者。

5. 严格化倾向

与宽大化倾向相反，严格化倾向是指评价主体对绩效考核过分严格的倾向，甚至采用比既定考核标准更苛刻的评价标准。这类倾向产生的原因极大可能来自报复、惩罚等私人情绪。除此之外，还可能源于：

- 由于评价等级缺乏划分的具体指标。
- 为组织有计划的裁员提供证据。
- 减少凭业绩提薪的雇员比例。

6. 中心化倾向

继宽大化倾向和严格化倾向之后，不难理解中心化倾向的含义是评价主体将考核结果集中在评价尺度的中心附近。例如在等级择一法中，表 4-15 中设定有“不满意”到

"优秀"五个等级，评价主体可能会将所有考核结果都集中在"良好""满意"和"尚可"这三个中间指标中，导致考核成绩无法拉开差距。

7. 首因效应

首因效应又称为第一印象误差，在绩效考核中的首因效应表现为评价主体因被考核者初期的绩效考核表现影响后续考核结果的情况。实际的例子有很多，比如某位新入职员工十分主动与他人交流沟通，工作热情极高，还很快取得了良好的业绩，给上级和同事都留下了良好的印象，尽管他后期的业绩并不是很理想，但上级和同事还是依据最初印象给了他较高的评价。

8. 近因效应

顾名思义，近因效应是指评价主体只凭被考核者的近期表现进行评价，并不综合考虑绩效考核期间的整体业绩。评价主体并不是时刻"跟踪"被考核人员，因此被考核人员可能仅在考核的前几天或几周表现积极，工作效率明显提高，导致评价主体得出不正确的结果。

9. 评价主体的个人偏见

评价主体的个人偏见可能表现在对某些特定的种族、民族、群体、性别、年龄或爱好等方面存在偏见，导致认为的不公平。例如：

●对与自己有相同兴趣爱好或关系不错的人给予较高评价。

●对新入职员工有偏见，给予较低评价。

●对有权有势的人给予较高评价。

在实际生活中，个人偏见十分难以消除，因此我们提倡多角度考核评价，降低因个人偏见造成的考核问题，提高考核信度。

10. 溢出效应

溢出效应是指被考核者在评价周期之外的绩效失误导致其评价等级偏低的情况。例如某位服务员在上一次的评价周期中惹恼顾客，造成了极大的负面影响。在本次绩效考核中，尽管他没有再出错甚至表现极佳，但是评价主体可能会考虑到他上一次的负面影响而在本次考核中给予其较低的评价等级。在绩效考核中，这是极不公平的现象，会挫伤组织内员工的工作积极性。

五、提高绩效考核有效性的建议

针对绩效考核中常见的问题，提高绩效考核有效性的建议主要从绩效考核的考核体系和参与者出发，具体包括以下几个方面：

（一）建立科学合理的绩效考核体系

要建立科学合理的绩效考核体系，首先应该明确考核目的，而不是像无头苍蝇一样胡乱考核。组织应该针对考核的实际需要选择考核指标和考核方法，特别是要设计明确的、客观的考核标准，尽量避免宽大化倾向和中心化倾向。合理的考核周期有助于考核过程中的问题得到及时解决，保障绩效考核顺利开展。

（二）培训评价主体和被考核者

为了使组织成员重视绩效考核工作，十分有必要对评价主体和被考核者进行考核前培训。对评价主体和被考核者的培训都应该包括以下几个方面：向大家传达绩效考核的重要性和必要性，使组织成员正确对待绩效考核，尽力支持和配合绩效考核工作；充分讲解绩效考核体系，使大家理解绩效考核指标的含义和标准，以免评价主体和被考核者因指标理解不恰当而产生不必要的冲突。

单独针对评价主体的培训内容还要更加广泛，主要包括以下几个方面：

●关于避免评价主体误区的培训。企业可以通过实际的评价误区例子为评价主体解释常见的主观错误，使评价主体对评价误区有深刻的印象，从而尽量避免此类问题出现。

●关于正确使用考核方法的培训。绩效考核过程中经常会使用多种考核方法，每种考核方法都有其优点和缺点。评价主体通过培训可以理解和掌握考核方法的使用规则和注意事项，充分发挥考核方法的优势。

●关于如何做好绩效反馈工作的培训。绩效反馈不是简单的结果传达，还包括对结果进行解释说明。考核者要肯定优点并帮助被考核者分析工作行为和态度，纠正错误。在培训中会详细讲解绩效反馈的方式以及注意事项。

（三）加强考核过程监控

加强考核过程监控可以提高评价主体的责任意识并督促被考核者积极工作，改善绩效水平。例如，在考核过程中，主管发现某位下属这一周的工作积极性不高，如果主管不采取行动，那么将对这位主管“责任感”或“帮助下属成长”的考核指标给予较低的评价等级。下属也会因为没有及时改正消极的工作态度而受到较低的评价。过程监控主要是进行持续的绩效沟通和绩效辅导，将在下一节为大家详细介绍。

第三节　持续的绩效沟通

在绩效考核实施过程中，管理者和下属都需要持续的绩效沟通。在一定程度上，绩效沟通是否有效决定着绩效考核的成败。因此我们将在本节中为大家详细介绍绩效沟通的含义、内容和方式。

一、持续不断的绩效沟通辅导

（一）内涵

持续不断的绩效沟通辅导包含两个重要内容：绩效沟通和绩效辅导。二者相辅相成，为雇员成功完成绩效计划目标保驾护航。持续不断的绩效沟通和辅导是管理者和下属共同互动、相互分享信息和交流思想的过程，这个过程是基于雇员的工作进程、遇到的问题或潜在问题以及管理者对下属提供支持和帮助而开展的。

持续不断的绩效沟辅导通贯穿整个绩效管理的每一个环节。在绩效管理伊始，我们的管理者和下属通过交流沟通一起制订了绩效计划并签订了绩效目标协议。但绩效受到多种因素影响，市场环境也复杂多变，不论是工作环境还是工作的内容、工作的重要性等都可能随着环境的变化而变化，这可能导致最初制订的绩效计划失去意义或需要发生部分变动，雇员面临一些无法解决的困难，这就直接影响到绩效考核结果以及结果的运用。因此持续不断的绩效沟通辅导可以有效保持绩效管理的敏感性并支持绩效实施过程的动态管理。

（二）持续绩效沟通辅导的原则

为实现有效的、有建设性的持续绩效沟通辅导，在开展沟通和辅导之前，管理者必须掌握最基本的沟通原则。以下三个基本原则也为开展持续不断的绩效沟通辅导提供了一个思路。

1. 积极倾听原则

在持续的绩效沟通中，双向性沟通更深层次的含义在于管理者和下属不能只顾发出信息，更要认真倾听和接收对方传递的信息。管理者往往会忽略倾听的重要性，在绩效沟通中只为加快进程，迫切地向下属提出自己关于问题的分析思路和解决方案。这种做法看似高效，殊不知在下属看来更像是受到了强行命令，让下属认为管理者对自己没有耐心，直接了影响绩效沟通和辅导的质量。

例如下面的一个对话场景就是积极倾听下属表达的体现：

下属：我最近觉得很难过，因为我尽了最大努力，熬夜加班提前完成了项目计划书，可是他们并不赞同我的做法。

管理者：你看上去确实很失望，因为你的努力成果没有得到预期想要的夸赞和支持。

下属：是的，正是如此，实际上……

以上这个小桥段中表现出倾听者通过运用自己的词汇理解讲话者表达的意思，以此检验自己是否完全明白了对方。这也是向讲话者传达“我在认真倾听并且我完全理解你的意思”，使讲话者感到被重视，愿意继续说下去。

2. 对事不对人原则

所谓对事不对人原则又称为问题导向原则，指的是沟通应该专注于问题本身，注重寻找解决问题的办法。管理者与下属沟通时，应该从问题本身出发，和下属一起分析问题出现的原因并制订改进计划。针对问题的描述，要表明“这是问题所在”，而不是“因为你才产生了这个问题”。即使是在要求对个人进行评价或指出下属的错误时，也应该以清晰具体的描述性事件为主，说明具体哪些行为需要改进。

3. 以责任为导向原则

以责任为导向原则是指讲话者愿意对自己所做的陈述负责，并承认这一陈述的来源是自己的理解和认识。使用第一人称进行表述往往是负责任的表现。而那些事不关己的沟通经常以“他们说”“他们认为”作为事件来源，从而回避自己对陈述的信息负责。在绩效沟通中，管理者要以身作则，逐渐引导下属对自己汇报的工作信息负责，并主动向管理者坦白自我的内心想法。

二、持续绩效沟通的内容和方式

（一）持续绩效沟通的内容

管理者和下属都需要通过持续的绩效沟通获取信息，但二者获取的信息内容是不一样的。

对管理者而言，常常担忧的问题是：

●下属会遵循制订的目标计划吗？

●下属的工作进度如何，能否按时完成任务？

●下属在工作中是否遇到了无法解决的问题？

●是否需要我给予帮助？

为了使团队绩效或部门绩效达标，管理者不得不担心以上问题。因此在绩效沟通中，管理者会针对以上问题提出疑问。持续不断的绩效沟通辅导将帮助管理者掌握雇员的工作情况，肯定雇员的成绩，提高其工作积极性。对问题和不足提供及时的支持和辅导，帮助雇员提升绩效水平，也将帮助管理者更好履行他们在评价主体中担负的职责。

雇员期望获得持续的信息反馈就像学生做一套试卷，在得到答案解析和总分之前，会担忧这套题完成得如何？正确率是否达标？还需要加强练习哪些部分？老师没有给予及时的反馈和沟通辅导，极有可能造成学生过度焦虑和不安或者对自己的应试能力缺乏正确的判断。在绩效实施中，雇员通过与管理者进行持续的绩效沟通了解到自己的工作表现获得了怎样的评价，哪些工作有待改进，下一步应该怎么做等。另外，下属可以从交流过程中获取解决问题的信息，有效应对工作中面临的困难。

（二）持续沟通的方式

从绩效沟通的一些基本原则中可以看出绩效沟通是一个需要关注诸多细节的过程。总的来说，管理者和下属的绩效沟通主要分为正式的绩效沟通和非正式的绩效沟通。

1. 正式的绩效沟通

（1）正式的书面报告。正式的书面报告需要下属使用文字或图表形成正式的工作报告，向管理者汇报工作的进展情况。书面报告不仅可以节约管理者的时间，还可以解决管理者和下属因地域障碍而无法进行正式面谈的问题。但如果管理者无法对报告给予及时的反馈，沟通就变成由下属单向流动至管理者，长此以往，会导致用于绩效沟通的书面报告流于形式，因为雇员们会认为“反正上级也不会认真看，看了也不会找我麻烦”。此外，完成书面报告需要雇员花费额外的时间和精力，还要求一定的文字表达能力，否则信息传达给管理者后容易出现误解。针对以上缺点，管理者通常可以采取批注反馈、电话指导等方式将信息流变成双向沟通。

（2）正式会面交谈。正式会面交谈主要有两种情况：一是管理者和下属一对一面谈；二是小组会议或团队会议。

一对一面谈就只是管理者和下属两个人，在面谈时常常容易陷入不知道在说些什么的尴尬场景。因此其要求管理者在面谈前收集充分的绩效信息或准备沟通提纲，面谈时尽量引导下属说出真实的想法，要给下属充分的时间和机会说明问题。毕竟每一次沟通都是信息交换的绝佳机会，雇员也应该提前准备好重要的报告事项或面临的困难，把握每一次对自己有益的机会。

在实际工作中，免不了以团队为基础，因此有必要开展正式的有管理者参加的团队会议。这类会议需要精心设计会议流程，明确会议的交流重点，控制会议进程，以避免人员众多造成时间浪费、交流内容繁杂。每个雇员在团队工作中扮演的角色不同，遇到的问题也可能不同，但问题的存在终究会影响整个团队的绩效。这时候团队会议就可以发挥群策群力的优势，实现有建设性的绩效沟通。

2. 非正式沟通

由于工作时间和精力的限制，管理者和下属不可能总是通过正式渠道进行绩效沟通。在日常工作中，我们发现随时随地都有可能发生绩效沟通。例如吃饭闲聊或在其他公共场所相遇都为非正式沟通创造了机会。因为非正式沟通的气氛比较轻松，简短的交谈不仅可以增进管理者和雇员之间的亲近感，还能起到良好的激励作用。随着科技的发展，通信技术越来越发达，为绩效沟通创造了形式多样且更加便捷的沟通条件。需要着重注意，尽管非正式沟通随时发生且优点明显，但绝对不能以此代替定期的正式面谈。

第四节　绩效信息的收集

通过前面的学习，我们可以将绩效信息广泛地定义为与战略性绩效管理相关的有效信息。所有的决策都需要信息，绩效信息是绩效计划制订的基础，是绩效考核评定的依据，是持续绩效沟通和辅导的前提，更是绩效反馈和绩效改进的保障。

一、收集的内容

在收集信息时，并非所有的数据都是有效的，信息也不是越多越好。毕竟收集信息需要耗费大量的人力、金钱和时间，而每个组织的资源都是有限的。总的来说，绩效信息的内容应该包括绩效结果信息和绩效过程信息。例如关键事件、业绩信息、缺勤迟到等。

实际收集的内容主要根据考核指标和考核目的确定。例如管理者正考虑让某位员工升职加薪，可能需要收集其近几年或者是从入职以来的绩效信息。如果管理者仅仅是为了解该员工近期内的履职表现，收集的信息则侧重于其近期的工作行为和态度。

二、信息的来源及收集的方法

为了避免片面化的主观因素造成不良影响，保证绩效信息的真实性和可靠性，大多数组织都采用360度全方位绩效信息收集方法。

●上级作为掌握信息比较广泛的重要角色，在绩效考核中承担着更多的责任。他们主要从宏观角度对被考核者进行评价。

●同级评价是被考核者的同级收集绩效信息，他们提供的信息更注重行为细节和工作态度，能够及时作为上级评价的补充。但有人指出同级之间存在的竞争关系容易误导同级同事，从而产生不可信的绩效信息。这就更说明全方位收集信息的必然性了。

●被考核者的下属也是绩效信息的重要来源，但是在收集此类信息时要承诺做好匿名工作和保密工作，避免下属因担心遭到上级报复而进行错误的过高评价。实际上向下属收集的这类自下而上的绩效信息多用于提高上级的管理技能。

●向外部客户收集绩效信息比以上几个信息来源的收集工作更困难，但这类信息对某些一线业务员和服务性职员极其重要，甚至比前三个来源都重要。

●被考核者本人的自我评价报告也是绩效信息来源之一，在绩效考核中多用于与绩效标准进行比较，寻找差距或进行自我反省。

不同的绩效信息需要运用不同的方法收集，合适的收集方法不仅可以快速有效地获得绩效信息，还能确保信息准确可靠。表 4-24 中列举了主要的收集方法和适用条件。

表 4-24 绩效信息的收集方法

收集方法	适用情况	注意事项
工作记录法	对需要详细工作记录的工作进行监管，例如财务、生产、销售有关方面的数量、质量和时限等	使用规范的信息收集表格
观察法	评价主体直接观察被考核人员的工作表现	观察时不能表现得过于刻意，以防影响被考核者正常工作
问卷调查法	评价主体数量众多且不好集中收集信息时，例如向流动的顾客收集服务满意度这类信息	问卷的设计要科学合理
关键事件法	需要对突出业绩进行及时奖励和对重大问题进行及时辅导时	需要提前确定关键事件的标准

第五节 绩效考核的效果

在谈及绩效考核的概念时，我们提到绩效考核是一个评价主体根据制订的绩效计划和考核标准，选择适当的考核方法，对组织、部门和个人目标任务的完成情况以及工作态度和行为进行考核评价并及时给予反馈的过程。在绩效考核后，无论是组织、部门还是个人都希望绩效考核这项工作对组织是有效果的。这些效果主要体现在以下几个方面：

目标达成效果。战略性绩效管理的目的之一就是支持组织经营战略，绩效计划也是依此而定。在绩效考核中，管理者和下属都需要不断对照绩效计划。绩效考核后，最先看到的、最直观的结果就是目标计划是否达成。有效的绩效考核是目标达成的重要保障。

发掘问题并解决问题。绩效考核实际上是一个不断观察、评价、沟通辅导、信息反馈的循环过程。在此过程中，考核不是目的，而是一种手段，更是一种不断发掘问题、使问题得到及时解决的管理工具。持续不断的绩效沟通辅导是达到此类效果的主要过程。

促进雇员和组织共同成长。有人将绩效考核比作一面客观的镜子，一把公平、公正的量尺。其不仅能衡量工作结果，还能真实反映工作过程的行为和态度，帮助雇员发现自身不足并不断培养优秀人才、留住优秀人才，也促使组织逐渐获得竞争优势。

为人力资源管理决策提供有效依据。绩效考核最重要的作用之一就是为人力资源管理决策提供依据。如果绩效考核结果不能准确有效地为管理决策提供服务，那么绩效考核必然是失败的。有效的考核结果是准确的、可靠的、清晰具体的、为雇员所接受的，使绩效管理与人力资源的其他环节高度匹配、协同发展。

案例分析

ANLI FENXI

A 公司是一家大型国有企业，经过几代人的努力，在业内已具有较高的知名度，并获得了较大的发展。目前公司有员工两千人左右。总公司本身没有业务部门，下面设一些职能部门；总公司下设若干子公司，分别从事不同的业务。在同行业内的国有企业中，该公司无论在对管理的重视程度上还是在业绩上，都是比较不错的。由于国家政策的变化，该公司目前面临众多小企业的竞争与挑战。为此公司从前几年开始，着手从企业内部管理上进行突破。

绩效考核工作是公司重点投入的一项工作。公司的高层领导非常重视绩效考核工作，安排人力资源部负责绩效考核制度的制定和实施。人力资源部是在原有的考核制度基础上制定出了《中层干部考核办法》。在每年年底正式进行考核之前，人力资源部又出台当年的具体考核方案，以使考核达到可操作化程度。

A 公司的做法通常是由公司的高层领导与相关的职能部门人员组成考核小组。考核的方式和程序通常包括被考核者填写述职报告、在自己单位内召开全体职工大会进行述职、民意测评（范围涵盖全体职工）、向科级干部甚至全体职工征求意见（访谈）、考核小组进行汇总写出评价意见并征求主管和副总的意见后报公司总经理。

绩效考核的内容主要包含三个方面：被考核单位的经营管理情况，包括该单位的财务情况、经营情况、管理目标的实现等方面；被考核者的德、能、勤、绩及管理工作情况；下一步工作打算，重点努力的方向。具体的考核细目侧重于经营指标的完成、政治思想品德，对于能力的定义则比较抽象。各业务部门（子公司）都在年初与总公司对于自己部门的任务指标进行了“讨价还价”的过程。

对中层干部的考核完成后，公司领导在年终总结会上进行说明，并将具体情况反馈给个人。尽管考核的方案中明确考核与人事升迁、工资升降等方面挂钩，但最后的结果总是不了了之，没有任何下文。

对一般员工的考核则由各部门的领导掌握。子公司的领导对下属业务人员的考核通常是从经营指标的完成情况（该公司中所有子公司的业务员均有经营指标的任务）来进行的；对非业务人员的考核，无论是总公司还是子公司均由各部门领导自由进行。通常的做法，都是到了年度要分奖金了，部门领导才会对自己的下属做一个笼统的排序。

这种考核方法，使得员工的卷入程度较高，颇有点儿声势浩大的感觉。公司在第一年进行操作时，获得了比较大的成功。由于被征求了意见，一般员工觉得受到了重视，感到非常满意，领导则觉得该方案得到了大多数人的支持，也觉得满意。但是当考核方案进行到第二年时，大家已经失去了第一次时的热情。第三年、第四年进行考核时，员工考虑前两年考核的结果出来后，业绩差或好的领导并没有任何区别，自己还得在他手下干活，领导来找他谈话，他也只能敷衍了事。被考核者认为年年都是那套考核方案，没有新意，只不过是领导布置的事情，不得不照做罢了。

资料来源：http：//www. hrsee. com/？ id=688

思考：运用所学知识分析该公司绩效考核存在哪些问题？你会对以上绩效考核做出哪些修改？

本章小结

绩效考核是指评价主体根据制订的绩效计划和考核标准，选择适当的考核方法，对组织、部门和个人目标任务的完成情况以及工作态度和行为进行考核评价并及时反馈的过程。绩效受多种因素影响，决定了绩效考核拥有全面性、协同性、差异性和公平性的特点。

绩效考核主要应用于为人力资源管理决策提供有效依据。其在甄选人才、晋升加薪、培训与开发、激励雇员等方面发挥着重要作用。为保障绩效考核的实施效果，遵循考核原则是最基本的要求。这些原则包括可行性与可接受原则、公平公开原则、可靠与准确原则、及时反馈原则。选择合适的绩效考核技术和考核方法非常重要。目标管理、标杆管理、关键绩效指标（KPI）和平衡积分卡（BSC）是最主要的绩效考核技术，主要用于建立绩效考核指标体系，使绩效考核工作更加科学严谨。绩效考核的方法区别于绩效考核技术，是对具体的指标进行评价和确定等级，主要分为比较法、量表法和描述法。每种方法各有千秋，在实际的考核工作中，往往是多种方法结合使用，以实现考核结果的准确性和可靠性。企业有必要对评价主体和被考核者进行考核前培训，让大家充分理解绩效考核工作的重要性以及一些注意事项，以尽量避免评价主体经常出现的评价误区影响绩效考核的结果。经常出现的评价误区包括晕轮效应、逻辑误差、宽大化倾向、严格化倾向、中心化倾向、首因效应、近因效应、个人偏见以及溢出效应。

除了以上内容，加强绩效考核的过程监控也是十分必要的工作。在绩效考核过程中，持续的绩效沟通和辅导使管理者和下属之间形成密切联系，他们互相交换信息，及时发现问题和解决问题。无论正式沟通还是非正式沟通，都是管理者向下属反馈绩效结果和工作行为的重要途径。

绩效信息是开展以上各种工作的基础，绩效考核也是一个持续收集各种绩效信息的过程。收集绩效信息不是盲目记录所有的工作行为，而是根据使用信息的目的和需要，采用适宜的方法收集相关联的、有实用性的信息。

需要着重明确，绩效考核应该是一种管理工具和手段，而不是管理的目的。在实际管理工作中，有的企业过分依赖绩效考核，认为绩效考核是万能的。长此以往，只会导致企业的成员对绩效考核产生恐惧和厌恶的负面情绪，使绩效考核工作成为企业吃力不讨好的负担。

思考与讨论

1. 什么是绩效考核？绩效考核有哪些特点？

2. 为保障绩效考核有效进行需要遵循哪些原则？

3. 学习、掌握重要的绩效考核技术和方法后，试分析讨论绩效考核技术和考核方法的区别。

4. 试分析各考核方法的优缺点。

5. 为选择合适的绩效考核方法，应遵循哪些原则？

6. 在绩效考核中，考核系统常常出现哪些问题？

7. 可以从哪些方面提高绩效考核的有效性？

8. 什么是绩效沟通？什么是绩效辅导？

9. 简述绩效沟通的方式。

10. 简述绩效信息收集的来源和方法。

绩效反馈与评估

案例引入

ANLI YINRU

华为公司绩效结果反馈和应用

绩效考核结果出来之后，各级主管必须第一时间与员工进行沟通，对绩效结果评定的原因进行说明，帮助员工制订绩效考核方案，并签订下半年的 PBC 计划。员工对绩效结果存有异议，可以向人力资源部或经理人团队进行投诉。华为重视绩效管理结果应用，将绩效结果作为员工晋升、调薪等的主要依据。

1. 半年度绩效

目前，华为绩效评定等级分为 A、B+、B、C、D 五个等级，半年度绩效考核各等级比例如表 5-1 所示。

表 5-1　半年度绩效考核各等级比例表

序号	绩效等级	比例范围	备注	
1	A	≤50%	≤10%	潜在规定
2	B+		无	
3	B	未作限制		
4	C	≥5%，≤15%		强制比例限制，具体 C、D 等级比例未限制
5	D			

半年度绩效评定结果不与工资挂钩，主要作为人员培训、任命、调薪、评优和岗位匹配等的参考评价依据。但公司对员工进行评估时，要综合其一年内绩效情况进行考察。

2. 年度绩效

华为公司员工年度绩效评定过程如下：首先，对四个季度绩效按照各等级对应绩效分数（A——6 分，B+——5 分、B——4 分、C——3 分、D——1 分）进行加权计算后得出该员工年度绩效分数，然后根据预先设定的分数区间对应的绩效等级拟定出该员工年度绩效等级。年度绩效主要与年终奖挂钩，年终奖具体标准由各一级部门根据奖金包的大小及各等级比例人数情况进行分配，集团总部的年终奖不做限制。一般情况下，员工年终奖金额为其2~6个月的工资。绩效等级为D的员工无年终奖。奖金包的大小根据各一级部门年度PBC完成情况及绩效评定情况进行设置，一般由华为IRD（投资管理委员会）根据公司年度工作重点和战略规划，结合各一级部门承担的工作重要性进行评价，最终确定各一级部门奖金包大小。

华为实行末位淘汰制，对于年度绩效评分排名靠后的5%的员工进行末位淘汰。淘汰员工时会进行末位淘汰沟通、访谈，由各一级部门对员工年度绩效等级情况进行梳理，并报一级部门经理人团队进行最终的讨论。华为员工的绩效评估是根据PBC进行考核。评估流程包括员工自评、主管评价、人力资源部门审核、一级部门经理人团队评议。

华为公司的绩效反馈和结果应用主要体现了下面几个特点：

（1）重视员工对绩效结果的反馈意见。

（2）绩效考核结果应用具体和规范。

（3）体现优胜劣汰的竞争环境和原则。

从以上华为绩效管理体系来看，其内容清晰全面，流程顺畅优美，已经形成了一个有机结合的良好绩效管理体系。华为的绩效管理重视PBC制定，逐层分解目标，并成立一级部门经理人团队，对部门绩效管理工作进行督导，监控机制灵活，采取第三方监控形式，这都是值得我们学习和借鉴的地方。

思考

●绩效反馈在绩效管理环节中的作用？

●华为公司为什么要重视员工对绩效结果的反馈意见？

资料来源：https：//wenku. baidu. com/view/0b020b060166f5335a8102d276a20029bc6463. html（有修改）

绩效反馈是战略性绩效管理系统的最终环节，绩效反馈与面谈的目的是使管理者与员工对员工的绩效表现评估结果达成一致，探讨绩效不合格的原因并且探寻绩效改进的计划，将管理者的期望传达给员工，进而提升员工个人和整体的绩效水平，更好地促进战略性绩效管理系统的良好运转。

第一节 绩效反馈概述

一、绩效反馈的内涵

绩效反馈指的是在绩效评价之后，管理者与员工通过绩效面谈的形式，告知员工在绩效周期内的绩效评价结果并达成一致，再共同分析绩效不合格的方面及理由，制订改进绩效的计划的整个过程。只有通过绩效反馈才能实施真正的绩效管理，才能让被评估者了解自己的绩效状况。研究表明，反馈是使人产生优秀表现的最重要的条件之一，而缺乏具体、频繁的反馈是绩效不佳最普遍的原因之一。

二、绩效反馈的意义

绩效反馈是对员工在整个绩效周期工作完成情况的全面体现，建立起了员工与考核者沟通的桥梁，让考核的绩效结果公开化，保证了考核的公正性。有效的绩效反馈有利于增强企业的核心竞争力。

第一，绩效反馈有利于对员工绩效进行正确评估。管理人员与员工对于绩效的评价可能存在不同理解，而管理者的主观评估，将会影响员工的积极性。因此管理者和员工进行绩效沟通，告知员工其自身真正的绩效水平，并与之就评价结果进行讨论，发现结果不合格处存在的原因与解决措施，就能使员工充分理解和接受评价的结果；员工对自身评价结果的不认可也会影响其个人以及团队的绩效，绩效反馈使得员工可以就绩效评估中的问题和自身想法与管理者进行交流，解释自己绩效评估不合格的主要原因，并与管理者达成绩效评价结果的共识，提高绩效评估结果的可接受性。

第二，绩效反馈有利于员工正确认识自己在绩效中的成功与不足。绩效反馈对于绩效水平的全面分析，一方面使管理者在了解到员工取得成就时，给予相应的认可和奖励便可以起到激励员工的作用；另一方面在发现员工目前绩效的不足之处时，给员工的工作提出意见和建议，促使员工的绩效进一步提升。

第三，绩效反馈有利于保证绩效考核的公开公正。绩效反馈可以保证绩效考核结果的公平、公正和客观性，并使员工相信绩效考核的真实性；此外，反馈面谈可以促使管理者认真对待绩效考核工作，摒弃考核过程中的主观性。

第四，绩效反馈有利于绩效改进计划的制订与实施。员工与管理者在对绩效评估的结果达成一致后，可为当前绩效存在的不足制订改进计划。缺乏管理者的参与，则会使员工缺少绩效改进的动力，就很难真正找出绩效改进的有效途径；而员工参与绩效改进计划的制订过程则使绩效改进计划的实施更加顺利。

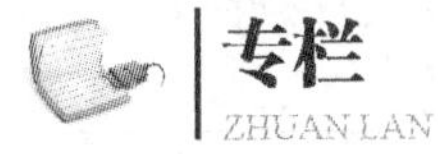

专栏

ZHUAN LAN

绩效反馈举例

- 这位年轻的小姐总有一种自己胜任工作的错觉。
- 这位员工正在做一些白痴一样的无用工作。
- 上一次绩效报告公布后，这位员工就开始踏踏实实地埋头苦干了。
- 他总是为自己确定很低的工作标准，然而就算这样也总达不到。
- 这位员工应当取得更大的成功。
- 只要她一开口说话，似乎原来存在的所有事情都得改一改。

第二节　绩效反馈的形式

一、按照反馈方式分类

绩效反馈一般在形式上会通过语言沟通、暗示以及奖励等方式进行。语言沟通是指管理者将绩效考核结果通过口头或书面的形式反馈给员工，对其优良绩效成绩加以肯定并对考核结果不合格之处予以批评。暗示方式是指管理者间接地对员工的绩效予以肯定或否定。奖惩方式是指管理者通过物质或权利的增减对被考核者的绩效进行奖励或者惩罚。其中奖励方式的激励最为直接，一般通过物质手段鼓励员工的积极性；而语言沟通则是满足员工被肯定的精神需求；暗示方式的作用不太明显，但能维护员工绩效不合格时的自尊心。

二、按照反馈中管理者的参与程度分类

按管理者的参与程度，绩效反馈分为指令式、指导式和授权式。指令式是指管理者只告诉员工他们所做的工作中正确与错误的事项，以及他们应该做什么和这样做的理由。这种方式最为直接也最接近传统，员工的任务只有听从指令然后按管理者的要求去做事情。指导式则以教与问相结合，管理者和员工同时参与，更容易就某事达成一致的意见。授权式是以员工的自主探寻为主、以管理者的指教为辅，完全以员工为中心，管理者较少地发表主观意见而注重辅助员工独立地找寻解决问题的方法。

三、按照反馈的内容和形式分类

根据反馈的内容和形式，绩效反馈分为正式反馈和非正式反馈两类。正式反馈是事先有计划有规模安排好的，比如团队之间召开的会议或者定期报告等。非正式反馈则是管理者在非正式的情况下与员工就绩效评估结果进行的闲聊反馈。

第三节 绩效面谈

一、绩效面谈的概述

绩效面谈是一种正式的绩效沟通。在绩效管理的过程中，绩效评估结果确定后，管理者与员工针对绩效的评估结果，结合员工自身思想行为等方面进行面对面的交流与讨论，共同分析绩效不佳的方面及原因，从而指导员工进行绩效改进的管理活动被称为绩效面谈。绩效面谈是绩效反馈的黄金法则。

绩效面谈一般包含工作业绩、行为表现、改进措施和新的目标四个内容（如表 5-2 所示）。工作业绩是最为重要的反馈项目，对工作绩效的总结反馈能更好地达成绩效反馈的目的，提高员工的个人绩效。管理者与员工对上一绩效周期的绩效计划和绩效标准的回顾有助于找出绩效未能有效达成的原因，为以后更好地完成工作打下基础。行为表现包括工作态度、工作能力等，对员工工作态度和工作能力的关注可以帮助他们更好提高自己的技能，也有助于其职业生涯规划。改进措施是针对员工绩效不合格之处进行分析并由管理者帮助员工进行具体的绩效改进计划。绩效面谈作为绩效管理流程中的最后环节，是指管理者结合上一绩效周期的绩效计划完成情况以及员工新一周期的绩效任务，和员工一起制订新的绩效计划。

表 5-2 绩效面谈记录表

部门		
被考核者	姓名：	岗位：
考核者	姓名：	岗位：
工作业绩		
行为表现		
改进措施		
新的目标		

二、绩效面谈在绩效反馈形式中的重要地位

绩效面谈是绩效反馈的主要形式，绩效反馈的顺利进行必须由正确的绩效面谈保证，绩效面谈能够使员工了解自身绩效的优劣，强化其优势并改进绩效不合格之处，也让员工理解企业的目标、期望与价值观，排除目标冲突，并且保证了绩效考核的公正透明，增强员工的自我管理意识和对企业的信任感，调动员工工作的积极主动性。

三、绩效面谈的步骤

（一）绩效面谈的前期准备

1. 选择合适的面谈时间

绩效面谈的时间选择对绩效反馈效果非常重要。管理者对面谈时间的安排需征求员工的同意，并且尽可能不要安排在临近上下班或非工作时间，否则可能引起员工的不满而影响最终的反馈效果。并且面谈的时间长短也要控制适宜，太短可能导致信息沟通不充分，而太长则会引起员工疲倦从而致使信息交流误差增加。

2. 选择合适的面谈环境

面谈的环境对面谈双方和反馈效果有较大影响。面谈最好是在封闭安静的环境中，面谈的地点要选择在远离嘈杂人群、电话等干扰较多的场所，来避免面谈被中途打断。

3. 准备面谈所需信息资料

在绩效反馈面谈之前，管理者需要准备绩效评价表格、周期绩效计划、员工工作情况记录、绩效评价结果和员工的基本信息等。而员工则需要收集表明自身绩效实际情况的事实依据，并且准备好回答管理者有关绩效的问题。

面谈的前期准备如图 5-1 所示。

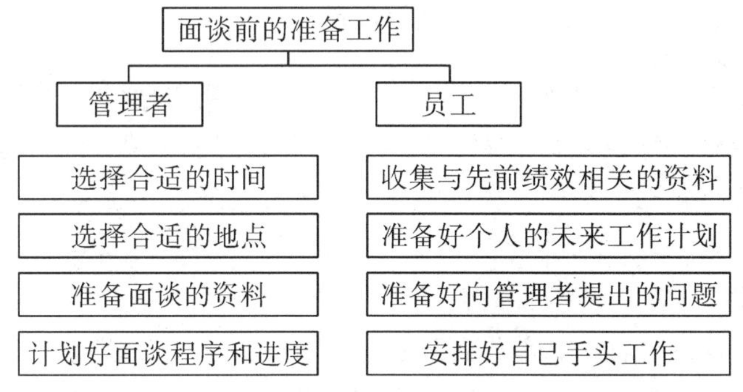

图 5-1　面谈的前期准备

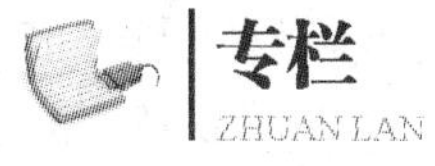

做好绩效面谈的准备

【案例分析】

张经理在午餐时对另一个经理说："今天早上我突然想起今天是绩效评估的最后一天了，可我还没有给李明做评估，于是我把他从预算会上叫了出来。他说没时间准备，我对他讲了几个我不满意的地方，并好心告诉他怎样改正错误，而他却只是一个劲儿地说他在几个问题上不同意我的说法，并要我对每个批评都举例说明。我简直不敢相信他的反应，我得到的回应只有愤怒和沉默。是否现在人们都不太关心提高自我了？平时他还挺不错的，但是他在评估中似乎很不高兴。你说他是怎么回事？"

分析：通过这个案例，我们可以知道张经理在绩效反馈这个环节上犯了以下几个错误：绩效面谈之前要做好准备，安排好面谈员工和时间，让经理和下属双方都准备相关的资料，对绩效目标的完成情况各自先做评估，并对面谈中可能发生的情况做准备。张经理对于此次绩效面谈没有做好充分的准备，以至于他“今天早上我突然想起今天是绩效评估的最后一天了，可我还没有给李明做评估，于是我把他从预算会上叫了出来”。试想一个经理和下属都没有做好面谈的准备，还是把一个正在会议中的下属叫出来面谈又能取得什么样的成果呢？

（二）绩效面谈的过程

1. 面谈的开场

面谈开始时管理者需要向员工说明面谈的目的和流程，尽量创造舒适开放的氛围，帮助员工放松心情，保障员工能够自由轻松地交流自己的看法。但要因人而异调整面谈的氛围，寻找合适的切入技巧。

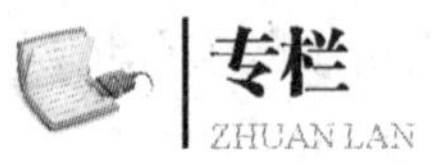

专栏 ZHUAN LAN

面谈氛围

有些企业在面谈的那段时间，特别注意环境。一个新的标语，一进门听到优美的歌声，走路时看到路边有意换了的鲜花，宣传的图片，包括主管桌上一盆他比较喜欢的花，而且会议室的布置也不一样，会议室的颜色，会议室的一些桌面摆放，这些都可以营造面谈氛围。

2. 面谈的实施

在绩效反馈面谈的过程中，首先管理者应当告知员工上期绩效考评的结果，指出员工的成绩和不足，对绩效良好的方面表示肯定，就不足的方面探讨问题产生的原因，强调员工的优点，对不良的方面也不能一味批评，注意选取正确的沟通方式及时调整反馈的方法，避免冲突的产生，注意倾听员工的想法，记录员工不同意见并及时反馈；其次，员工对绩效评价结果有异议时，管理者也要采取正确的方式对待，就争议问题给出满意的答复；最后，管理者需要讨论绩效改进计划中所需的资源支持，并确定下一阶段的工作目标和签订绩效计划协议。

3. 面谈的结束

面谈结束在面谈目的达到或者面谈由于某些因素无法继续进行时，这时，管理者需要对面谈进行全面总结并对员工在下一绩效周期的工作表现表示期待和正面激励，让员工充满工作的积极性。

（三）绩效面谈的总结和改进

面谈结束以后管理者需要对反馈面谈的情况和效果进行评估，反思面谈过程中记录的内容，对于员工产生的异议加以重视并且寻找解决问题的方案，管理者也要总结自身在面谈中的行为与沟通方式，是否会影响面谈的效果，是否为员工提供了相应的帮助，以便为下一次绩效反馈面谈做准备。

四、绩效面谈的原则

（1）面谈交流要直接具体，以客观具体的事实来向员工反馈绩效评价结果，让员工清晰地了解到自身的优缺点。如果员工对绩效评价结果有异议，可以向上级进行绩效申诉，以保证绩效反馈的具体、准确与公平。

（2）面谈是管理者与员工之间的双向沟通，管理者应该保证绩效面谈的互动性，鼓励员工在面谈的过程中充分表达自己的看法，并且允许员工对面谈以及绩效考核结果中的异议勇敢提出。管理者需要认真倾听并解答疑惑，以此提高绩效反馈面谈的效果。

（3）绩效反馈面谈应该以工作绩效为基础，谈论员工工作具体情况、绩效结果等客观事实，不应涉及与工作无关的个人感情因素。只有保证绩效反馈面谈中的客观性，才能达到反馈面谈的目的。

（4）绩效反馈面谈的管理者与员工双方需要互相信任。在沟通交流的过程中，如果双方缺乏十足的信任，则会影响绩效反馈面谈的最终效果，所以需要管理者与员工共同创造良好信任的氛围，更好地对探讨的内容进行理解并达成共识。

五、绩效面谈的技巧

（一）营造良好的氛围

1. 选择适当的开场白

正确的开场对绩效反馈面谈的效果非常重要，管理者可以通过赞扬员工最近工作表现以及绩效评估中的优势来放松员工的紧张心情。

2. 给员工自由交谈的权利

在交谈的过程中，管理者秉持与员工平等的态度让员工自由平等地交谈，更多使用描述性语言让员工独立思考，对员工的意见和看法采取肯定支持的态度，对员工的意见进行适当的考虑和采纳。

（二）倾听理解员工意图

在进行面谈的过程中管理者要注意认真倾听员工的看法意见，在员工交流的时候尽量不要打断员工的谈话并对语言的要点进行记录以便反思总结，多与员工进行目光接触交流，多让员工说话，对员工的正确见解表示赞同，让员工感受到管理者的诚意，促进双方的相互信任。

（三）巧妙运用表达技巧

管理者要巧妙地提出各种不同形式的问题，如反思性、开放性的问题，以便了解员工在绩效周期中的态度，并对绩效评估结果进行反思，发扬优势、改掉缺点，提出一些引导性问题对绩效考核中出现的问题进行针对性解决，并探讨下一绩效周期的改进计划。在交流的过程中还要注意姿态语言的管理，管理者要放低姿态让员工感到舒适平等，也要对员工的表现做出恰当的反应。

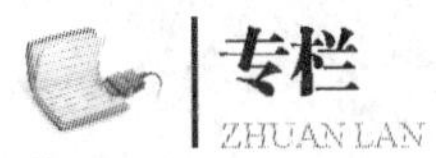

专栏

ZHUAN LAN

管理者提问语言

- 我们看一下上个绩效周期都有哪些问题?
- 你认为工作中自己都存在哪些不足呢?
- 可能是事出有因吧，都有哪些呢?
- 你看我能从哪些方面帮到你?
- 那我们能从哪些方面进行改善，如何改善?

(四) 特殊的面谈处理技巧

许多面谈过程中会出现一系列的特殊情况，对于不同性格、岗位的员工需要采取不同的态度。比如有防御性心理的员工对这种谈话产生抵触心理是十分正常的，这时管理者需要调整好自己的心态，不要对员工做出攻击，而是采取建议性的方式让员工意识到自己的问题；并且管理者也不是万能的，不能因为面谈反馈的效果不佳而影响对自己的判断。在批评员工绩效不佳的方面时，为了不让员工产生抵触心理，需要从双方共同认可的观念提起；在批评过程中也要顾及员工的自尊心，对事不对人，就事论事，不能进行人身攻击，要拿出客观具体的事实依据，以理服人，不能滥用权利。而且管理者不能只批评不表扬，对员工的成绩也要表示认可和赞扬。在与绩效极其差以至有书面警告的员工时，管理者要明确告知员工被警告的原因，并且告知员工正确的标准，给予其一次改正错误的机会。

六、绩效面谈的策略

(一) 绩效反馈面谈的策略

在绩效反馈面谈的过程中，管理者应该根据员工类型的不同选择不同的面谈策略。依据工作业绩和工作态度，员工一般分为以下四种类型（见图 5-2）：

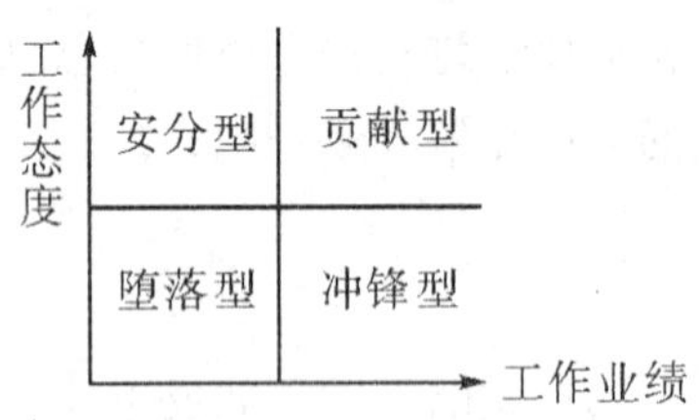

图 5-2 员工类型

（1）贡献型。贡献型员工是指工作态度和工作业绩都好的员工，他们为团队创造了良好的业绩，是团队中最需要维护和保留的主力军。针对贡献型员工的面谈策略应是：在其了解企业激励政策的基础之下给予奖励和肯定，并且为其下期绩效表现提出更高的目标和要求。

（2）冲锋型。冲锋型员工指的是工作态度较差但是工作业绩好的员工，他们的不足之处在于对待工作忽冷忽热，态度时好时坏。造成这种情况的原因有两种，一是由员工性格所致，二是管理者沟通不到位。对待这种员工的面谈策略应当是：进行充分的沟通，通过良好的沟通建立双方的信任，了解他们态度坏的原因，并改善其工作态度，同时，通过管理者对其进行日常工作中的辅导来改善他们的工作态度，避免问题在下一次的绩效面谈中存在遗留。

（3）安分型。安分型员工工作态度不错，工作勤恳认真，对上司、公司有很高的认同度，但工作绩效较差。管理者在与他们面谈时，应将制订明确的、严格的绩效改进计划作为绩效面谈的重点，不能掺杂主观情绪以工作态度掩盖工作业绩。

（4）堕落型。堕落型员工工作态度和工作业绩都较差，并且他们会想尽办法推脱自己在业绩上的责任来为自己辩解，或者找外部因素解释。管理者在与他们的面谈中应该重申他们的工作目标，澄清此类员工对工作成果的看法。

员工类型及面谈策略比较如表 5-3 所示。

表 5-3　员工类型及面谈策略比较

员工类型	工作业绩	工作态度	面谈策略
贡献型	好	好	激励、奖励
冲锋型	好	差	沟通、辅导
安分型	差	好	明确、严格
堕落型	差	差	重审、澄清

专栏

ZHUAN LAN

针对不同类型员工的面谈

我们公司研发部有一个测试老员工，已经入职有 2 年了，今年有 40 多岁了，属于那种做事勤勤恳恳的人，但就是很马虎，经常出错，每次出错都会及时承认错误，认错态度也很好，领导说让怎么改，他就怎么改，由于都不是什么大的失误，所以研发经理就没当回事。这个老员工平时和其他同事的关系也比较融洽，几乎没有人投诉过他。

但最近研发经理终于爆发了，他找到我和我说不知道该如何处理这个人，让人事部处理。我也是丈二的和尚摸不着头脑，不知道该如何是好。

请教大家，像这样态度好，但能力差的员工是属于哪一种类型的员工，该用什么样的面谈策略进行面谈呢？

（二）绩效面谈的困惑

在绩效面谈中会因为各种方面的缺陷而造成谈话的失败。第一，由于考核标准模糊，企业没有根据不同特性的员工进行有针对性的考核，会造成管理者在考核中存在认知上的偏差从而容易引起争执。第二，员工对面谈形成抵触情绪。员工容易对绩效考核形成错误认识，认为绩效考核只是形式化地进行员工差距分层，并且惧怕在真实反映状况后遭到管理者的惩罚，因此在面谈中隐瞒自己的真实想法，胡编乱造绩效。第三，管理者没有正确地定位自身在绩效面谈中的角色，着重批评员工的不足，或不切实际地追求与员工之间的和谐而虚假打分，或主观性严重从而掺杂太多个人情绪，或者并没有帮助员工针对问题提出建设性改进意见，从而导致员工不断重蹈覆辙，没有实质进步。

专栏

ZHUAN LAN

绩效面谈中的困惑

【案例分析1】

在本月的绩效考核中，某公司财务部主管与输单员 JIESE 就输单的正确性和效率方面发生争吵。JIESE 认为输单工作量大，肯定会出错，对主管给出的评分不满意，当场提出辞职。

分析：此事关键在于考核指标中对于质和量的细则不明确，平时的沟通较少，员工不明白主管的期望，因此形成对立的局面。

【案例分析2】

某公司客服部张经理因本月给下属杨小玉评了最低分，在绩效面谈时，杨小玉与张经理发生了争吵，杨小玉提出三点投诉理由：

(1) 张经理无法解释打分的标准是什么，这种评分是在凭印象打分，是有意打击报复下属。

(2) 杨小玉向张经理请教绩效改进的方法，张经理没有给予明确的回复，这样的面谈是在浪费时间。

(3) 张经理言语中带有讽刺性，是在侮辱杨小玉的人格。

人力资源部黄经理收到杨小玉的投诉后，开始核查工作。客服经理也反馈了两点意见：

(1) 评分标准是公司统一制定的，张经理本人是严格按照公司标准来执行的。

(2) 因公司绩效面谈一直流于形式化，上个月人力资源部要求进行绩效面谈，但并没有告诉部门经理绩效面谈时怎么谈。

(三) 绩效面谈困惑的解决方法

针对绩效面谈中的困惑，常用的方法有汉堡法与 BEST 法。

(1) 汉堡法：首先，最上面一层的面包如同表扬，应表扬员工特定的工作成就，真诚地给予赞美和肯定，有助于建立融洽的气氛；中间夹着的馅料如同批评，要准确指出员工绩效中的不合格之处，提出让员工能接受的改进要求，避免员工的心理抵触，表现出对员工的充分信任；最下面的一块面包最重要，即管理者要用肯定和支持的话语作为结束语，与员工一起沟通协商制订双方认可的绩效改进计划，以及表达对员工下期绩效表现中的期望。

(2) BEST 法：B 表示行为（behavior description），即描述员工第一步应该干什么事；E 表示后果（express consequence），表述干了这件事的后果是什么；S 表示征求意见（solicit input），向员工征求此做法的改进意见，并引导员工回答自身的改进看法；T

与“汉堡”原理的最低层面包意思一样，表示以肯定和支持来结束面谈（talk about positive outcomes），即管理者对员工的看法和主张表示肯定支持并鼓励他。

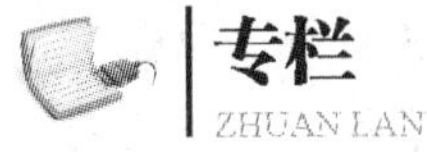

关于面谈技巧

当遭受许多批评时，下级往往就只记住开头的一些。其余的时间就不听了，因为他们忙于思索论据来反驳开头的批评。

——英国行为科学家 L. W. 波特

第四节　如何组织一次有效的绩效面谈

一、分析员工的注意力层次

管理者在绩效反馈中首先需要理解员工想要获得什么样的反馈信息。员工的注意力可分为三个层次（见图 5-3）。第一是总体任务过程层次或称自我层次。员工在这个层次关心的问题是其自身的定位，其所做工作怎样能够为组织发展做出贡献，组织对其的期望是什么。第二是任务动机层次。在这个层次员工关注工作任务本身，工作如何完成，怎样更好地完成。第三层次即最低层次，是任务学习层次。在这个层次，员工关注在工作执行过程中的细节和具体行动。

员工的层级越高，要求的信息反馈就越高，接受传递的信息就越快，其自身行为的改变也就越快，他的关注层次也会越高，所以提高员工的关注层次是十分重要的。

员工注意力层次比较如表 5-4 所示。

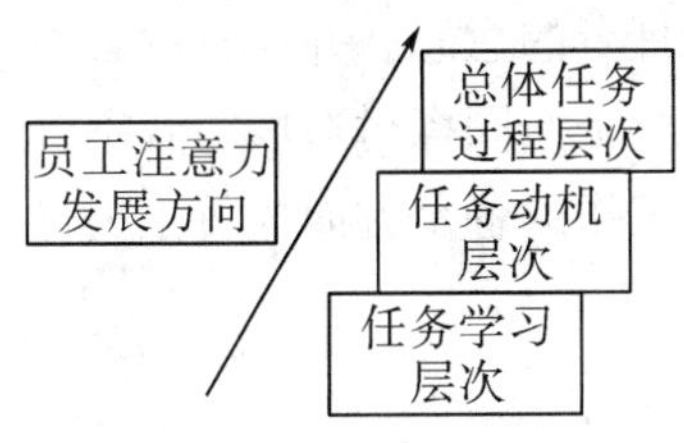

图 5-3　员工注意力层次

表 5-4　员工注意力层次比较

注意力层次	名称	关注内容
一	自我层次	自我位置、作用、要求
二	任务动机层次	如何完成及完成好工作任务
三	任务学习层次	工作细节及具体行动

二、拟订面谈计划

首先要选择面谈的方式，面谈方式主要有两种：公司部门中的任务团队一般采用团体面谈法，而员工个人则采用一对一的面谈方法。确定面谈时间时，季度考核应在考核结束一周之内安排面谈，面谈时间不少于30分钟；年度考核应在考核结束一周之内安排面谈，面谈时间应不少于1个小时。

三、资料准备

绩效面谈前管理者应准备好以下资料：员工的绩效计划，以此作为绩效反馈的重要信息来源；职位说明书，以避免无法预料的内容和员工工作的改变；绩效考评表，以此作为进行面谈的重要依据；绩效档案，以此作为做出绩效评价的重要辅助材料。

四、员工准备

只有管理者和员工双方都做了充分的准备，面谈才能达到良好的效果。所以，在绩效反馈面谈之前，管理者还应告知员工，让员工充分准备好与绩效相关的资料，填好对自我绩效的客观评估。

五、开发有效的反馈技能

（1）绩效评估的反馈应该及时快速，避免问题的恶性发酵。问题尚不严重时的善意提醒更容易让人接受，长时间被容忍或事情发生已久，会使人产生惯性从而不直面问题，并且在管理者提出问题后还会产生抵触心理。

（2）反馈应该对事不对人，消极的批评性反馈应该是描述性而非判断性的，不要掺杂个人情感因素去指责某人。

（3）鼓励员工提出独立的见解，允许员工对评估结果和绩效评估意见勇敢提出不认同之处，不能强迫他们接受评估结果，并且要通过良好的沟通交流与员工达成共识。

（4）管理者应该确保经过反馈能对员工的绩效改进计划提供支持和帮助，并且让员工清楚完整地理解与认可管理者的意思。并且管理者不能简单化地仅仅提出问题然后让员工自主解决，而是应该与员工共同探讨造成绩效不合格的原因，商议并提出制订绩效改进计划的意见与建议，在工作的各个方面为员工提供支持与帮助。

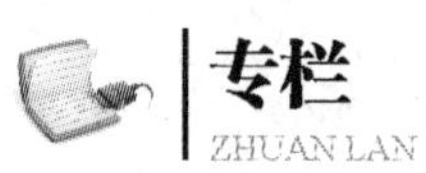

专栏
ZHUAN LAN

一次失败的绩效面谈

某企业HR在对客服部员工小刘的离职原因调查中了解到，小刘最近的一次绩效面谈发生在各部门上报绩效考核结果的前一天下午。小刘反映，他当时正参加一个客户会议，被主管谢经理叫了出来，当场就做绩效面谈。面谈中谢经理列举的好几个工作中出现的关键事件都是不利于他的，而且根本没有给他申辩的机会，就给他的绩效考核结果打了个C。这让他感到非常不公平。

HR随后走访了客服主管谢经理。谢经理解释说："那天下午我突然想起当天是公司绩效面谈的最后一天，就马上找他过来了。但前一周我已经通知他了。等我找他时，他先是说没时间准备。可公司布置的事怎么能不做呢？然后就是态度不好，我刚说了他几句，他就反驳，说他在这一个季度里没做过那几件事。可平时我都把事件记录在案的，怎么可能没做？我又指出了他平时的工作失误，他就开始愤怒，然后陷入沉默，我想至少他应该给我一些积极的回应才对。平时他还挺不错的，但是在这次面谈中似乎很不高兴。最后我说，我给你打个C，下一次你一定要好好干，把毛病都改过来，争取干得出色。可他却说，打C就打C。显得非常不满，他就离开公司了。"

分析：这是一次失败的绩效面谈案例。从整个过程来看，首先，谢经理对这次绩效面谈就显得不够重视。临近快交"作业"了才想起要进行绩效面谈，因此显得非常匆忙，面谈时机和地点选择也不恰当，更谈不上任何充分的准备了；其次，在面谈过程中，谢经理只是一味地对小刘进行批评，而没有对其工作进行肯定和表扬；最后，谢经理仅凭几个关键事件来对小刘进行考核评定，没有给予小刘发表自己见解的机会，难免会让小刘认为经理是在故意整他，才会导致这次绩效面谈的不欢而散、小刘最终的离职。

第五节　绩效反馈效果评估

一、反馈效果评估

绩效反馈面谈后，管理者要对面谈进行总结反思并对效果进行评估，以便在下一次的绩效反馈面谈中取得更好的面谈效果。

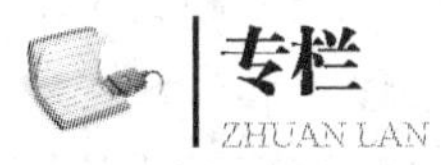

专栏
ZHUAN LAN

绩效反馈效果评价问题

- 此次面谈是否达到了预期目的？
- 下次面谈应该怎样改进面谈方式？
- 有哪些遗漏需要加以补充？哪些讨论显得多余？
- 此次面谈对被考核者有何帮助？
- 面谈中被考核者充分发言了吗？
- 在此次面谈中自己学到了哪些辅助技巧？
- 自己对此次面谈结果是否满足？
- 在此次面谈的总体评价如何？

研究表明，在实施绩效反馈之后员工的工作态度可能发生以下变化：

1. 更加积极主动

当员工自我绩效评估和绩效反馈基本一致时，管理者会通过激励、奖励等方式来促进员工绩效的提高，而员工也会更加积极主动地工作，回报管理者的认可。

2. 保持原来态度

员工在绩效反馈之后可能选择保持原来的态度。第一可能是因为其认为自身绩效与期望绩效相符但无法再提高；第二可能是因为员工不满管理者对其的评估但又不愿消极被动工作。

3. 更加消极被动

员工采取更加消极被动的工作态度一般是因为不满于管理者的绩效反馈结果或不满于管理者的个人态度和形式。

4. 抵制工作

在绩效反馈情况与员工自我评估不一致或在绩效反馈的交流中与管理者发生冲突时，员工就会抵制工作。

绩效反馈取得的效果可以通过问卷和员工行为观察取得，而绩效反馈效果不好则会影响整个绩效管理过程，这时我们就需要进行绩效反馈的改进。

二、改进绩效反馈

绩效反馈效果评价不满的原因不仅与员工的态度有关，也与反馈的形式和管理者的态度有关。那么管理者可以从以下几个方面来改进绩效反馈：

（1）鼓励员工积极参与绩效反馈过程。多问少讲：告知员工绩效评价结果，引导员工自我评估并对评价结果表达看法以及参与绩效目标的制定。研究发现，参与不仅会提高员工对管理者的满意度，还是影响员工对于绩效反馈过程满意程度的最重要的因素。

（2）多赞扬员工有效的业绩。赞扬员工的有效绩效有利于强化员工的优势，并且表明绩效反馈不仅仅是找出员工存在的不足，从而增加了绩效反馈的可信程度和员工的接受程度。而管理者对不良例子的再三强调会引发员工的抵触和防卫心理。

（3）把重点集中在解决问题上。避免对员工本身价值进行怀疑和贬低，把绩效反馈看作对不良员工的惩罚的行为是错误的，这样不利于员工绩效的改善。管理者必须集中注意力在找出绩效问题的原因和问题的解决方法上，与员工达成共识。

（4）制定具体的绩效改进目标。研究表明目标的制定有利于提高员工的满意度、激发员工改进绩效的动力以及实现绩效的真正提高。但是，除了确定目标，管理者还应确定何时对员工开展绩效改进计划以及进行结果评估。

第六节　绩效改进计划的制订和实施

绩效改进是绩效反馈面谈中的重要内容，绩效改进计划的制订和实施对员工绩效的提高有明显的作用，绩效改进工作的成功是绩效管理过程发挥效用的关键。

一、绩效改进的指导思想

（1）绩效改进是绩效考核的后续工作，所以绩效改进的出发点是对员工现实工作的考核，不能将这两个环节分开来考虑。由于绩效考核强调的是人与标准比，因此，绩效改进的需求应当是在与标准比较的基础上确定的。而绩效标准的确定应该是客观的，不是主观任意的，只有找到标准绩效与实际绩效之间的差距才能明确绩效改进的需求从而制订绩效改进计划。

（2）绩效改进必须自然地融入日常管理工作才有其存在的价值。绩效改进不是管理者的附加工作，而是管理者日常工作的部分，管理者不应该把它当成一种多余的负担，而是把它看作一项日常的管理任务。

（3）帮助下属改进绩效、提升能力，与完成管理任务一样都是管理者义不容辞的责任，管理者不应该以各种理由来推辞。管理者常常误认为制订绩效改进计划的目的仅仅是抓住那些犯过的错误和绩效低下的问题。这实际上不是绩效管理的核心。绩效管理并不仅仅是找出员工工作中的不足，它也是为了防止更多问题的发生，从而提高员工的业绩和能力。所以，管理者应该勇于承担绩效改进的责任。

（4）绩效技术是近年来发展很快的一种新兴应用学科，它将所识别的绩效差距看成系统要素与其他要素相互影响的结果，将绩效看成各种因素相互影响的结果。它是一套结构化的应用性方法和程序，以此来识别绩效改进的机会，设定绩效标准，确认绩效改进的策略，进行投入产出分析，选择改进方案，保证对现存系统进行整合，评估绩效改进方案或策略的有效性，以及该方案的执行情况等。

二、绩效分析

绩效的诊断与分析是绩效改进的基本环节：首先要明确个人与组织存在的绩效差距，然后找出存在差距的原因，撰写绩效分析报告。

1. 找出绩效差距

通过绩效评价将量表中目标值与实际值进行对比就可以得到绩效差距。由于弥补绩效差距需要耗费的人力、物力，就要取舍绩效改进的要点。就此问题而言，国外的塞莫·勒维就提出了一种二维的选择方法。要综合考虑每个拟选定项目所需的时间、精力和成本因素，选择用时较短、精力花费少及成本低的，也就是比较哪个项目更划算。此外，绩效差距与组织战略的相关性、存在差距的部门在组织结构中所处位置的重要性等都是确定绩效差距排序的重要因素。

2. 分析绩效差距的原因

绩效差距的分析方法通常有以下两种：第一，四因素法，是指从完成工作任务的主体来分析绩效差距。四因素法主要从知识、技能、态度和环境来分析绩效不佳的原因，以及资源、流程、组织氛围以及外部障碍等其他影响因素。第二，三因素法则从员工、管理者和环境宏观方面来分析绩效问题。员工方面产生绩效差距的原因可能是采取了错误的行动或由于个人知识技能的不足而缺少动机。而管理者方面产生绩效差距的原因可能是管理行为不当而导致员工能力无法发挥，或管理者并没有对员工的改进工作提供帮助。在环境方面，影响绩效的因素包括员工的工作场所和工作氛围。四因素法通过分析员工工作的能力和态度来分析差距产生的原因，这种方法容易片面地把绩效问题产生的原因归结在员工主观身上而忽视管理者的责任；三因素法较容易把握产生绩效问题的主要方面并认识到管理者在其中的责任。只有两种思路相结合才能更加透彻、全面地分析绩效问题。

绩效分析表如表 5-5 所示。

表 5-5　绩效分析表

影响绩效的维度		绩效不良的原因	备注
个人	知识		
	技能		
	态度		
管理者	辅导		
	其他		
环境	内部		
	外部		

3. 撰写绩效分析报告

撰写绩效分析报告是按照个人和组织不同层次编写，在展示现阶段绩效差距和原因的同时还要为下一步绩效改进计划的制订和实施打下基础。

三、绩效改进计划的制订

绩效分析之后，管理者则需要组合设计和开发能够针对绩效差距根本原因、缩小或消除绩效差距的方案以形成绩效改进计划。绩效改进计划实际上就是规划需要改进的方面、如何改进、由谁改进以及何时改进的过程。

（1）设定绩效改进目标。为了改进绩效、提高能力，管理者既要设定绩效目标也要设定能力目标。绩效目标指的是与经营业绩相关的目标，如销售额。能力目标指如何提高员工完成工作及创造业绩的能力。对于绩效改进目标的设定人，不同的组织环境有不同的政策，虽然鼓励员工积极参与到绩效改进计划的制订过程中，但管理者应该成为计划的最终制订者，以此来完成公司的绩效目标。绩效改进目标应该与岗位规定的工作目标相关联，优秀的目标应该是明确具体的，评估的目标要尽可能量化并且以业绩作为目标定制的重点，同公司经营目标保持一致，还要有时间界限和可实现性。除此之外还要以业绩为导向，区分绩效目标的优先次序，这样可以让员工知道目标的重要性。区分优先次序的一个办法是用百分比计算出每一个目标的权重，如表 5-6 所示。

表 5-6　目标权重百分比

绩效目标	权重百分比
销售额提高 15%	45%

表5-6(续)

绩效目标	权重百分比
增加五名新客户	20%
提高生产部门间协作	15%
完成所有文书工作	10%
以不同方式完成经营目标	10%

（2）选择绩效改进的工具。波多里奇卓越绩效标准、六西格玛管理和 ISO 管理体系可看作企业改进绩效的三种工具。波多里奇卓越绩效标准通过识别和跟踪所有重要的组织经营结果，关注整个组织在一个全面管理框架下的卓越绩效，从而保证顾客产品或服务、财务、人力资源和组织的有效性。六西格玛管理的重点集中在测量产品质量和改进流程管理两个方面，推动流程改进和成本节约。六西格玛管理的基本思路是，以数据为基础，通过数据揭示问题，并把揭示的问题引入统计概念中，再运用统计方法提出解决问题的方案。其核心是建立输入变量和输出变量之间的数学模型，通过对输入变量的分析和优化，改善输出变量的特性。ISO 质量认证体系是一个产品符合性模式，目的是保证市场环境的公正，从而集中弥补质量体系的缺点和消除产品（服务）的不符合性。

波多里奇卓越绩效标准、六西格玛管理和 ISO 管理体系这三种企业绩效改进的系统性工具，在西方国家的实践中已经取得了巨大的成功，但在我国的应用仍处于起步和摸索阶段。具体选择哪一种或哪几种绩效改进工具，取决于企业的实际需要和环境的实际状况。

（3）选择绩效改进的方案。实践表明，绩效问题的产生往往有多重原因，所以绩效改进往往需要几种措施同时进行。事实上，几种改进方法结合才会有更好的效果。改进措施的方案需要遵从以下原则：

- 时机很重要，及早指出，及时处理。
- 彻底及客观地调查。
- 给予员工改善的劝告和机会。
- 以正式的文件明确。
- 采取行动前应与高层管理者和人力资源顾问进行协商。

大致来说，绩效改进方案包括以下四种类型（如图 5-4 所示）：

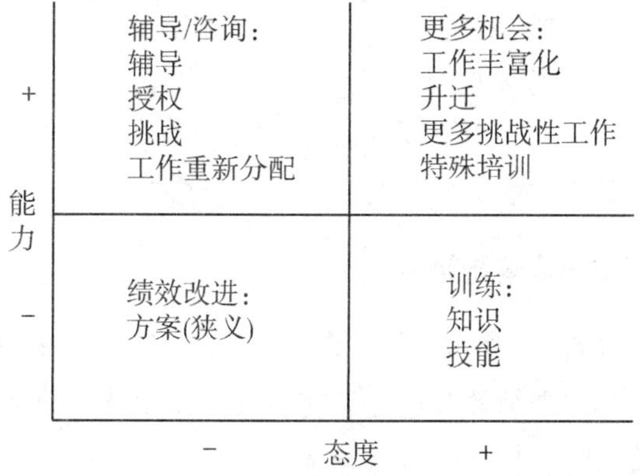

图 5-4　针对不同类型员工的绩效改进图

个人层面的绩效改进计划主要内包括个人基本情况、直接上级的基本情况以及该计划的制订时间和实施时间。根据上期的绩效评价结果和绩效反馈情况，管理者要确定工作中需要改进的方面，明确需要改进的原因以及个人在评价指标上的得分情况和员工对问题的解释，明确员工现有绩效水平和绩效改进之后的绩效期望目标。针对问题提出的改进措施应当具体并富有针对性。除确定每个改进项目的内容和实现手段，管理者还需确定每个改进项目的具体责任人和预期需要时间。

除此以外，在管理者和员工充分沟通的前提下才能制订绩效改进计划，片面按管理者的想法制订绩效改进计划，可能会忽略每个员工的具体问题，单纯按照员工个人的想法制订计划，则会使员工避重就轻漏掉重要的项目，只有管理者和员工共同探讨，绩效改进计划才能顺利实施。

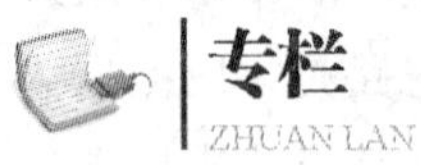

专栏
ZHUAN LAN

对于绩效考核差的员工如何进行绩效结果应用

深圳某高新技术企业 M，是以研发为主导的公司。公司绩效考核采取“末位淘汰”方式，公司会与考核不合格的员工，解除劳动合同。2013 年 4 月份，研发部张经理给人力资源部提交本季度考核成绩最差的员工名单，人力资源部按照公司的要求劝退部分员工，同时，人力资源部又开始了研发人员招聘工作，并最终完成招聘工作。6 月份，研发部反馈本次招聘人员无法胜任本职工作，要求辞退新入职员工。这就意味着，7 月份的考核辞退员工后，研发人员缺口会更大。短短半年时间，研发部更换了一半人员，给人力资源部、研发部都带来了很大压力。研发部经理很困惑，公司的“末位淘汰”的考核方式是否合适？请结合本案例分析，对于绩效考核差的员工，如何做好绩效结果运用呢？

案例解析：本案例中，公司绩效考核采取“末位淘汰”的方式，绩效结果的运用只与员工的劳动关系挂钩（解除劳动合同、辞退员工），这样是不合适的。这样会由于硬性的人员淘汰，导致人员缺乏培训，难以积累经验。对于绩效考核差的低绩效员工，应该制订相应的绩效改进计划。①研发部门经理应与低绩效员工进行沟通，制订详细的绩效改进计划，要有时间界限。②通过培训提高员工的工作能力，如果这些员工在规定的时间内还达不到目标，便可以辞退他们。这种做法，既能够提升部门和组织的绩效，也能够保证公司对员工处理的规范化、合法化。③与相关员工进行定期沟通，包括制订部门绩效计划，以及绩效结果反馈，让员工参与整个的考核过程。

四、绩效改进计划的实施与评价

绩效改进计划制订以后，管理者通过绩效监控和沟通实现对绩效改进计划的控制。这个控制过程的目的就是监督绩效改进计划能否按照预期计划顺利进行，并根据评价对象在绩效改进过程中的实际工作情况及时调整不合理的改进计划。管理者应当监督员工实现绩效改进计划的目标，并且主动与员工进行交流沟通，了解员工在改进过程中遇到的困难和障碍并提供相应的帮助。

绩效改进方案的实施应该遵循一系列指导方针。绩效管理的性质使我们必须强调绩效的改进是一个在情感上十分脆弱的过程，员工的缺点要被暴露出来，员工们得去谈论并解决那些影响能力的、已经被隐藏多年的难于解决的行为方面的问题。这一过程可能会让员工产生恐惧、尴尬以及被伤害的感觉。如果处理不当，员工们则会产生抵触和不满的情绪。并且管理者应该把他们自己的绩效改进作为实施内容的一个组成部分。员工们如果知道领导者以及管理者也在像其他员工一样努力提高自己，那么没有什么比这所传达的信息更富有激励性的了。反之，另一种方式就会令员工丧失前进的动力，员工们会认为："如果高层管理人员不去努力提高他们的能力的话，那么他们希望我们提高我们自己的能力仅仅是为了为他们所用。"

只有对绩效改进计划进行评价和反馈才能促进计划的成功实施。在实施绩效改进计划之后，为了确保预期改进目标的实现，管理者需要对绩效改进计划进行效果评价。评价绩效改进计划的效果时，我们可以参考柯克帕特里克（Kirkpatrick）的四维度评估框架，也称为柯氏评估模型，如表 5-7 所示。

表 5-7 柯氏评估模型

层次	标准	重点
1	反应	受训者的满意程度
2	学习	知识、技能、态度、行为方式方面的收获
3	行为	工作中的行为改进
4	结果	受训者获得的经营业绩

柯氏评估模型中，反应衡量的是员工对绩效改进计划的准确认识以及改进活动对他们的影响；学习则评估的是实施绩效改进计划之后员工在知识技能层面是否丰富或提高；行为则评估的是员工在项目中学习能力的转化程度，员工在工作中是否运用新的技能、工具；结果评估的是绩效改进计划的最终效果以及对下一绩效周期考核结果的影响程度，是否提高员工和组织的整体绩效。评估的结果将反馈回绩效管理流程之中，从而开始新的绩效考核周期。

员工绩效改进计划表如表 5-8 所示。

表 5-8 员工绩效改进计划表

<table>
<tr><td>姓名</td><td></td><td>性别</td><td></td><td>年龄</td><td></td></tr>
<tr><td>部门</td><td></td><td>岗位</td><td></td><td>直属上级</td><td></td></tr>
<tr><td colspan="6">Ⅰ. 绩效考核摘要：</td></tr>
<tr><td rowspan="4">杰出的绩效
（按重要性排列）</td><td colspan="5"></td></tr>
<tr><td colspan="5"></td></tr>
<tr><td colspan="5"></td></tr>
<tr><td colspan="5"></td></tr>
</table>

表5-8（续）

<table>
<tr><td colspan="2" rowspan="4">需要改进的绩效
（按重要性排列）</td><td colspan="4"></td></tr>
<tr><td colspan="4"></td></tr>
<tr><td colspan="4"></td></tr>
<tr><td colspan="4"></td></tr>
<tr><td colspan="6">Ⅱ. 绩效改进计划：</td></tr>
<tr><td colspan="4">应采取的行动</td><td colspan="2">完成时间</td></tr>
<tr><td colspan="4"></td><td colspan="2"></td></tr>
<tr><td colspan="4"></td><td colspan="2"></td></tr>
<tr><td>被考核者
签名</td><td></td><td>直接上级
签名</td><td></td><td>部门主管
签名</td><td></td></tr>
<tr><td>备注</td><td colspan="5">需到行政部/文档管理部备案</td></tr>
</table>

案例分析

ANLI FENXI

（一）

这是一家家电公司，一个角色是公司的人力资源部经理李林，负责公司的人力资源管理工作，另一个角色是人力资源部招聘专员小陈，主要负责招聘工作，是被考核者。

小陈来公司也有一年多的时间了，平日里都能认真完成自己的手头工作，做事非常努力，但为人沉默寡言，与公司其他部门的人员接触较少，是个埋头苦干的角色。前一段时间，小陈给几个有岗位空缺的部门招了一些人员，就能力而言，大多比较优秀，但都存在一个问题：适应性比较慢，在工作中经常出现问题，影响了部门的整体业绩。这个考核周期结束后，李经理就提前一周给小陈打电话，叫她下周三上午到他办公室进行上季度的绩效反馈面谈。

绩效反馈面谈对话：

李经理和小陈在会议室，李经理将季度绩效考核情况有关结果拿给小陈看。

李：小陈，听说你最近交了男朋友了，见过的人都说你男朋友温柔又帅气，什么时候带来让大家都瞧瞧呀。

陈：呵呵，改天有时间一定带来见见大家。

李经理：你说的哈，我可就等着了。好了，咱们先说正事。这次绩效面谈主要是针对你这季度的表现，找出好的地方和不足的地方，你有什么问题也可以提出来，以便更好地进行以后的工作。你看看，这是这季度的绩效考核结果，你这季度的任务完成得不错，我交给你的任务都有及时完成，你的工作态度也很积极，大家有目共睹。

陈：这是我应该做的，经理，但为什么我的绩效考核分数相比其他人来说低了许多？

李：这次绩效考评季度进行的几次招聘活动，各部门有将新录用员工的情况反映给我，各部门经理对新录用员工的工作情况不是很满意。他们虽然能力比较强，但适应性比较差，在工作中经常出现问题，影响了部门的整体业绩。这表明你这几次招聘的质量不是很好。部门主管们希望在招聘时，你能更多地和他们进行交流沟通，更充分地了解他们，为公司招到更适合的人员，使他们能够为企业带来更多的利益。

陈：我有想要和他们沟通，但是不是时间冲突就是部门经理不在，我也就不了了之了。而且这方面也不能全怪我，各部门反映上来的空缺岗位的工作说明书不是很完整，而且招聘中各部门主管有的因为时间问题提前离开面试现场，所以有些工作也就完成得不是很好了。

李：嗯，也有这样的原因，不过适应能力在考核指标中占挺大的比重，在以后的工作中你要多保证招聘的质量，特别注意那些比重较大的关键指标。你在这几次的工作中也确实是疏忽了跟其他部门的沟通，我希望你以后可以更注意一下。良好的沟通对你以后的晋升也会有所帮助的。

陈：恩，我确实有这样的不足，这方面我会多加努力。

李：在这几次工作中，有遇到其他方面的困难吗？

陈：几次招聘工作中部门拨给的费用很有限，很多工作都不能更好地展开，我有尽力在有限的资源下把工作做好，但结果还是不尽如人意，招聘质量不能保证也有这方面的原因。

李：费用这方面你控制得很好，但不能因为控制成本，而降低了质量。要是招聘费用确实不足，你可以跟我汇报，我尽力帮你再多申请一点。有问题了不要总是自己一个人扛，要提出来大家一起商量啊。不过成本方面确实是我的疏忽，以后我会更注意成本这一块。其他方面还有什么问题吗？

陈：其他的倒还好，没什么问题了。

李：那好，咱们今天先到这儿，今后的工作你还要继续努力，把绩效提上来。以你这样的工作态度和能力，再多多注意沟通的话，前途是无可限量啊。

陈：呵呵，谢谢李经理，今后我会更努力工作的。

思考：

1. 此次的绩效反馈面谈存在哪些问题？

2. 绩效反馈面谈的步骤有哪些？

3. 李经理在本次绩效面谈中运用了哪些反馈技巧？

（二）

小王在一家私营公司做基层主管已经有3年了。这家公司在以前不是很重视绩效考评，但是依靠自己所拥有的资源，公司的发展很快。去年，公司从外部引进了一名人力资源总监，至此，公司的绩效考评制度才开始在公司中建立起来，公司中的大多数员工也开始知道了一些有关员工绩效管理的具体要求。

在去年年终考评时，小王的上司要同他谈话。小王很是不安，虽然他对一年来的工作很满意，但是不知道他的上司对此怎么看。小王是一个比较“内向”的人，除了交流工作上的问题外，他不是很经常地和他的上司交流其他问题。在谈话中，上司对小王

的表现总体上来讲是肯定的，同时，指出了他在工作中需要改善的地方。小王也同意此看法，他知道自己有一些缺点。整个谈话过程是令人愉快的，离开上司办公司室时小王感觉不错。但是，当小王拿到上司给他的年终考评书面报告时，感到非常震惊，并且难以置信。书面报告中写了他很多问题、缺点等负面的东西，而他的成绩、优点等只有一点点。小王觉得这样的结果好像有点“不可理喻”。小王从公司公布的“绩效考评规则”上知道，书面考评报告是要长期存档的，这对小王今后在公司的工作影响很大。小王感到很是不安和苦恼。

思考：

1. 绩效面谈在绩效管理中有什么样的作用？人力资源部门应该围绕绩效面谈做哪些方面的工作？

2. 经过绩效面谈后小王感到不安和苦恼，导致这样的结果的原因何在？怎样做才能避免该类问题的产生？

本章小结

绩效反馈和面谈在绩效管理过程中的重要性常常被忽略，如果考核结果未反馈给被考核者，考核则会失去重要的激励和奖惩功能。因此，绩效反馈对绩效管理起着至关重要的作用。绩效反馈是绩效管理过程中的一个重要环节。它主要通过考核者与被考核者之间的沟通，就被考核者在考核周期内的绩效情况进行反馈，在肯定成绩的同时，找出不足并加以改进。

根据不同的分类依据，绩效反馈有不同的分类方式。绩效反馈一般通过语言沟通、暗示及奖励等方式进行。它根据被考核者的参与程度分为三种方式：指令式、指导式、授权式。绩效面谈是绩效反馈中的一种正式沟通方法，是绩效反馈的主要形式。正确的绩效面谈是保证绩效反馈顺利进行的基础，是绩效反馈发挥作用的保障。绩效面谈的内容主要包括工作业绩、行为表现、改进措施和新的目标四个主要方面。绩效面谈中要注意采用适当的策略，根据不同类型的员工选择最为有效的方法进行面谈。

尽管在进行绩效面谈时所面临的问题和困惑不尽相同，但是大都可以通过汉堡法和BEST法来改进绩效面谈的效果。绩效反馈面谈后，管理者需要对面谈的效果进行评估，以便调整绩效反馈面谈的方式，取得更好的面谈效果。针对管理人员和员工在绩效反馈后出现的问题，我们提出改进绩效反馈的措施：主要从强化管理者素质、注意沟通方法技巧等方面来提高绩效反馈的效率与效果。

进行绩效反馈面谈之后，管理者需要总结思考员工在绩效考核中存在的问题并且寻找相应的解决措施，这时就需要制订绩效改进计划。绩效改进是绩效管理过程中的一个重要环节。传统绩效考核的目的是通过对员工的工作业绩进行评估，将评估结果作为确定员工薪酬、奖惩、晋升或降级的标准。而现代绩效管理的目的不限如此，员工能力的不断提高以及绩效的持续改进才是其根本目的。所以绩效改进工作的成功与否，是绩效管理过程能否发挥效用的关键。

思考与讨论

1. 如何理解绩效反馈在绩效管理流程中的重要性?
2. 解释绩效面谈为什么被称作绩效反馈流程中最重要的一环。
3. 请自拟情景设计一个绩效反馈面谈计划。
4. 阐述绩效反馈面谈的实施原则与步骤。

第六章 绩效考核结果运用

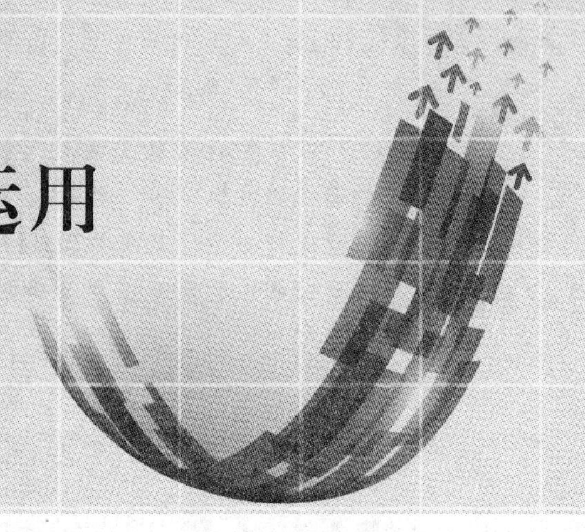

案例引入

华为公司的末位淘汰制度

华为采取A、B、C三档模式对员工绩效考核结果进行划分，每档绩效奖金有5 000~10 000元的差别。绩效考核采取强制分布，简单来说就是按照固定的百分比进行分配。具体内容是：A档员工占5%，B档员工占45%，C档员工占45%，剩下5%员工被看作最末一档。按照常理来看，最末一档的员工有可能面临淘汰的风险。如若某员工连续多月都被评为C档或最末一档，那么组织会毫不留情地将其从原来的职位调离，更严重者则淘汰。很显然，划分到此档的员工的绩效奖金会远远少于其他员工。

那么，这样将员工绩效考核结果划分等级有何好处？很显然，这是双赢的，对员工和组织都有好处。一方面，员工能够集中注意力提高绩效，完全以工作为中心。同时绩效考核结果也是公开透明的，员工可以及时地通过绩效考核评价表，发现有哪些是自己做得好的，进步很大的，也可以发现自己有哪些做得不尽如人意的，有什么是值得改进的。员工在与其他同事的比较中，能够清晰地知道自己的差距在何处。并且公开的考核体系和合理的划分标准也并不会使获得奖金较少的员工心存妒忌，反而他会积极进取，为提高绩效而继续努力。另一方面，公司也可以从绩效考核表中发掘优秀的人才，对其进行培养和开发；也可以从中识别出绩效差劲的员工，如若该员工有上进的心态，可以采取一定的培训措施对其进行绩效改进，反之则采取淘汰的方式。

任正非极力反对将那些排名末端和不能吃苦受累的员工留在企业，他认为这是对企业的不负责任。所以他认为应该坚决地裁掉这些人。在2002年的《迎接挑战，苦练内功，迎接春天的到来》一文中，任正非写道："排在后面的还是要请他走的。在上海办事处时，上海的用户服务主任跟我说，他们的人多为独生子女，挺娇气的。我说独生子女回去找你妈妈去，我们送你上火车，再给你买张火车票，回去找你妈去，我不是你爹也不是你妈。各位，只要你怕苦怕累，就裁掉你，就走人。”因此，华为没有干部终身制，员工过去的贡献不会成为他邀功的资本。在华为，要想获得持续不断的高绩效奖金就必须努力。华为采取干部末位淘汰制，促进企业的新陈代谢，不断吸纳一批批优秀能干的员工，为组织形成源源不断的干部后备力量。而且华为逐渐加快国际化进程，这就要求其必须引进国外优秀的高级技术和管理人才，扩充企业的中高层职位，促进干部职位的国际化。

有人会说，华为的末位淘汰制是否太过无情和残忍？但事实上，对于华为那些被淘汰下来的员工，组织并不会不管他们，而是为他们提供另外的指导计划。比如，华为在对员工能力进行考察后，有一部分员工可以进入再培训，或者选择“内部创业”。《华为公司基本法》这样规定：“利用内部劳动力市场的竞争与淘汰机制，建立例行的员工解聘和辞退程序。”除此之外，《华为公司基本法》还规定：“公司在经济不景气时期……启用自动降薪制度，避免过度裁员与人才流失，确保公司渡过难关。”从中可以看出，华为实行末位淘汰制的初衷很明确，即提高员工人均收益，打造一支善于冲锋陷阵、无往而不胜的“铁军”。由此，华为绩效结果运用在职位晋升、绩效奖金以及职业生涯规划中，给大多数公司的绩效结果运用提供了良好的借鉴。

资料来源：http：//www. hrsee. com/？id=869（有修改）

组织进行绩效反馈之后，就会形成该员工的绩效评价结果。管理者要及时整理绩效考核结果以方便为后续工作开展做好准备。这不仅关系到绩效考核实施的效果，同时也关乎整个人力资源管理的成败。如若绩效考核结果没有得到充分运用，员工会认为组织的绩效评价只是表面功夫且流于形式。久而久之，员工对组织的绩效考核就会产生厌烦和抵制，这会极大地挫伤员工工作积极性和降低员工工作满意度，绩效管理也就失去了原本的意义。

第一节　绩效评价结果运用的原则

一、以人为本，促进员工的职业发展

绩效评价做得好，无疑是绩效管理成功的一大标志。调动员工积极性是绩效评价的出发点和落脚点。首先，要使绩效评价深得人心，组织必须深入分析员工绩效与部门绩效的差距，帮助员工制订合理的绩效改进计划以实现组织绩效目标。其次，评价者有义务和责任及时告知员工评价结果；迅速发现不足和错误；仔细分析绩效差距产生的原因；制订绩效改进方案。更重要的是，绩效沟通必不可少。绩效沟通必须贯穿绩效管理整个过程。同时管理者必须坚持“以人为本”的原则与员工进行诚挚、真诚的建设性沟通。沟通讲究坦诚与平等，要用一种员工可接受的方式向其阐述绩效考核信息。其目的是让员工深入了解自己绩效不足以及可发展的潜力，让员工处于主动，有利于员工职业发展。

二、员工和组织共同成长和发展

组织与员工的成长与发展相辅相成。正如一艘航行在大海的帆船，员工是海水，组织是帆船。所谓水能载舟，帆船欲前行，需要海水的推动。因此，企业的发展离不开员工个体的成长。实质上，员工适应组织的过程是员工和组织相互接纳的过程。组织不能单方面要求员工改变自己来适应组织发展需要。组织和员工亦是一个命运共同体，企业应主动参与员工工作和生活，为他们的职业生涯提供指导和规划。为此，组织对员工的评价必须系统和全面，意识到组织绩效的达成必须由员工实现。这种强烈的组织和员工联系不仅能够让员工感受到家的温暖与组织的热情，同时也能提高员工对组织的认同感和忠诚度，实现组织和员工的共赢。

三、为人事决策提供科学依据

员工的晋升、薪酬分配以及奖罚决策必须有科学合理的依据。而绩效考核结果恰恰能做到这一点。将绩效评价结果与人力资源决策相联系，不但可以约束员工行为，同时也可以激励员工努力工作获得相应的回报。其对组织的作用更是不可磨灭的，即有利于建立和完善科学有效的人力资源管理体系。组织的有效运行需要程序和分配公平，如若每项人力资源管理决策都能有明文规定且有理有据，那么实施的可行性就较大，也能为组织内部健康、和谐竞争奠定一定基础。

第二节　绩效考核在人力资源管理系统中的应用

绩效考核是绩效管理的一部分，绩效管理亦是人力资源管理的组成部分。人力资源管理是一个良性循环的系统，这就意味着当中的任何一个子系统都是互相嵌入和互相制约的。绩效考核实质上是对员工更全面的考察，通过对员工知识、技能、能力、工作绩效的考量，将其整合成考核报告进行分析，从而得到更细致的员工信息。绩效考核结果最直接的运用是绩效诊断和绩效改进，但这与其应用于人力资源各个子系统并不矛盾，因为绩效考核与人力资源中各个子系统有着直接或间接的关系。绩效考核是薪酬分配的重要依据，也是绩效考核最重要且较直接的应用。绩效考核结果也能为员工晋升、降职、调职、离职提供参考依据，为企业的招、用、育、留各方面打下了坚实的基础。这具体体现在企业的人力资源规划、招聘与甄选、员工培训与开发、薪酬分配和员工职业生涯发展等方面。

一、人力资源规划

人力资源规划是指组织通过对组织战略的把握与解读，采取科学的手段有效预测组织未来可能面临的人力资源需求和供给状况，从而制订必要的人力资源吸引、培育、保留和激励计划。这项计划通过预测组织对人力资源数量和质量的需求，从而帮助组织达成组织目标。人力资源规划的目标是：确保企业能在正确的时间和正确的岗位上获得正确的人员，不仅实现员工的最佳配置，而且最大限度激发和利用员工潜能，满足员工和组织的需要。人力资源规划不仅包括宏观层面的总体规划，即组织在计划内人力资源管理的总目标、总方针和总预算安排；同时还有微观层面的业务计划，即人员补充计划，人员分配、人员接替与提升计划，教育培训计划和工资激励计划。所以人力资源规划与人员补充、培训、分配、晋升、工资等具体方面都有内在联系，而绩效考核与这几方面也密切相关。很显然，绩效考核与人力资源规划之间也有着密不可分的联系。

绩效考核贯穿于人力资源规划的各个步骤中。第一，它能提供人力资源信息。前面讲过，绩效考核实质上是对员工个人信息的整合与分析，从考核中管理者可以明确组织人力资源的数量和质量信息，可以了解组织缺乏的人力资源以便针对性地制订需求计划，提高预测的有效性。第二，它能够预测人员需要，且能清理审查内部人员资源情况。绩效考核能很好地用来了解组织人员构成、组织人员素质状况，有利于管理者认清员工之间的绩效差距，筛选优秀员工，淘汰绩效差劲员工，并且明确最适合组织发展的人员类型，为组织人员需求预测提供必要的帮助。第三，它能够提高人力资源规划的有效性。绩效考核结果能够为规划制定者提供员工的能力结构和技能水平，同时也能帮助他们理解以上员工信息是否能够满足组织发展的要求，这有利于规划制定者针对性地制订计划，提高准确度。

二、招聘与甄选

招聘与甄选是人力资源管理的重要职能之一。其内涵是指组织通过各种对应聘者进行筛选和考察的手段和工具，用以区分应聘者的人格特点和知识技能水平，以此用来预测员工未来的工作绩效，最终为组织甄选出最正确的且最需要的职位空缺者。绩效考核结果运用到招聘中可以提高组织招聘到最符合企业文化的员工的概率，降低招聘成本。因此绩效考核结果在企业招人、用人方面作用显著，同时也能为检验招聘与甄选的有效性提供良好的指标。

第一，绩效评价结果为制订招聘计划提供重要依据。绩效考核能够为员工招聘提供反馈信息，通过对员工绩效、工作、知识、技能和能力的考核，能够正确地发现组织在人员数量和质量上的漏洞。如若数量过多导致人浮于事且人工成本高昂，或个别员工质量不达标，则需要重新制订相应的招聘计划。一份招聘计划通常有以下几方面的内容：招募范围、招募规模、招募渠道、招募时间以及招募预算。管理者借助绩效考核渠道，也可以了解组织招聘规模是否符合组织发展要求、招募渠道是否具有有效性以及招募预算是否支持组织发展计划。

第二，绩效评价结果有利于检验招聘与甄选的预测效度。预测效度是指，将被考察者雇佣之前的测验分数与其被聘用之后的实际工作绩效分数相联系，验证二者之间的相关关系。因此，为了研究招聘与甄选的有效性，组织通常采用绩效评价结果替代员工实际绩效水平。很显然，绩效评价结果在检验招聘与甄选工作完成效果中起到了重要的效标作用。换句话说，组织绩效评价体系准确且完善，如若某人的评价结果呈现优秀，这就说明招聘与甄选的预测效度有效；反之，招聘与甄选的预测效度较差，组织就需要在技术和手段上进行提高。

三、培训与开发

人力资源的培训与开发实践是一项专门性的工作。它着力于提高员工技能和能力，从而达成组织目标。当员工实际绩效表现和预期绩效目标之间存在差距时，管理者则要考虑能否用培训来改善绩效。组织和员工要想长远发展，则需要通过开发来不断激发潜能和更新员工获得未来工作所需的技能和知识，实现组织的最优绩效。绩效考核结果通过绩效诊断，寻找员工绩效不足的原因，为绩效改进提供针对信息；同时将绩效考核结果与员工培训与开发结合，不仅可以让培训计划的制订更具有针对性和可操作性，也能够充当检验员工培训效果的效标。

第一，绩效考核为员工培训与开发提供依据。培训的目的在于使员工获得当前本职工作所需要掌握的技能和知识。绩效考核后，随之而来的绩效考核结果能够很明确地为管理者进行绩效诊断提供依据。管理者从中能发现员工的绩效差距，通过对产生绩效差异的原因进行分析，判断是否应该用培训来改进绩效。开发的目的在于对员工和组织未来发展进行思考，使员工能更清楚自己的职业规划同时不断更新技能和知识。绩效考核也能为员工开发提供指导。通过绩效考核结果，若发现组织成员不具备未来所需要的技能或知识时，组织通常会选择开发的方式。比较常见的开发方式有高阶培训、学习型组织建设、领导力发展培养体系、双通道或多通道员工职业发展体系。

第二，绩效评价结果可以作为衡量培训的效标。许多企业采取绩效评价法来衡量培训的有效性。通常情况下，企业培训是一套系统化的全过程，它包括确定培训需求与目标、制订培训预算及计划、进行监控以及效果评估等内容。培训结束后，组织应该及时对培训效果进行评估，一般包括三部分内容：①员工对培训过程的评估。管理者通过问卷调查、访谈考察员工对整个培训的意见、看法，以便让培训部门得到最及时、最真实的反馈，进而发现培训中存在的问题，方便下一次培训开展。②员工培训效果的考核。管理者通过员工工作态度、专业知识技能笔试以及实践操作测试等，考核员工对培训的掌握程度。③员工工作绩效评估。管理者通过 360°绩效考评，纳入客户评价、同级评价、上级评价、员工本人评价等方面，对员工培训后的工作绩效进行评测。绩效评价包括目标考核和过程考核，培训人员必须制定合理、公平的培训效果指标和标准，进而确定标准绩效，通过选取定量和定性的目标对培训效果进行考核，进而发现员工实际绩效与标准绩效之间的差距，同时通过对比培训测验分数与员工实际绩效分数，亦能检验培训的有效性。

四、绩效改进

传统的绩效管理仅将员工已经完成的工作表现纳入考核。同时，传统绩效考核的目的仅仅是绩效评估。稍微有点创新的是，将绩效考核结果与员工职务晋升或降级、薪酬分配以及奖罚相关联。不过这种奖励方式很单一，激发不了员工的兴趣。现代绩效管理不仅关注传统绩效管理的内容，更关注如何改进绩效。且绩效改进是一个系统和连续性的过程，并不是一朝一夕就能完成的，急功近利就成了舍本逐末。绩效改进的具体做法是，通过对员工现有绩效表现的分析，找出预期目标与实际表现的差距，分析原因并且制定相应的措施来缩小差距，进而提升个人技能、知识和能力，最终达成组织目标。

（一）绩效改进的指导思想

（1）绩效改进紧随绩效考核之后，而且绩效改进的出发点是对员工现实工作的考核，因此绩效考核和绩效评价之间并非完全独立。首先，绩效考核必须以强调人与标准比为原则，而非强调人与人比。如果标准是根据员工之间的差距而制定，很显然，这不仅会带有评价者的主观臆断，而且容易使标准不客观、不公正。严重的还会激发员工内部以及员工与管理者之间的矛盾，不利于员工和管理者工作开展。反之，根据实际情况制定的客观标准就可以较好解决这一矛盾。因为其不仅能够使员工明确具体绩效差距，而且可以让员工根据客观标准的要求修正绩效行为。良好的绩效改进能够使员工理解和接受绩效考核，使管理者有效开展绩效考核工作。

（2）绩效改进与部门日常工作不能分割开，否则其就失去了价值。绩效改进已经成为管理者工作中不可或缺的一部分，它的存在，能够使组织意识到绩效管理的重要性，同时也能见证员工为企业发展所做出的贡献。为此，管理者没有理由拒绝进行绩效改进，反而应该尽自己努力完成好组织安排的任务，把绩效改进当作义不容辞的应尽之责。管理者努力地对绩效改进负责任，一方面，不仅能加深员工和管理者对绩效改进的认可和支持，而且有助于营造共同参与管理的良好氛围；另一方面，管理者顺利开展工作也能使组织建设更加规范和协调。

（3）管理者能够从帮助下属提升绩效和能力中获益。管理者必须是员工绩效改进的纠错器和指南针，为员工找出绩效差距，为员工提供修改方向，为员工建立发展计划。同时管理者也是员工真诚的倾听者和沟通者，他们必须主动且及时地关注员工在工作中存在的问题，为员工提供最真实和迅速的绩效反馈和绩效改进措施。管理者也必须是一名辛勤的公仆。俗话说，任何能够被解决的问题都不是问题。管理者不应该以“没有时间和精力”“绩效改进没效果”“员工不愿意接受绩效改进”等主观或客观理由拒绝绩效改进工作。要想绩效改进顺利开展，管理者必须与员工共同沟通，才能提出改进措施，有效解决绩效问题。

（二）基于能力的绩效改进方案

绩效管理作为企业核心竞争力的一大体现，在企业发展中起着至关重要的作用。绩效改进的成败更是与绩效考核成败紧密相关。而且员工能力也对绩效改进质量做出了巨大贡献。换言之，组织战略目标由员工承接且达成，所以员工的个人能力和动力成了组织绩效改进的关键。那么它是如何发挥作用的呢？一方面，员工为提高个人绩效而设置可执行且有挑战性的绩效目标，努力提高个人综合能力进而提升个人绩效；员工为了提高生产率和利润率，不断运用自身才智和能力高效率工作。另一方面，管理者有效合理地根据员工自身能力差异，做到人尽其才，人尽其用，不断鼓励员工竭尽其能，这不仅可以提高员工的工作满意度，更能使组织吸引和留住优秀人才。组织必须持续不断发掘和培养员工的个人能力来达到组织绩效的目标。因此基于能力的绩效改进是一个动态的过程，具体包括以下一些活动：

- 明确绩效改进的前提和理念。
- 目标设定。

●解决能力发展中存在的问题和障碍。

●明确指导者的行动。

●绩效改进方案的实施。

1. 明确绩效改进的前提和理念

任何绩效改进方案最终是运用到员工身上的，因此为了保证一定的方向性和科学性，必须以一定的原则为指导。①能力并非是先天形成不可改变的，反而能力可以在后天通过培养而形成。每个人都是渴望受到激励和挑战的，同时富有潜力，相信自己可以通过学习提高自己的能力。②行为并非一成不变。当人们意识到内心深处对某种刺激有潜在的渴望时，他可以清楚明确地通过提升能力来改变行为。③人们可以从关爱他人和给予他人中获益。④当人们作为团队的一分子进行有建设意义的活动时，他们能够快速提高能力、获得强烈的成就感和满足感。

2. 目标设定

设定目标是为了提高员工技能和改进员工绩效。理想的做法是既要设定绩效目标，又要设定能力发展目标。绩效目标是指与经营业绩挂钩的目标，比如利润率提高 15%、客户满意度提高 10%、成本费用率降低 10%等。能力发展目标是指那些能帮助提高员工完成工作和创造业绩的与能力相关的目标，比如提高员工表达沟通能力、提高员工抗压能力、提高员工人际关系能力等。

（1）设定绩效目标

第一，绩效目标由谁设定。不同的公司在不同的环境下对绩效目标制定的对策和观点有所差异。正常来讲，员工如果积极参与绩效目标的制定过程，那么其会花费一定的时间、精力和努力来完成绩效目标。但是这也要具体问题具体分析，有些绩效目标由高层管理者制定比员工自己制定要明智得多。比如，一个公司致力于四年内提高利润率 12%。当实施该计划的第四年时，一位已经将利润率提高了 9%的销售经理可能被通知今年再把利润率提高 3%。此中，该经理并不是绩效目标制定者，而管理者要做的就是让经理接受目标。除此之外，要明确绩效目标的最终制定者必须是公司的管理层。为了能确保组织有效审核员工绩效目标，组织必须制定和完善程序制度。只有高层决策和制度完善相结合，绩效目标才有威慑力和可信度。

第二，优秀绩效目标的特点。最理想的情况是绩效目标与职位说明书中的工作目标相一致。比如，在职位说明书中，生产经理的工作目标之一是确保产品质量合格，那么生产经理的绩效目标就应该以该工作目标为参照依据，则其绩效目标就可以从产品的合格数与总产品数比率角度来衡量。

优秀绩效目标的制定应该遵循 SMART 原则，由于之前已有阐述，如下做简单概括：

S 指明确具体，即员工要清楚明白要完成的任务。

M 指可量化，即评估指标和目标要尽可能量化。

A 指可达到，即绩效目标要具有可实现性，使员工通过努力可以达到。

R 指相关联，即绩效目标同公司战略目标一致，目的是实现组织目标。

T 指有时间界限，即绩效目标的完成要有时间界限。

第三，区分绩效目标的优先次序。组织希望通过绩效目标向员工传递组织的期望和组织发展的关键领域。为此，员工只有及时捕捉组织所传达信息，明确组织期望，才能更有针对性地达成目标。所以，如何做到有针对性呢？为绩效目标制定优先权重就是一个很好的办法，可以让员工知道目标对组织发展的重要性。

区分优先次序的一个办法是用百分比计算出每一指标的权重，所有目标的权重之比是 100%。例如，某销售人员绩效目标权重分配如表 6-1 所示。

表 6-1　权重分配表

绩效目标	权重百分比
销售额提高 2%	45%
增加四位新客户	20%
提高同生产部门的联络程度	15%
及时完成所有文书工作	10%
用其他方式完成经营目标	10%

另外一种区分优先次序的方式是用李克特 5 级量表进行衡量。无论是何种区分方式，目的都是让员工知道为绩效目标确定优先次序的重要性，让员工知道其不同的工作职责和工作目标的相对重要性，避免自身绩效行为脱离组织目标，有助于员工树立优先意识，提升目标管理能力。

小知识
XIAO ZHISHI

社会实验测量的工具：李克特量表

李克特量表（Likert scale）是一种评分加总式量表，它是由美国心理学家李克特于 1932 年在原有量表的基础上改进而成的。其要求被试者对一组与被试主题有关的陈述问句发表自己的看法。与沙氏通量表不同的是，它不是要求被试者选出它同意的陈述语句，而是要求被试者对每一个与态度有关的陈述语句表明同意或者不同意的程度。例如，某量表由一组陈述句组成，每一个陈述有“最不重要”“不重要”“不一定”“重要”“最重要”五种答案，分别记为 1、2、3、4、5，每个测试者的态度总分就是他对每道题回答所获分数的加总，同时该总分在一定程度上说明他的不同状态。

第四，评估绩效目标的完成情况。绩效目标评估有易有难，关键在于绩效指标的性质。较容易评估的一般是通过客观指标进行衡量的绩效目标，比如增加培训的人数、降低税收成本、提高生产效率等。有些目标的评估则相对较难，比如提高客户满意度、使工作环境更加舒适、提高培训过程的质量等。

（2）设定能力发展目标

第一，能力发展目标由谁制定。每位员工应该自主设定自己的能力发展目标，无论是高级管理者还是普通员工。明确员工工作中最重要的能力可以提高员工的工作积极性，激励员工更努力地工作。

第二，员工一次可以提升多少能力。能力的提高是一个循序渐进的过程，而并非一蹴而就。员工必须专注行为所需要的努力本身，付出必要的时间、精力和行动。另外，员工可以将能力的提升分为 2~3 个方面，因为能力的提升具有连锁效应，这几方面能力提升了，其他方面的能力也能得到相应的提升。

第三，员工应该设定多少能力发展目标。员工必须要量力而行，设定的目标不宜过多，比如在每一个能力方面设定 1~3 个目标足以能够改善绩效。员工不仅要根据自己想要提高能力的程度设定发展目标，也要考虑组织的现况和发展需要。

第四，怎样选择员工的能力发展目标。如果员工有极强的挑战自我的欲望，愿意承担风险和接受一定挑战，那么他们热衷于自己制定和选择目标。如果员工不关心目标制定，而是由管理者全权制定目标，那么员工不太可能对这些发展目标负责且认真执行。能力发展目标的确定会随着组织环境和组织发展阶段变化而改变。比如，组织可以在某一阶段让员工都朝一个共同的能力方向发展，这对组织目标迅速达成起着巨大推动作用。为此，最理想的确定方法则是管理者和员工共同制定能力发展目标。这样不仅会使员工对自己的发展目标负责任，同时也会使管理者按照自己的要求去提高员工的工作能力。

第五，怎样设定能力发展目标。能力发展目标不仅要满足 SMART 原则，还应该极大地提高所要发展能力的水平。大部分能力发展目标基本可归为四类，如表 6-2 所示。

表 6-2　能力发展目标表

能力	目标描述
提高以行为为标准的评分标准得分	把主动性的分数从“4”提高到“5”
提高某一方面的能力而不改变相关的评分尺度	更有影响力
开发属于能力方面的主要行为	从头到尾对某一复杂项目负完全责任
一份解释清楚的、和能力有直接关系的工作项目	为工厂减少 10% 的耗损承担完全责任

第六，能力发展目标和绩效目标的关系。绩效目标关注员工工作“是什么”，能力发展目标关注员工工作“怎么样”。能力发展目标比绩效目标更有挑战性，因此员工能力发展目标达成则会促使绩效目标的达成。判断能力发展目标是否合适，关键是看能力发展目标能否改善目前绩效以及能否让员工为未来绩效做准备。

第七，评估能力发展目标的完成情况。除了利用绩效目标的评估标准，能力发展目标还要运用以行为为标准的评分标准作为评估手段。如若评分标准也被当作一种评估手段，那么评估行为提高所采用的标准就在于分数等级的规定。

3. 制定达到目标的行动步骤

行动步骤是指用来达成目标的一系列任务活动。尽管目标和结果是确定的，但是从目标到结果之间有无数的实施方案。比如用一次旅行进行类比说明，评估过程指目前所在位置，能力发展目标和绩效目标确定的是目的地，而行动步骤则是从所在位置到目的地的路线。合理的路线选择和设计可以使旅行变得更方便。同理，实现目标时也需要合理制定实施的行动步骤。虽然有少数员工没有采取行动步骤也完成了既定目标，但是对于大多数员工而言，制订行动方案更有助于目标达成。下面分别用两个例子加以说明，如表 6-3 所示。

表 6-3 行动步骤表

目标类型	目标描述	行动步骤
绩效目标	市公司在接下来的 5 个月内销售额达到 200 万元	每周走访客户 15 次
能力发展目标	更好地指导下属，提高下属的能力。评估标准是看下属是否将我视为他们的导师	每周完成指导一名下属的任务，在每周一早晨的全体人员会议上定出具体时间

由表 6-3 可知，行动步骤必须符合 SMART 标准才具有威慑力。行动步骤必须要明确具体，准确描述员工的工作内容；行动步骤必须可量化，使员工可以测量每周走访客户的次数以及指导下属的个数。同时假设员工和管理者都认为每周走访客户和每周指导一名下属是可实现的，因而行动步骤实施有助于员工实现目标进而达成组织目标。最后，行动方案必须有时间限制，即必须每周走访 15 次和每周指导一名下属。

4. 解决能力发展中存在的问题和障碍

在目标制定后的执行过程中，员工可能会遭遇这样或那样的障碍。大部分障碍可以归为以下几类：

知识障碍是指由于员工信息渠道较窄或公司信息传递缓慢，导致员工无法充分了解和掌握与工作相关的信息，比如不了解谁是项目负责人，谁能够执行决策等。

技能障碍是指员工虽然知道如何完成工作，但是缺乏提高工作效率的技能。比如员工懂得如何操作新机器，但是缺乏高效率的操作技能。

过程障碍是指员工不能对所有任务或事件进行优先次序排列，导致其不能用正确的方法在规定的时间内将工作做好。过程障碍主要考验员工的沟通协调和时间管理能力，主要包括一些复杂的销售任务、产品研发、工程建设、项目管理等。

情感障碍是指与员工心理方面密切相关的因素。比如，一些员工害怕绩效目标未达成而不敢设置挑战性的目标；一些员工为了避免与他人产生矛盾刻意奉承他人，放弃自我坚持；还有一些员工害怕和不愿意承认失败而不敢对其行为负责任等。

在员工能力发展过程中，管理者必须要及时关注员工在每个阶段的技能、能力状况，分析员工所面临的问题和障碍以及员工预期的目标和期望。管理者根据以上信息，才能为员工制定出目标和行动步骤，修正员工目前的工作行为，获得自己所期待的工作成就。

5. 明确指导者的行动

在绩效改进方案中，不仅需要员工的努力，更需要指导者的鼎力相助。一名优秀的指导者应该有表 6-4 所列举的行为和行动步骤。

表 6-4 优秀指导者应具备的行为和行动步骤

行为	行动步骤
利用能力框架传达你对员工的期望	通过语言、能力及主要行为传达员工身上可挖掘的能力

表6-4(续)

行为	行动步骤
倾听员工的诉求	努力了解员工，了解什么事情对员工很重要；设身处地想象员工处境，然后和他们谈话，坦诚而平等地告诉他们你的想法
给予反馈信息	让员工知道你是如何看待他们的，直接诚实地告诉他们你对他们行为的看法以及行为可能产生的后果
让员工自己认同一个更高的目标	帮助员工表达他们的希望和理想，把他们的理想和组织对他们的期望结合起来
利用能力概念判断问题	能力和主要行为可以有效地把当前行为和理想行为进行比较，从中为员工找出差距和发展道路
看清问题和障碍	帮助员工确定阻碍发展的因素，是信息、技能、过程还是情感障碍，通过分析提出解决办法
确定能力发展目标和绩效目标	利用手头一切信息（组织目标、个人抱负、远景规划、问题的分析、能力的发展）确立能力发展目标和绩效目标
制订行动方案	制定符合 SMART 原则的行动步骤来完成目标，包括能够支持能力发展目标和其他行动完成的行动步骤
跟踪并监控目标和行动步骤的进展情况	跟踪并传达目标和行动步骤的进展情况，确保员工能够取得成功及问题能够被及时解决
让员工了解你的目标和行动步骤	让员工看到他们的工作在你的目标中处于什么位置，向他们示范如何跟踪目标和行动方案的进展

6. 绩效改进方案的实施

绩效改进是一个艰巨的任务，不仅体现在既要关注员工的情感需求，又要充分发挥管理者的指导作用。因此，无论是基于能力的人力资源管理实践还是绩效改进方案必须要遵循一定的指导方针。员工在面对绩效时容易情感脆弱，因为员工会在绩效考核时暴露自己的缺点和不足，且这些缺点和不足是员工沉淀良久、难以解决的问题。如果管理者处理不得当，使员工面临尴尬的困境和遭受被伤害的感觉，员工就会对绩效改进产生抵触心理。

绩效改进必须遵循的重要原则之一是，高层管理者应该将自己的绩效改进与实施内容相结合。绩效改进作为企业的一项人力资源管理实践，其成功很大程度上取决于高层管理者的重视程度。一方面，如果高层管理者和员工一样为了提升自我而努力，那么这将会向员工传达正面信息，强劲有力地激励员工认真努力工作。另一方面，如果高层管理者仅仅只希望员工提高技能是为工作业绩所用，那么他们就不会努力提高自我能力，这不利于员工和管理者的共同进步。

要想绩效改革方案顺利实施，必须使该方案通俗易懂，便于员工理解。因此，绩效改进方案的实施必须确保科学系统的规划和有组织的培训指导。没有哪个员工会对连管理者都不支持的绩效改进方案感兴趣和负责任，为此，确保方案得到管理者的信赖和支持是绩效改进成功的关键。

五、薪酬奖金的分配

效率和公平是绩效结果运用在薪酬管理中要体现的两大原则。为了效率，管理者要主动积极，具备良好的综合素质，尤其是鉴别问题的能力和绩效沟通的能力。这样管理者能够高效率地分析和解决问题。另外，绩效结果运用要发挥激励的作用，激励高绩效员工高效率工作。为了公平，管理者必须秉承“同工不一定同酬”的原则，针对不同岗位或同一岗位的不同员工的劳动成果进行科学测量和评定。管理者在进行薪酬分配和薪资调整时，必须依据员工实际的工作表现，将其与绩效标准进行比较，并运用绩效评价结果，采取绩效结果和薪酬分配相挂钩制度，合理区分不同的绩效并实行不同的薪酬待遇。绩效结果的合理运用能够使员工充分享受劳动成果，这不仅让员工感觉受到公正对待，同时激励员工持续不断地努力以实现更高的绩效。

不同公司的薪酬体系不尽相同，甚至存在较大差异。但是通常来说，薪酬体系大致可分为固定薪酬和浮动薪酬。一般而言，为了强调薪酬的公平性并且更好发挥薪酬的激励作用，员工薪酬中会有部分与绩效挂钩。考虑到具体职位层次不同，与绩效挂钩的薪酬在总薪酬中所占的百分比也不尽相同。岗位工资、级别工资等是员工固定部分的决定因素，绩效则是浮动部分的决定因素。绩效薪酬的概念及类型以及如何寻求绩效管理和薪酬管理的有机结合，将在第四节做详细的介绍。

六、职位晋升

绩效评价结果除了与薪酬、奖金、福利相挂钩，也是员工职位晋升的重要依据。员工职位晋升是指员工职位由更低层级上升到更高层级的过程，即职位升高，员工可以获得更高一级职位，可能会享受比原先更高的薪资和更多的发展机会。组织通过绩效考核结果与职位晋升相挂钩，目的之一是从考核中选拔优秀的人才，目的之二是更好地激励员工工作。那么，组织究竟应该采取什么标准来让一个人的职位晋升，而选择不让另一个人的职位晋升呢？这个标准怎样才能不引起员工的抵制，得到普遍认同呢？很显然，职位晋升涉及员工自身利益和公平感的认知。根据亚当斯公平理论，员工会将自己的付出与收入进行比较，如果标准制定不合理且不明确，让认真努力付出且绩效优秀的员工未获得晋升，他会感觉自己受到了不公平待遇，那么员工会心生猜疑与抵触。员工心生不满将会通过降低劳动生产率与懈怠工作来发泄，那么组织就成了背锅者。所以，企业在吸收了国内外实践经验后，普遍采取绩效考核结果作为职位晋升的重要依据，当然也会结合员工自身能力综合考虑。所以说，只要绩效考核指标完善、考核过程完备、考核标准适当，整个绩效考核以事实为依据，那么绩效考核结果作为职位晋升的依据就经得起员工的质疑与组织的检验。当然，在这样注重绩效的环境下，组织良性竞争文化得以建立，组织工作氛围良好，员工之间相互激励与竞争，共同为了更好的绩效而努力。

七、职业生涯规划

将绩效评价结果与员工职业生涯规划有机结合，有助于实现员工和组织的同步成长和发展。将员工的个人职业发展纳入组织管理中，达到部门人力资源需求和职业生涯需求之间的平衡，将为员工的发展提供和谐、高效的工作环境。

现代许多企业采用个人发展计划（IDP）形式，将员工的个人职业生涯发展与组织发展紧密结合，利用绩效评价结果对员工个人发展计划设置的目标进行考核，并以此为依据，帮助员工进行目标优化与达成，共同规划员工职业发展道路，促使员工综合素质和职业成就感提升。个人发展计划的构成主要有三类：首先是职业评价结果。在公司核心价值观和文化指引下，组织通过绩效评价结果明确员工待提高项目，将其与人力资源部门指定的发展活动相结合。其次是部门专业学习蓝图。依据组织职位说明书要求以及部门专业学习规划，组织依据员工专业及能力水平和学习次序的权重，为员工指派应学习的项目。最后是绩效评价结果。组织根据组织或者部门关键绩效指标（KPI）所审核的个人考核结果，指出员工绩效不足和潜在发展方向，提供改善和指导。

职业生涯的发展是组织吸引和留住员工的重要手段。人力资源部门应该根据员工自身特点为其量身定做职业生涯发展规划，并且与员工定期保持联系以便及时对计划进行修正，确保员工职业生涯的成功。例如，人力资源部门可以依据绩效评价结果对员工实行横向工作岗位轮换，扩大和增加工作内容，为员工提供学习和发展的机会，做到人尽其才，人尽其用，极大地调动员工工作积极性。另外，人力资源部门还应针对不同员工采取不同的职业发展规划，例如对于优秀员工应该给予晋升和转聘，对于一般员工应该给予全面的绩效改进和提升计划，对于具有潜力的员工应该为其制定较为长远的职业规划，比如工作轮岗。

绩效评价结果为员工的工作配置提供科学依据。工作配置包括晋升、工作轮换和淘汰三种形式。如果评价结果发现了优秀且具有潜力的员工，组织则需要积极地培养和大力提拔，通过晋升方式给员工提供更大的舞台和展现才能的机会。反之，如果绩效结果表明某些员工工作表现较差，且通过对其能力等多方面考察并未发现其未来的发展潜力，但是员工仍有上进心，组织则需要对其进行职位调换或者降级。如果是员工自身素质与现有工作岗位要求不匹配，组织可以考虑对其进行职位调动和工作轮换，以培养员工组织间沟通协调的能力，帮助员工在其他领域发挥潜能创造业绩。针对消极怠工和绩效低下的不努力工作的员工，组织在综合考量所有因素后可以采取淘汰即解聘的方式，但在实际操作过程中必须仔细斟酌。

绩效评价结果还可以为员工多元化教育培训提供科学依据。管理者可以通过绩效评价和绩效分析，找出员工在个人知识、技能和能力等方面存在的不足和潜在的缺点，并且对其原因进行深度分析。如果员工仅仅是因为缺乏达成工作绩效目标的知识和技能，组织可以进行有针对性的培训帮助其掌握知识和技能。同时绩效评价结果能为员工改进绩效提供具体有效的信息，其指出了员工实际的绩效表现与预期绩效目标之间的差距，为员工制订和改进个人发展计划提供指导，帮助员工制定对其能力有针对性的培训目标。

第三节　目前绩效考核结果应用出现的问题

一、绩效评价结果反馈不及时或没有反馈

研究表明，在目前的员工绩效管理实践中，管理者不太乐意与员工进行绩效沟通和反馈。坦白来讲，管理者不愿意与员工讨论其绩效不足的问题和原因，是因为其害怕会出现员工进行自我狡辩或者指责管理者绩效评价结果有误的情况。实际上，人无完人，每位员工的绩效都有可改进的空间，但管理者仍不愿意向员工提供消极的反馈意见。统计结果显示，有一半员工的实际绩效低于平均水平，而且认为自己的绩效高于平均水平的员工占 75%。管理者对绩效评价反馈存在的担忧导致其不实施绩效反馈，这不仅使得员工缺乏及时的绩效反馈，同时使员工不了解自身绩效表现与组织绩效目标的匹配程度，更谈不上绩效改进。心理学家发现，反馈是使人产生优秀表现的重要条件之一。只有得到了具体、及时的反馈，员工的行为才能得到及时有效的修正，增强继续努力的动力，不断增强对组织的认同感和忠诚度。

二、绩效评价与员工的切身利益结合不紧密

许多企业的年度、季度绩效考核只是做表面功夫且流于形式。绩效考核往往缺乏明确的绩效评价的目的，且实施者认为绩效评价工作一结束，绩效考核就算大功告成。尽管部分管理者将绩效评价结果应用于年终奖发放和职称评定，但未与管理人员的职位晋升、薪酬奖金分配等切身利益相关联，没有充分发挥绩效评价工作的价值。这不仅是对员工发展不负责任，更不利于人力资源管理系统的运行。在期望理论模型中，激励的强度等于效价和期望值的乘积，如若员工完成了绩效目标，但组织并未给予他们期望得到的报酬，那么激励就是无效的、失败的，员工根本不会致力于提高和充分发挥自己的才能。员工和组织都想实现利益最大化，要想对员工实现激励作用最大化，必须让员工深刻意识到他们的付出能够带来优秀的绩效评价成绩，同时组织也能够为员工提供相应的报酬。要保证员工的切身利益要求组织延伸绩效评价结果适用范围和加强实施力度，从而最大限度地实现员工绩效评价的激励效果。

三、员工的绩效评价与员工培训和个人发展没有很好结合

人力资源的培训和个人发展是一项提高个人能力和组织绩效的有计划的、连续性的工作。组织应结合绩效评价结果进行绩效分析，找出员工在个人知识、能力和技能等方面导致其不能完全胜任工作的缺点和不足，进行有针对性的培训活动。这不仅可以得到员工的认同，同时使管理者更加关注评价对象可以改进的知识和技能，开发其工作潜力，更重要的是，这能为组织的经营建设发展培养更多高素质的人才。

四、绩效考核结果应用方式单一，缺乏绩效管理的有效手段

许多企业为了方便省事，其绩效考核结果应用方式不是金钱奖励等物质性激励，就

是残酷不人道的末位淘汰制。这种奖罚形式的应用方式不仅单调且激励效果不尽如人意，既无法达到绩效管理的目的，也无法满足员工多样化的需求。为此，绩效考核结果应该在深入了解员工的真实需求基础上而形成多样化的应用方式，如绩效奖金、风险分享、员工持股以及绩效工资等。

五、绩效考核结果应用形式化倾向严重

评价者缺乏对绩效评价的充分认识，没有意识到其在人力资源管理中的地位和作用。当前许多考核结果经常以评价者的主观臆断评价而非客观事实为基础，导致评价结果失真且不公正，进而激发员工对评价结果的不满。考核指标选择不当、考核标准缺失将严重影响考核结果。考核制度不完善且落实效果差，会使评与不评一个样、评好评坏一个样，使绩效考核结果应用逐渐流于形式。

第四节　绩效薪酬

一、绩效薪酬概述

绩效薪酬，顾名思义，是指与绩效管理相结合的薪酬管理制度，具体而言是指员工的薪酬随绩效的某项指标变化而变化的一种薪酬设计。这种薪酬体系的最大特点是将绩效水平和员工收入相挂钩。要想实现组织绩效管理目标，绩效薪酬方案必须贯彻这一宗旨：将员工绩效水平和薪酬水平相结合，激励员工与组织共同发展与成长，确保员工个人利益和组织战略利益相一致，最终实现组织的战略目标。尽管不同绩效薪酬制度具有特殊性，但卓越的绩效薪酬制度也具有共性。为了更充分了解绩效薪酬方案，制定有效的绩效薪酬制度，企业有必要了解以下绩效薪酬的一些特征：

（一）一致性

薪酬战略必须与组织发展战略保持一致，确保薪酬战略能够更好地为组织战略目标服务。薪酬战略应该鼓励员工朝着组织发展战略的关键领域奋斗，这不仅给予员工实施目标的方向，而且使目标达成与否有检验的标准。比如，对于一个奉行低成本竞争战略的企业而言，薪酬方案应该对那些能够降低经营成本和提高生产效率的行为进行奖励；对于一个奉行差异化竞争战略的企业而言，薪酬方案应该对能开发新产品、提高产品质量的行为进行奖励。

（二）相关性

从期望理论可以得知，将绩效和薪酬挂钩且建立绩效和薪酬之间明确的相关性，有助于确保薪酬制度有效发挥激励作用。企业在绩效和薪酬相关关系的指导下，通过绩效管理实践引导员工工作行为，保证员工行为与组织战略一致。

（三）完整性

不同的薪酬计划拥有不同的特点，且不同薪酬制度的结合所发挥的作用也有区别。绩效卓越的组织能够有效整合各种薪酬计划的特征，使其各尽其用，用此种薪酬制度的

长处去弥补另一种薪酬计划的短处，使各类薪酬制度成为一个系统的完整体系。由于员工对工作的期待和需求不同，组织必须根据员工需求设定多元化的薪酬计划。比如有些计划侧重给予员工基本生活保障；有些计划强调对绩效突出员工进行奖励；有些计划以团队绩效为基准，主张团队合作。为此，组织要综合考虑员工条件和组织目标，制订一套能够全面提升能力的薪酬计划。

（四）灵活性

制度灵活性必须要考虑以下两个基本问题：首先，世界上没有一套放之四海而皆准的薪酬制度，组织必须结合自身实际情况设定具有自身特点的薪酬制度，确保组织处于不败之地。其次，组织面临的生存环境不断变化，要求企业薪酬制度随着企业发展状况的变化而持续更新和调整。

二、绩效薪酬制度

绩效薪酬制度种类繁多，那么应该如何抉择？选择的依据是其与组织经营战略、薪酬战略、人员配置规划以及组织战略目标保持一致，因为以上任何一种因素的变化都会导致绩效薪酬种类调整。绩效薪酬可从以下两个维度进行划分：从时间维度来看，其可以分为短期薪酬激励和长期薪酬激励；从激励对象来看，其可以分为个体绩效薪酬和团体绩效薪酬。

（一）短期绩效薪酬

1. 绩效加薪

绩效加薪是将基本工资的增加与员工在某种绩效评价中所获的评价等级相挂钩的一种绩效奖励计划。员工能否获得加薪以及获得加薪的比例大小取决于两大因素：首先是员工在绩效评价中所获的评价等级，其次是员工的实际工资与市场工资的比率。然而，实际操作中很难获得真实的市场工资数据，因此员工的现有基本工资额将作为大多数企业采用的基数。

例如，某公司人力资源部门绩效管理体系做出以下规定（见表6-5）：

表6-5　绩效加薪比例（%）

绩效评价等级	S	A	B	C	D
部长级	8	4	2	0	-10
主管级	9	5	3	0	-10
普通员工级	10	6	4	0	-10

绩效加薪制度的实施取决于两大关键因素；第一个是加薪的幅度。企业的工资支付能力决定了加薪幅度。如果企业工资支付能力较强，相对而言，加薪幅度较大，但加薪幅度不能超过企业的工资支付能力，否则组织没有承受能力。如果企业支付能力较弱，那么加薪幅度不宜过大，但要注意加薪的幅度过小，会对员工没有激励作用，使绩效薪酬制度又因为无法达成目标而失效。第二个是加薪的时间及实施方式。普遍的绩效加薪是每年一次，也有企业采取每半年一次或每两年一次，具体情况视各组织而定。

2. 绩效奖金

绩效奖金是指组织依据员工个人的绩效评价结果，设置奖金的发放标准并向员工支付奖金的一种绩效薪酬方式。其常用的计算方法如表 6-6 所示。

表 6-6　个人绩效评价等级及奖金系数表

绩效评价等级	S	A	B	C	D
奖金系数	2	1.5	1	0.5	0.2

计算公式：

$$员工实际奖金额=奖金总额\times奖金系数$$

奖金总额的确定标准不尽相同，最常见的做法是以基本工资为基数，然后确定一个浮动的绩效奖金制度。员工的绩效评价结果决定了奖金系数的高低。绩效奖金不同于绩效加薪，绩效加薪产生的加薪工资会逐年累计到基本工资中，会对基本工资产生长期的影响，因此员工不需要持续付出努力就可以获得。然而绩效奖金则不会自动累计到基本工资中，员工要想获得持续且更多的奖励，就必须在以前的基础上持续不断努力工作。这种绩效薪酬制度可以有效解决员工的薪酬激励问题。绩效奖金主要可以为那些薪酬水平处于薪酬区间最顶点的员工提供额外的薪酬，提高员工工作积极性；而且有助于组织降低薪酬成本，实现更大的收益。但为了绩效奖励的公平性且满足不同员工的需求，绩效加薪和绩效奖金要配合使用。

3. 特殊绩效认可计划

特殊绩效认可计划是指当员工工作努力程度远远超出组织工作标准的要求，为组织发展做出了巨大贡献时，组织给予员工一次性奖励。这些奖励可以是现金，可以是实物性奖励，也可以是精神奖励。相比绩效加薪和绩效奖金而言，这种制度具有较高的灵活性，因为它可以对那些出乎意料的单项高水准的绩效行为进行奖励。比如，某木材集团公司人力资源部职员根据自己多年的档案整理经验，设计了一套档案管理系统软件。这个软件将全公司的专业人才进行分类整理和分专业保存，建立了公司的人才储备库，方便了企业内部职位的调动和分配。这个行为受到了高层管理者和同事的一致肯定和赞扬，因此公司拿出 5 000 元奖励该职员的贡献。

（二）长期绩效薪酬

1. 长期绩效薪酬的内涵及特点

长期绩效薪酬是指对超过一年以上绩效周期的绩效目标达成提供奖励的一种计划方式。由于组织的许多关键的战略目标在一年之内完成可能性较小，因此将“长期”界定为一年以上。在实际操作中，公司长期绩效薪酬支付周期通常是 3~5 年。长期绩效薪酬强调长期计划和对组织未来会产生影响的决策，这会引导组织内部形成一种所有者意识，对组织招聘高素质人才、保留和激励高绩效员工起着积极的作用。尤其对于那些高新技术企业，长期绩效薪酬不仅为员工提供了通过增加挑战和冒险获得的高收入，同时能方便员工投资，促进组织的更新和改革。

以经济利益为导向已经不是长期绩效薪酬的主流趋势，随着市场和组织的改变，越来越多的计划开始包含其他绩效要素，比如质量改善和客户满意度。另外，传统的长期绩效薪酬偏向于组织的高层管理人员，但实际上在组织的较低层次上实行员工持股计划也是有效的，这不仅能够使全体员工分享企业所有权和未来收益权，同时有助于员工和企业共同发展与成长。长期绩效薪酬的内容不仅仅局限于股票计划，其他一些经济奖励也同样适用。某些参与长期项目设计工作的员工有时会有资格获得一种形似于短期团体奖励的长期绩效薪酬，组织通过现金或者股权的形式为他们提供奖励。比如，煤矿勘测组织的专家有时可以从成功勘探的一座煤矿中得到一定百分比的产量。

2. 股票所有权计划的类型

组织以股票作中介实施的长期绩效薪酬计划形成了股票所有权计划。传统的股票所有权计划主要集中于高层管理者，如今有向员工扩展的趋势。常见的股票所有权计划主要有三类：现股计划、期股计划和期权计划。现股计划是让员工获得真实的股权，组织为了奖励员工直接赠予员工股票或者以当前市场股权价格向员工出售股票。但现金股权规定员工在一定时期内必须购买股票且不得出售，具有一定的限制性。期股计划则规定，员工和组织双方共同约定在未来某一时间期限内员工以一定价格购买一定数量的股权，且购股价格参照当前股票市场价值。

与现股计划相同，组织也对员工在购买股票后出售股票的期限进行了限制。期权计划类似于期股计划，但有一定的区别。在期权计划中，员工有在未来某一时期内以一定价格购买一定数量股票的权利，但员工到期时可以选择行使这个权力或者放弃这个权力，同理，购股价格仍是参照股权的当前市场价格。该计划也同样要对员工购买股票之后出售股票的期限做出限制。

小知识
XIAO ZHISHI

员工持股计划 VS 股权激励计划（见图 6-1、图 6-2）

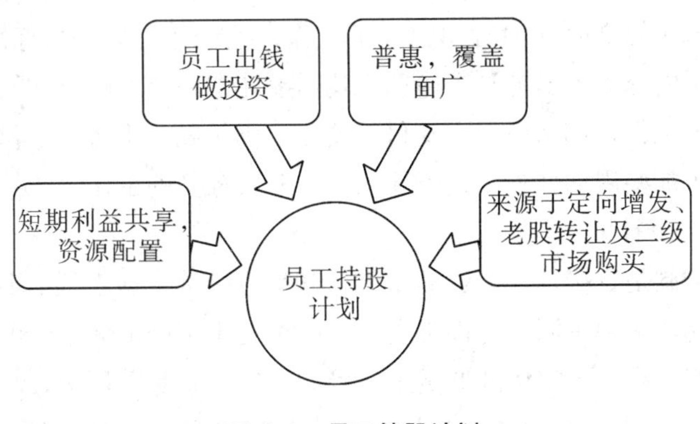

图 6-1　员工持股计划

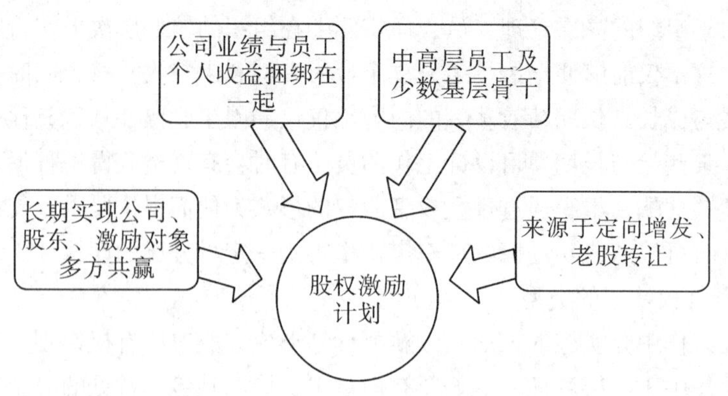

图 6-2　股权激励计划

（三）个人绩效薪酬

1. 直接计件工资计划

这是一种最原始也是最受生产型企业欢迎的绩效薪酬计划。其先确定通常在单位时间内员工应当生产出的标准产出数量；其次以该标准产出数量为基准确定单位时间工资率；最终根据员工实际产出水平确定实际工资额。这种计划将员工薪酬与产出数量相挂钩，很明显，产出水平高于平均水平的员工薪酬也较高。该计划的优点是简洁明了，便于员工理解和接受，也能够激励员工努力工作提高生产效率。其一大缺点是产量标准制定困难。生产领域的计件标准制定需要用时间研究的方法，但是进行时间研究得出的标准会受到多种因素的影响，比如观察的次数、对象、时长以及测试者的主观经验。为了更好地激励员工和让员工感受到公平，标准必须设置合理，太松不利于组织发展，太严不利于员工发展。因此，设置标准的普遍做法是员工和组织共同参与制定，既有利于员工公平，也有利于组织效率。

2. 标准工时计划

标准工时计划是计件工资的一种变体。它是指首先确定标准技术水平的工人完成一项工作所需要的时间，其次确定完成这种工作的标准工资率。因此，即使一个人由于生产效率提高而用低于标准时间的时间完成了工作，他仍然可以获得标准工资率。比如，一位达到平均水平的修车人员补汽车轮胎平均需要花费一个小时，如果另一位人员用半个小时就完成了该工作，那么组织在支付工资时，仍然以一小时来支付薪酬。为此，这种计划非常适用于那些周期性长、技能要求高、非事务型的工作。

3. 差额计件工资计划

差额计件工资制是直接计件工资的变体，其是由科学管理之父泰勒最早提出的。其主要内容是交叉使用两种不同的计件工资率：一种适用于产量低于或等于设定标准的员工，一种适用于产量高于设定标准的员工。例如，在一家制鞋厂中，对于每小时产出低于 30 双的员工而言，他们每生产一双鞋子可以获得 60 美分。然而在同样时间内，那些每小时产出高于 30 双的员工的工资率要高一些，即他们生产一双鞋子可以获得 75 美分。很显然，这种薪酬制度会对员工产生强烈的刺激，激励员工为得到更高的工资率而努力提高生产率。它主要包括泰勒差额计件计划和美瑞克（Merrick）多级差额计件计划。泰勒计划的主要内容是：首先设定一个预定的产量标准，对于低于标准产量的员工实行较低工资率，而对于高于标准产量的员工，实行较高的工资率。很显然，这种差额工资比起直接计件工资，对员工的激励作用更大。相比较而言，美瑞克多级差额计件计划包括三种计件工资率：假设完成标准任务 83%以下的员工，标准工资率是 H，那么完成标准任务 83%~100%的工资率为 1.1H，完成标准任务 100%以上的工资率为 1.2H。

（四）团体绩效薪酬

团体越来越成为人们关注的焦点。相对于个体而言，团体能够解决许多个体不能解决和完成的问题和任务，实现“众人拾柴火焰高”的效果。但组织要想实现团体绩效薪酬计划的最大效益，以下几种情况最为适用：第一，从工作维度出发，其在团队合作的产物是工作产出，且员工个人对产出的贡献无法衡量时最为适用。第二，从组织状况出发，其在组织发展相对稳定，然而个人的绩效标准设定必须随着外部环境的变化而变化，劳动力和资本要素的组合压力更大时最为适用。第三，从管理方面来看，当组织中已经形成良好的绩效文化和团体合作意识，并且组织能够与员工共同制定目标及进行良好的沟通时，员工会强有力地支持这项奖励计划，从而对达成预期的绩效目标产生强烈的激励作用。

1. 利润分享计划

所谓利润分享计划是指根据组织财务指标的衡量结果对员工支付相应薪酬的团队奖励计划。组织提前对某些利益群体制定公式，最后与企业所有者共同分享利润增长百分比。组织依据整体业绩，分发给员工相应的年终奖和股票，或是给予员工现金让其取得红利。利润分享计划让员工更多地去思考如何提升组织绩效，他们会向组织所有者一样关注企业经营问题，关注企业代理成本和实现股东权益最大化。现代利润分享计划普遍的做法是将养老金计划与利润分享计划相结合。组织为员工的养老金计划确定合适的基数，在组织经营良好时，向其注入资金，当组织经营较差时则停止注入资金。但利润分享计划的一个缺陷是，普通员工不像管理者一样能通过自己的行为影响企业的利润水平，因此该计划不能起到较好的激励作用。

2. 收益分享计划

收益分享计划，简言之是一种绩效奖励计划。它依据组织成本节约、生产率提高、质量改善的幅度对员工进行奖励。具体做法是，组织提前制定公式，以个人职位或团体绩效改进为基准向员工分发奖励。它有以下几种实施方式：第一是团体内所有员工之间公平分配薪酬。第二是参照具体岗位一定比例发放。第三是在相同时间内取得相同工资率的方式发放。第四是全员等额发放。收益分享计划有以下三大优点：首先，相比较利润分享计划，其关联指标不仅有财务指标中与利润相关的固定百分比，还增加了成本节约、质量改善、生产率提高等各类指标。由于这些指标与员工息息相关，使员工能够有把握地控制，因此这种计划对员工的激励效果更明显。其次，从奖励的频率和时间来看，收益分享计划对员工奖励支付周期较短，且支付次数较多，激励强度更大。最后，收益分享计划带有自筹资金性质，作为收益分享基础的收益是员工努力创造出来的，而非组织自己从口袋中掏出来的，这都有利于组织的长期发展。

3. 成功分享计划

成功分享计划采用了平衡计分卡思想，也是一项目标分享计划。它的具体做法是：

先为某经营单位制定财务指标、内部成长指标、客户质量指标以及学习成长指标，然后评估单位超过标准目标的情况，最后以衡量结果为依据向经营单位发放奖励。无论如何，成功分享计划集中关注预期目标与实际目标的匹配度，强调绩效目标达成效果和绩效改进效果。成功分享计划与前两种计划的区别在于，其关注的指标范围更广，包括财务、客户质量及满意度、内部流程改造以及学习与成长指标。其指标范围更广，对绩效目标的测量就越精确。同时，每个绩效目标相互独立，使员工对薪酬能进行更好的控制。

小知识
XIAO ZHISHI

美国公司高管的薪酬

《纽约时报》报道，据提供高管薪酬追踪服务的 Equilar 公司调查，美国公司首席执行官 2013 年的总薪酬较上年增长了 9%，中位数上升至 1 390 万美元。其中甲骨文首席执行官 Larry Ellison 以 7 480 万美元的薪酬（包括 1 540 万美元的薪资和福利及价值 7 690 万美元的股票期权）蝉联 2013 年美国薪酬最高的公司首席执行官榜首。迪士尼公司首席执行官 Robert Iger 在 2013 年的薪酬总额位居第二，薪酬总额为 3 430 万美元。21 世纪福克斯公司的 Rubert Murdoch 排名第三，薪酬为 2 610 美元。

Equilar 公司的调查对象是营业收入居前 100 位的美国上市公司，总薪酬的构成包括基本薪酬、现金奖励、福利以及股权奖励和期权。

三、薪酬预算与控制

预算是指特定主体如何实现特定目标以及如何利用成本或代价实现该目标的过程。薪酬预算是指管理者针对薪酬管理所开展的一系列对开支的权衡与取舍活动。因此薪酬预算的目标是降低企业劳动力成本，确保企业收益最大化，同时利用薪酬激励员工行为，降低员工流失率。具体而言，准确的薪酬预算要能使企业的工资支付能力与公司发展保持协调一致。要想做好薪酬预算，不仅要求管理者综合考虑企业的财务状况、薪酬结构、薪酬政策以及劳动力市场供求环境等因素，而且要确保企业的薪酬成本在组织的可承受范围内。

控制是指组织为了实施具体方案而采取的一系列措施。薪酬控制是指企业管理者对其所支付的总薪酬进行监测和监控。其目标是维持正常的薪酬成本开支，适当降低企业的财务负担。薪酬控制的影响因素有三个：第一是控制力量的多样性。企业的控制力来源也有三种，即企业现存的控制结构、小团体或个人的社会控制以及员工的自我控制。第二是人的因素的影响。如果各项职责规范的设计与运行相互独立，那么企业现存控制结构将发挥较大作用。如果某项工作职责不仅要求任职者参与培训，而且规定其多年内在不同工作职位中调换，那么社会控制以及员工自我控制作用较明显。第三是结果衡量的困难性。监控的周期和监控的人数会极大限制薪酬控制的成效，同时相关标准和若干指标的确定比较困难，也会影响监控结果的有效性。

薪酬预算是薪酬控制的一个重要环节。从整体来看，二者不可分割，相辅相成。企业要想成功实行薪酬预算，必须将薪酬控制贯穿其中。薪酬预算并非一成不变，当薪酬控制面临问题时则需要及时修改薪酬控制，这意味着薪酬预算新周期循环的开始。

案例分析

ANLI FENXI

（一）A 公司的绩效考核和结果运用体系

A 公司依据美国国家质量标准制定了该公司的成绩报告表。该成绩报告表为每个部门制定任务目标提供了质量标准。同时该质量标准也使得任务目标完成效果有标准可参考。A 公司员工每年都会制定两个方向的任务目标。一方面是战略方向的任务目标，即根据组织战略制定目标以及明确对组织贡献最大的目标。另一方面是业绩目标，业绩包含内容较广，比如员工的组织协调能力、解决问题能力、项目管理能力等。

老板和下属都被要求共同参与设定员工执行目标。每过一个季度，公司就会派相应部门人员对该员工的工作目标执行情况进行考核。有了公司管理者的绩效监控，员工能够更专注于自己的工作。此外，员工在一开始会被配备一个工作合作伙伴，在工作过程中，双方互相激励和互相竞争，相互推动工作。这有利于部门人员之间的沟通与交流，加强双方之间紧密联系；而且在对员工考核时，也有利于全面进行绩效评价，方便绩效考核工作开展。

但是有些员工存在一个普遍误区，即员工把工作的焦点放在如何使老板满意上，而不是为了客户满意而工作。因此，在考核员工时，也会出现评价误区。这会产生以下问题：首先，某员工绩效一般，但是由于与老板建立了良好的关系，因此得到老板重视。其次，一个后加入的员工，虽然业绩很突出，但是还没来得及与老板建立良好的友谊。因此老板在评估时就会不可避免地偏向前者。那么这个时候人力资源部门就要做很细致的工作了。他们会将绝大部分精力放在绩效排名前 25 名和后 25 名的员工身上，对他们的工作能力和绩效进行深入考察。他们如果发现这个人业绩突出，但是老板不重视，那么人力资源部会帮助他另寻出路并且帮助他找到一个好老板。

员工有质疑评估是否公平的权利，如果员工本人对考核评估有异议，那么他可以拒绝在最终的评估结果上签名。每位员工都有一份专属的评价表，记录着员工的工作目标达成情况和工作行为。而且这份评价表上必须有员工和管理者签字。因此，如果最终评价表上缺少员工签字，那么管理者就会意识到员工的问题，并且主动参与进来，与员工共同沟通，分析原因，解决问题。

A 公司有自己运行的一套人才机制。例如某员工刚刚进入 A 公司开始工作，就会发现研究生和本科生待遇大不相同。工资差异一开始就体现为学历的高低。不过这可能是好的一点，毕竟这样会激励更多高学历的人才来应聘。不过，这并不是永久不变的。在工作几年后甚至是一年后，只要本科生够努力，绩效水平较高，那么其工资上涨的幅度会和研究生持平，甚至更高。同时，老员工随着工龄的增加，工资上涨幅度也到达了瓶颈期，基数变得很大，此时新员工的工资涨幅就会超过老员工。最后一点，公司特别重视创新型员工的发展，同时也特别愿意培养和提拔创新型员工。比如公司对有创造力的员工破格提级，以及培训创造型员工并且给予其奖金补贴。

思考：

1. 结合案例谈谈绩效考核应遵循哪些原则？
2. 案例中A公司对绩效考核结果是如何运用的？
3. 指出案例中对绩效考核结果运用的不足之处。
4. 谈谈你对绩效结果运用的建议、看法。

（二）绩效考核结果与工资挂钩的问题

江西某一家多元化集团公司，拥有近1 000名员工，每年销售收入接近10个亿。公司为了能进一步激励员工工作积极性、创造性和主动性，实现战略目标，同时为了能形成有效的激励机制，特地制定了将绩效考核和工资挂钩的条例。以下是部分考核细则：

一、绩效考核细则的制定

各分公司、子公司以及各管理部门根据实际情况共同制定岗位绩效的考核细则。岗位绩效考核的制定不仅要参照员工岗位特点和工作要求，而且制定后也要征求员工对该细则的意见。每个公司的考核细则则由集团统一制定，每个单位、部门制定的绩效考核细则在公司审核同意过后方可实施，实行月末考核制，将考核结果与绩效工资挂钩。

二、绩效考核与工资挂钩办法

由各单位、部门正副职和员工代表共3~5人组成考核小组，正职负总责，每月25日对所有员工绩效进行考核，得出分数后实行“三岗互换”。

95分及以上每超出1分，绩效工资上浮5%；85~94分全额发给核定绩效工资；84分及以下每降低1分，绩效工资下浮10%。

95分及以上为优秀员工；85~94分为合格员工；75~84分为基本合格员工；74分及以下为绩效较差员工。

连续两个月考核为基本合格员工和一次考核为较差员工，转为试用员工，试用期为3个月，期间取消其绩效工资，基础工资按80%兑现，但每月仍进行绩效考核。试用期3次考核成绩都在85分及以上的方可转为合格员工继续留用，考核成绩连续两次仍在75分以下，单位、部门提出辞退意见报公司，经有关会议研究同意，办理辞退手续。

乍看这一绩效考核方案好像没有什么问题，但是执行时，却产生了很多问题：

（1）大多数员工对为什么优秀员工每高出1分，工资上浮5%，而基本员工每下降1分，工资下浮却是10%产生了较大的质疑。员工普遍认为公司这样做会使奖惩不对等，而且引起了极大的不公平感，因此员工极力要求公司修改该考核细则。

（2）将考核成绩与员工工资挂钩会产生一大问题：每个人都想自己绩效考核分数较高，因此，员工经常与考核小组就考核分数发生争执，且越吵越凶。这对考核小组工作的开展产生了极大的阻碍。很显然，组织时间成本和管理成本也相应增加。

（3）将绩效考核与工资挂钩，导致员工全身聚焦自己的考核得分，而忽略了工作本身。每个员工会想方设法地提高分数。例如总想着和领导套近乎、拉关系，没想过如何致力于提高业绩。

(4) 绩效考核人员会陷入评价者误区。某些小组考核成员，为了平衡员工之间的差距，常犯居中趋势错误：即将分数均匀分布，避免出现异常值。随着时间推移，员工会对这种考核失去兴趣，认为其是在走形式，而且绩效考核也失去了其本来的意义。

资料来源：http：//www. hrsee. com/？ id=976（有修改）

思考：

1. 针对上述问题，应如何完善该绩效考核方案？

2. 将绩效考核与工资挂钩是否可行？从绩效考核结果角度如何思考？

本章小结

绩效管理属于人力资源管理系统的一个子系统，是促进人力资源管理有效运行的核心。管理者进行绩效评价反馈之后，关键在于能否将绩效考核结果运用与实现员工和组织的目标相结合。这不仅关系到员工的满意度和工作积极性，而且关系到整个绩效管理系统的成败。

首先，绩效考核结果的运用需要一些原则作为指引。如以人为本，促进员工的职业发展；将员工个体和组织紧密联系起来，促进员工与企业共同成长和发展；统筹兼顾，综合运用，为人事决策提供参考依据。其次，绩效考核结果运用有助于员工个人发展计划的制订。将员工个人发展纳入组织管理过程，将促进组织与员工的共同成长和发展。同时，绩效考核结果也被广泛运用到人力资源管理的各个方面，如绩效改进、薪酬奖金分配、员工职业生涯发展等。目前，绩效考核结果运用在实施过程中出现了很多问题，这些问题不利于绩效管理效果提升。比如绩效评价结果反馈不及时或没有反馈；绩效评价与员工的切身利益结合不紧密；员工的绩效评价与员工培训和个人发展没有很好结合；绩效考核结果应用方式比较单一；缺乏绩效管理的有效手段；绩效考核结果应用形式化倾向严重。

只有将绩效评价的结果与薪酬奖金挂钩，才能使绩效评价发挥应有的价值和引导作用。绩效薪酬是薪酬管理的一个重要组成部分，必须紧紧跟随组织的战略目标、绩效目标以及员工需求。

思考与讨论

1. 解释绩效评价和绩效改进的关系。

2. 试阐述绩效考核结果在人力资源管理决策中的作用。

3. 比较各种绩效薪酬制度，从方案特征、实施结果和适用条件考虑。

4. 员工持股计划属于何种类型的绩效薪酬方案？有何作用？现实中，实行员工持股计划会受到哪些阻碍？

5. 实施奖励计划的要点是什么？绩效薪酬的优缺点有哪些？

第三部分

绩效考核技术

JIXIAO KAOHE JISHU

第七章

基于素质的绩效考核

案例引入

ANLI YINRU

尧年老的时候，想把位子传给一个贤德的人，他就问大臣们天下哪个人比较贤德，大臣们就说你可以把帝位传给你的儿子，尧说："不行，我的儿子脾气比较暴躁不适合当部落的首领。"大臣们又向尧提议共公。尧想共公是个没有能力的人，也不能把位子传给他。最后大臣们提议，可以把位子传给一个叫舜的人。尧就问舜有什么过人之处，大臣们说到，舜的母亲死得早，后妈是个歹毒的人，他的父亲瞽叟是个瞎眼老头，父亲和后妻生了一个儿子，这一家三口每天想的事就是如何迫害舜，但舜却能其乐融融地和他们相处在一起。尧一听，这个人厉害了，确实有过人之处，就想派人去考察一下他的工作。尧就把自己的女儿娥皇、女英嫁给了舜，让她们每天观察舜。陪嫁的谷仓跟房屋一间又一间，牛羊一只又一只。舜一下子就有钱了，这时，他的后妈就看不过去了，就在自己的瞎老公面前说，要害死舜，侵占他的财产。舜的父亲禁不起媳妇三番五次的捣鼓，就同意了媳妇的这种想法，跟他们一起想办法，迫害自己的儿子。一天谷仓漏雨，舜歹毒的后妈就让舜把屋顶给补好。舜上屋顶以后，他们就把梯子给拿走，然后点上火，想烧死舜。舜的身上戴着斗笠，从房上跳了下来，落在了地面上。瞽叟和他的后妻一计不成又生一计，他们又让舜去淘井。舜跳下去以后，瞽叟和后妻就往里砸石头，想把舜埋在井里。舜早有防备，他下井以后就在井壁上开了一个口藏了起来，然后又从口挖回地面。经过这些事以后，他的瞎爹和他的后妈都怕了，觉得舜有神明保护就不敢再迫害他了，而舜也像以前一样对待瞽叟和后妈，就像什么事都没有发生。舜的宽宏大量和杰出的才华，赢得了尧的信任。通过之前对舜各方面能力的考核，尧将自己的位置让给了舜。舜继位之后，把天下治理得井井有条，他年老以后同样通过公举的办法，将位子传给了禹。

传统的绩效考核往往关注的是工作结果即绩效水平，而基于素质的绩效管理更关注员工的素质和能力，它代表了员工的潜在能力，关注的是行为过程，预示了未来员工的能力和绩效、员工是否能适合未来的工作需要，以及不断地去解决新的问题。素质模型的本质所在就是找到区分优秀与普通的指标，因此以它为基础而确立的绩效考核指标，正是体现了绩效考核的精髓，能真实地反映员工的综合工作表现。让工作表现好的员工及时得到回报，提高员工的工作积极性；对于工作绩效不够理想的员工，可通过培训或其他方式帮助员工改善工作绩效。企业改进绩效要做的最重要的事，是了解员工成功完成工作或任务必须拥有的素质。素质是指除了员工所掌握的核心知识和专长，还包括他们潜在的、可以通过不同方式表现出来的内驱力和个性特征，素质才是导致员工产生高绩效的内在动力源泉。传统上的绩效管理工作，偏重于绩效目标的合理制定，及对目标执行结果进行有效评价。中国有句古话“不教而杀谓之虐”，目标分解得再合理，评估体系设计得再精巧，在不清楚岗位与人匹配的标准、如何实现最佳匹配的情况下，就很难促进员工创造力的进一步发挥，以产生持久的创造力，实现不断超越自我，达到组织期望的绩效目标。所以确认岗位与人匹配的标准——胜任素质，应是建立绩效管理体系的基础。在以胜任素质为基础建立绩效管理体系中，企业、管理者和员工个人都可获得明显收益。

第一节　素质与绩效

随着人力资源管理的发展，以员工素质为基础，建立胜任素质模型，并以此为基准开展一系列人力资源管理活动，已经成为当今乃至未来人力资源管理发展的重要趋势。

一、素质及其构成

1. 素质的概念

素质（quality）是多学科研究的对象，不同学科的学者对素质有不同的理解或解释。素质一词原本是生理学概念，指人的先天生理解剖特点，主要指神经系统、脑的特性及感觉器官和运动器官的特点，素质也被视为人们心理活动发展的前提，离开素质这一前提就谈不上心理发展。

教育、心理学家认为，素质是指人天生具有的某些生理、心理特点，是人能力发展的自然前提和基础。他们指出，素质有广义和狭义之分，广义的素质是指以个体的先天禀赋为基础，在后天环境、教育影响下，在个体自身社会实践活动中形成并发展起来的内在的相对稳定的身心特点及其基本品质；狭义的素质主要是指遗传素质，即生物体从上代继承下来的解剖生理上的特点，如机体结构、形态、感官和神经系统的特点。

在人力资源管理领域，素质也称为胜任素质，不同学者对其的翻译不尽相同，有些学者倾向于译为“人的能力、技能及资质”等，有的学者倾向于译为“工作能力”“职业技能”“胜任素质”“胜任素质特征”等。上述两种观点各有侧重，在实践领域可能出现不必要的混淆。

根据上述有关专家对素质的解释，我们认为，素质是指个体在先天具有的生理遗传特点的基础上，所具有的独特的、相对稳定的身体、心理特点和基本特质。这些特点和特质构成了个体学习或从事某种职业的身体、心理、社会等方面潜在或显在的基础。这一素质概念强调以下几个要点：第一，素质以个体先天具有的生理遗传为前提条件，没有这一前提，谈不上素质；第二，素质是一种相对稳定的身心特点，素质的这种稳定性为预测其行为表现提供了可能；第三，素质是独特的，每一个个体都具有区别于其他人的素质特征；第四，素质的内容一般包括身体、心理和社会三个方面；第五，素质构成了个体学习或从事某种职业的基础和前提。

2. 素质的构成

素质是指个体作为一个社会成员所具备的身体、心理和社会等方面的基本资质或要求，素质强调的是基础的、必要的身心条件，不一定与工作相关联。在人力资源管理系统中，素质是指员工完成其工作职责所必须具备的身体、心理和社会等基本资质或要求。素质是一个由多种基本要素构成的整体，这些构成素质的基本要素称为素质要素，素质要素往往形成一定的结构或模式。素质一般由三个方面的要素所组成：

（1）生理素质，如身高、体重、体型等。

（2）心理素质，如智力、情绪、意志力以及兴趣、气质、性格倾向、价值观等。

（3）社会素质，如职业兴趣、工作技能、道德素质、价值观等。

不同的学者认为素质应该分成不同的类别。从层次上看，存在组织层面的能力和员工个人层面的能力。组织层面能力的界定源自 Prahalad 和 Hamel，两位学者将其称为核心能力，认为核心能力是组织竞争优势的源泉（Prahalad，Hamel，1990）。与组织核心能力相对应的是个人能力，个人能力是基于能力的人力资源管理中的核心概念。当前在个体能力概念的界定上仍存在很多的争论（Currie，Dard，1995；Garavan，MeGuire，2001）。对个体能力类型的划分，由于划分的方法和角度不同，所以在理论上远未达成一致。Sandwith（1993）根据各类能力性质的差异，将能力分为五类，即概念能力、领导能力、人际能力、行政能力和技术能力。Swan（2000）分析优秀的职业人员的能力时，将能力划为三大类：人际能力、认知能力和内在能力（intrapersonal competencies）。他们认为人际能力主要包括关系构建、融合他人、影响他人和协商的能力；认知能力包括信息收集、抽象思维、分析思维和计划的能力；内在能力包括成就导向、毅力、客观和自我控制的能力。Cheetham 和 Chivers 认为职业能力由五类相互联系的能力构成，它们分别是元认知能力、知识/认知能力、职能能力、行为能力以及价值道德能力，其中元认知能力是联系其他四类能力的桥梁。SaPrrow 和 Hiltorp（1994）认为能力可以分为行为能力、管理能力和核心能力三类。Devisch（1998）将能力分为核心能力、职能能力和特殊能力三类。Kuijipers（2000）从更广的角度，认为能力由三个层次的能力构成，即通用的工作能力、学习能力和职业相关的能力。Kanungo 和 Misra（1992）在研究管理人员的能力时，认为管理能力由三个基本类构成：情感能力（affective competence）、智力能力（intellectual competence）、行为能力（action-oriented competence）。Hunt 和 Wallace（1995）认为管理能力由六类关键子能力构成，即战略管理能力，领导和团队构建能力，组织和环境意识能力，解决问题和决策能力，政治、劝说和影响能力，行政和运作管理能力。

阅读材料

YUEDU CAILIAO

微软的素质观——要选择什么样的人

●迅速掌握新知识的能力

●仅需片刻思考即可提出尖锐问题的能力

●可以在不同领域的知识中找出它们之间的联系

●扫视一眼即可用通俗语言解释软件代码的能力

●关注眼前的问题，不论是否在工作中都应如此

●非常强的集中注意力的能力

●对自己过去的工作仍然记忆犹新

●注重实际的工作观念、善于表达、勇于面对挑战、快速反应

二、素质、行为与工作绩效

在人力资源管理系统中，人是核心的要素，在其素质基础上所表现出的行为特点，则直接影响其工作绩效。因此，在组织中，员工的素质、行为与工作绩效具有非常独特且密切的联系。从系统论的观点看，在组织人力资源管理中，员工的素质、行为与工作绩效表现为一个投入与产出的活动过程。

1. 素质与工作行为

素质推动行为：员工的内在素质，诸如动机、兴趣、价值观、态度、社会角色与知识技能奠定了其外在工作行为的基础，直接或间接地影响或决定其行为方式、技术动作、操作过程等，进而影响着员工的工作行为特点和行为效果，如图 7-1 所示。

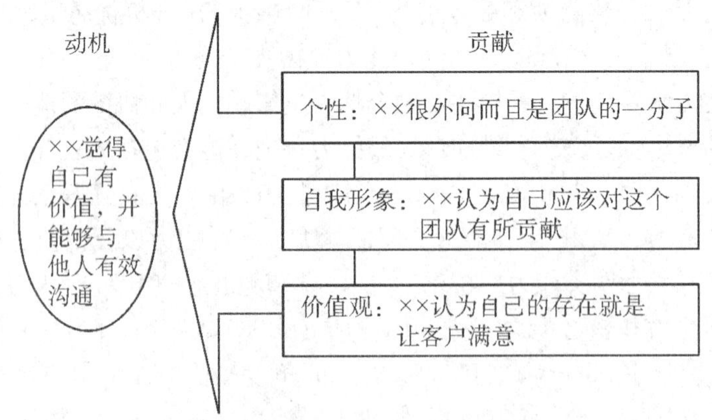

图 7-1　素质与行为驱动的关系举例

由图 7-1 知，素质与工作行为的关系具有以下特点：

其一，一般而言，素质处于素质-行为关系中的发起端，是引起行为过程的内在原因或动因，实际上，表现优秀并得到正强化的行为也会影响个体的动机。

其二，素质由多种要素构成，主要包括动机、个性、知识技能、自我形象、价值观等要素。

其三，各种素质要素对人的工作行为具有唤起、促进、推进等作用。

其四，素质可能使人们的行为具有某种特点或色彩，换言之，素质影响或决定人们的行为方式或行为表现。

2. 行为与工作绩效

如果从投入-产出的角度分析，素质-行为-绩效构成了一个系统体系，其中，工作绩效处于投入-产出体系中的产出端，员工特定的行为方式可能影响或决定其工作绩效。可以说，绩效是行为的最终目标和方向。在人力资源管理的投入-产出体系中，如果忽视了员工的素质及其行为，就难以获得相应的工作绩效。在组织管理实践中，员工在各种素质的影响下，产生相应的行为方式，这种行为方式，可能是被人们客观观察到的身体姿势或动作，也可能是完成某一特定工作的行为。总之，这里所指的行为主要是指员工的工作行为或与工作相关的行为。进而，我们还应当看到，员工的工作行为必然能够产生相应的工作绩效——某种劳动产出形式。素质-行为-绩效之间的关系如图 7-2 所示。

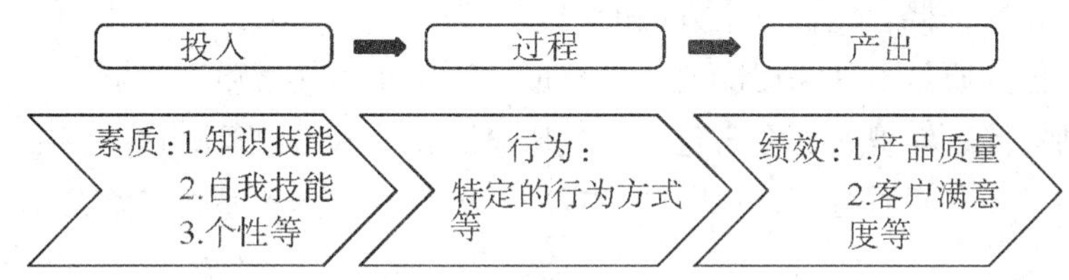

图 7-2 素质-行为-绩效之间的关系

素质-行为-绩效之间的关系或相互作用机制，对我们理解人力资源管理，开发组织人力资源具有重要意义。

第一，素质-行为-绩效构成了一个完整的人力资源操作系统，企业要充分地认识到素质-行为-绩效之间的驱动关系。

第二，在实践中要落实和体现三者的关系，企业要从素质-行为-绩效这一完整系统中认识人力资源开发，而不只是孤立地强调某一方面，提高员工绩效；企业既要求员工具备一定的素质，如知识技能、动机、价值观等，又要指导员工遵循有效的行为方式。

第三，利用和开发组织人力资源可以有多个开端，既可以从提高员工素质入手，也可以从规范工作行为、提高操作技能入手，还可以采取措施提高工作绩效。

第四，企业要注意绩效也会对行为和素质产生反作用。

第二节 素质模型与素质库

一、胜任素质与胜任素质模型

1. 胜任素质

胜任素质一词的概念来源于英文单词“competency”，其中文解释有“才干”“胜任

素质”“胜任特质”“素质”“资质”“资格”“才能”“能力”“受雇用能力”等。这一概念是20世纪50年代初，由哈佛大学著名的心理学教授麦克利兰（David C. McClelland）提出来的。麦克利兰认为，胜任素质是员工从事某项工作需要具备的知识、技能和能力及其相应的行为方式。这些行为应该是可指导的、可观察的、可衡量的，而且对个人和企业成功极其重要。这一定义体现了胜任素质的三个特征，即可指导性、可观察性和可衡量性。正是他提出的胜任素质的这三个特征，成为构建胜任素质模型的理论来源。

在麦克利兰之后，诸多学者对胜任素质进行了更为广泛而深入的研究，使得胜任素质概念日臻完善。目前，人们比较普遍接受的是美国心理学家莱尔·M. 斯潘赛（L. M. Spencer，1993）提出的胜任素质概念，即胜任素质是指能把某一工作（或组织、文化）中表现优异者与表现平平者区分开来的个人潜在的、深层次特征（underlying characteristic），它可以是动机、特质、自我形象、态度或价值观、某领域的知识、认知或行为技能——任何可以被可靠测量的并且能够显著区分优秀与一般绩效的个体的特征。

我们认为，这一概念包含三个方面的内容：

首先，胜任素质是一种深层次的心理特征。这是指胜任素质处于员工心理的较深层次，主要包括技能、知识、社会角色、自我概念、特质和动机等。这一特征强调了胜任素质的构成要素——素质特征，也印证了素质与胜任素质的关系，即素质是构成胜任素质的基础要素。

其次，胜任素质与工作绩效具有因果关联性，使用它能够在广泛的环境和工作任务中预测人的工作行为及工作绩效。一般而言，胜任素质可以预测人的行为反应方式，进而，行为反应方式又能够影响工作绩效。这一特征突出了胜任素质与工作行为及工作绩效之间的密切联系。

最后，胜任素质具有效度标准作用，即按照某一效度标准，胜任素质具有预测员工绩效优劣的效标作用。只有某种标准能够预测个体从事某种工作表现优异或一般时，才能够称为胜任素质。在人力资源管理实践中，最常用于胜任素质的效标有两种：基准效标和优异效标。前者是指最低的、可接受的入门工作标准；后者是指工作绩效表现卓越、处于绩效排序前10%之内的优秀标准。这一特征强调了胜任素质在人力资源管理实践中区分“优异”与“一般”的鉴别作用。

阅读材料

YUEDU CAILIAO

胜任素质的不同概念

（1）Knowles（1970）：胜任素质指执行特定功能或工作所包含的必需知识、个人价值观、技能及态度。

（2）Peak、Brown（1980）：胜任素质指成功执行各项任务所应有的相关技能、认知和态度。

（3）Melagan（1980）：胜任素质指完成主要工作的一连串知识、技术与能力。

(4) Dubois (1993)：胜任素质指为达到或超出预期的质量水平的工作输出所必须具备的能力。

(5) Spencer (1993)：胜任素质指一个人所具有的潜在特质，其深藏于个人个性最深处并稳定存在。即使在不同的环境中，我们都可以从这些基本特质中预测个人的可能行为表现。这些潜在的基本特征不仅与其工作所承担的职务有关，更可以由其了解个人预期或实际反应，以及影响行为与绩效的表现。《工作素质：高绩效模型》一书中提出胜任素质是指岗位任职者达成优秀业绩所具备的深层次心理特征和内在潜能，以及相关的知识和技能，基于此，他们提出了胜任素质的冰山模型。

(6) 王重鸣 (1993)：胜任素质是各项素质有机结合所形成的能力，它表现为个体凭借自己的道德品格素质、心理素质、身体与年龄素质，把知识和经验有机结合起来具体运用于工作过程的能力。

(7) 美国 Hay 公司：胜任素质指在既定的工作、任务、组织或文化中区分绩效水平的个性特征的集合，它决定一个人是否能够胜任某项工作或很好地完成某项任务，它是驱使个人做出优秀表现的个人特征的集合。

(8) 美国薪酬协会 (ACA)：胜任素质指个体为达到成功的绩效水平所表现出来的工作行为，这些行为是可观察的、可测量的、可分级的。

(9) 帕里等人 (1996)：胜任素质指影响一个人大部分工作（角色或者职责）的一些相关的知识、技能和态度，它们与工作的绩效紧密相连，并可用一些被广泛接受的标准对它们进行测量，而且可以通过培训与开发加以改善和提高。

(10) 仲理峰等人 (2003)：胜任素质指能把某岗位中绩效表现优异者和表现平平者区分开来的个体潜在的、较为持久的行为特征。这些特征可以是认知的、意志的、态度的、情感的、动力的或倾向性的。

2. 胜任素质模型

胜任素质模型（Competency Model）是指组织员工承担某一工作职责所要求的与高绩效相关的知识、技能和性格特点等素质的特殊组合。这些素质是可分级的、可测评的，是能够区分绩效优秀者和绩效一般者的，通常由多项素质要素构成的素质集成模块。其通常可表示为：$CM = \{C_i, i=1, 2, 3, \cdots, n\}$

CM 表示胜任素质模型，C_i 即第 i 个胜任特征，n 表示胜任特征的数目。

一些常见的胜任特征有：学习能力，团队合作能力，主动性，思维能力，坚韧性，成就导向等。例如，某商业银行客户经理胜任素质模型可表示为：

CM = {把握信息，参谋顾问，关系管理，自我激励，拓展演示，协调沟通}

这一概念可以从不同的角度来理解：

一是从组织战略角度看，胜任素质模型是从组织战略发展的需要出发，以强化组织竞争力、提高组织绩效为目标的一种独特的人力资源管理的思维方式、工作方法、操作流程。

二是从方法论的角度看，我们可以把胜任素质模型视为，对员工核心能力进行不同层次的定义以及相应层次的行为描述，确定关键能力和完成特定工作所需求的熟练程度。

三是从要素构成的角度看，胜任素质模型是以素质为材料，以胜任素质为构件而建立的胜任素质要素集成模块，单一的素质或胜任素质不能够称为胜任素质模型。

四是从绩效的关联角度看，胜任素质模型与工作绩效具有必然联系，它可以预测员工未来的工作业绩并能区分优秀业绩者与普通业绩者，所有的胜任素质要素都应该与工作绩效具有相关性，不能对绩效水平进行预测和衡量的要素就不能称为胜任素质要素。

总之，胜任素质模型是在素质的基础上，承担特定工作职责，与工作绩效相连的胜任素质（知识、技能、品质和工作能力）结构整体。

3. 素质、胜任素质与胜任素质模型的关系

在人力资源管理中，素质、胜任素质、胜任素质模型是三个相互独立又密切联系的重要概念。

首先，素质强调的是基础的、必要的身心条件，是胜任素质的基础材料，主要包括基础素质和工作素质，其中身体素质、心理素质和社会素质为基础素质，知识、技能和态度等为工作素质。

其次，胜任素质是与工作密切相连的多种素质的组合。在现代人力资源管理理论中，有不少人把素质称为胜任素质。我们认为，素质不同于胜任素质，素质只是构成胜任素质的基础材料，而不是胜任素质本身，在组织中，与某一职位相关的各种素质的组合，才能称为胜任素质。

最后，胜任素质模型是由多种素质构成的结构整体。知识、技能和性格等素质是胜任素质模型的主要构成材料，当我们进一步把胜任素质与员工工作绩效联系起来，并将其视为能够区分绩效优秀者与一般者的各种素质的结构整体时，就构成了胜任素质模型。

华润集团和海尔集团胜任素质模型（见图 7-3、图 7-4、图 7-5）

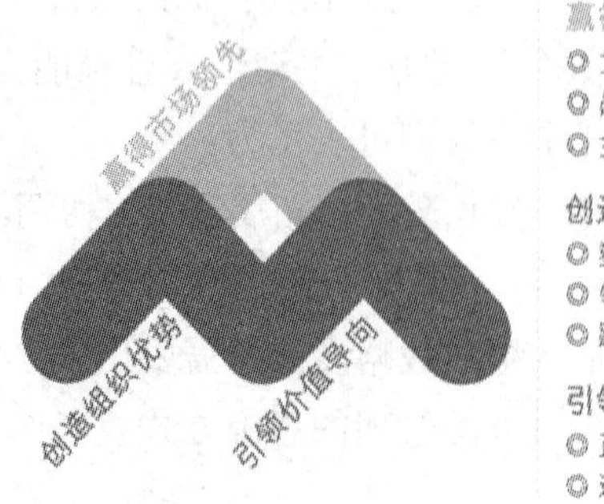

图 7-3　华润集团领导力素质模型

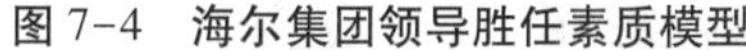
图 7-4　海尔集团领导胜任素质模型

图 7-5　海尔集团员工核心能力素质模型

二、胜任素质模型的研究及其发展

1973 年，麦克利兰博士在《美国心理学家》杂志上发表了一篇文章：《人才测量：从智商转向胜任素质》（*Testing for Competency Rather Than Intelligence*）。这篇文章的发表，标志着胜任素质研究的开端。在麦克利兰之后，很多心理学家和管理学家沿着他的研究思路，对胜任素质理论进行了进一步的研究。

20 世纪 70 年代，国外对胜任素质的研究范围进一步扩大，从胜任素质的含义、定义到建立胜任素质模型，进而提出有关建立胜任素质模型的方法、步骤及行为事件访谈的具体操作等。更多的学者结合各行业和职位的特点，研究了相应的胜任素质模型，而一些学者则开始深入探讨能力特征和行为事件访谈的有效性等问题。

1970 年，McBer 和美国管理协会（AMA）开展了第一次大型的胜任素质模型项目研究。其通过五年的时间对 1 800 名管理者进行了研究，结果发现，优秀的管理者工作成功的五个重要的能力特征是：专业知识、心智成熟度、企业家成熟度、人际间成熟度、在职成熟度。在这五个关键的能力特征中，只有专业知识是优秀管理者和普通管理者都具有的。

约科尔（Yukl）把管理者的能力特征划分为三类：技术、人际和概念。技术技能包括方法、程序、实用工具和操纵设备的能力；人际技能包括人类行为和人际过程、同情心和社会敏感性、交流能力和合作能力；概念能力包括分析能力、创造力、解决问题的有效性、认识机遇和潜在问题的能力。这三种类型将个体技能在处理事、人、观念及概念方面进行了区分。

其他学者也进行了类似的划分，例如，帕维特（Pavett）等人划分了四种类型，包括概念、技术、人际和政治技能。蒙特（Mount）等测量了 250 名经理人员，得到了三个管理能力维度：人际关系、管理和技术技能。波亚茨（Boyatzis）提出了绩效优秀经理的有效能力特征模型，评价了 12 个组织 41 个不同管理岗位 2 000 人的 21 个特征。该模型认为，良好绩效管理人员具备 6 个方面的能力特征，分别是：目标和行动管理（包括关注影响、概念的中断使用、效率导向、始发性)，领导（包括概念化技能、自信、演讲)，人力资源管理（包括管理群体过程、使用社会权力)，指导下级技能（包括培养他人、自发性、使用单方面权力)，其他（包括客观知觉、自我控制、持久性、适应性)，特殊知识（包括经历及其特殊社会角色的特殊知识)。

斯潘赛（1993）总结他 20 年中研究能力特征的成果，提出了 5 个通用胜任素质模型，包括专业技术人员、销售人员、社区服务人员、管理人员和企业家，每个模型都由十多个不同的素质组成。其中，企业家胜任素质模型包括以下能力特征：①成就，即主动性、捕捉机遇、信息搜寻、关注质量、守信、关注效率；②思维和问题解决，即系统计划、问题解决；③个人成熟，即自信、具有专长、自学；④影响，即说服、运用影响策略；⑤指导和控制，即果断、监控；⑥体贴他人，即诚实、关注员工福利、关系建立、发展员工。在胜任素质模型的应用方面，美国政府为了对高级公务员进行有效管理，开发了“高级公务人员的核心任职条件系统”。该评价体系评价的是候选人是否具备能在上述各种高级行政职位上获得成功的一般性管理能力。

三、胜任素质模型的构成要素

许多学者对素质及其构成要素具有独特的认识和理解，在此基础上，提出了具有特色的胜任素质模型。这里，仅介绍两种模型：一是冰山模型，二是洋葱模型。

1. 冰山模型

美国学者莱尔·M. 斯潘赛（1993）等在《工作胜任素质：高绩效模型》一书中提出，胜任素质是在工作或情境中，产生高效率或高绩效所必须的人的潜在特征，同时只有当这种特征能够在现实中带来可衡量的成果时，才能称作胜任素质。基于此，他提出了冰山模型，如图 7-6 所示。

图 7-6　冰山模型

这一模型把人的胜任素质分为五个要素：知识（行为与技能)、价值观（态度)、自我形象、个性（品格)、内驱力（社会动机)。冰山模型认为，员工的全部素质由显性素质和隐性素质构成，该模型把人的全部素质看成一座漂在水中的冰山。其中，浮在水面上的是他所拥有的显性资质——知识、行为和技能，这些就是员工的显性素质。显性素质也包括外在形象、技术能力、各种技能等，可以通过各种学历证书、职业证书来证明，或者通过专业考试来验证。这些素质就像浮于海面上的冰山一角，事实上是非常有限的。但由于其是显性的，人们随时可以调用，因此，在人力资源管理中一般会受到重视，相对而言也比较容易改变和发展。例如，通过培训就比较容易收到成效，但很难从根本上解决员工综合素质问题。

潜藏在水面之下的东西，包括职业道德、职业意识和职业态度等，称为隐性素质。隐性素质在更深层次上影响着员工的行为和发展，也正是隐性素质部分支撑了一个员工的显性素质，构成了员工显性素质的基础。员工的素质就像一座冰山，呈现在人们视野中的往往只有少数部分，看不到的隐性素质在员工整体素质中占有绝大部分，深刻地影响着员工的显性素质。如果不加以激发，往往不易被发现，这是人力资源管理中容易被忽视的部分。在日常人力资源管理中，如果员工的隐性素质能够得到足够的培训，将有助于员工的潜能的发挥，同时对组织的发展也将具有深远的影响。

2. 洋葱模型

波亚兹提出了胜任素质的洋葱模型，他认为，胜任素质从内至外由各个构成要素组成了一个渐进的可以被观察、被衡量的洋葱模型结构，如图 7-7 所示。

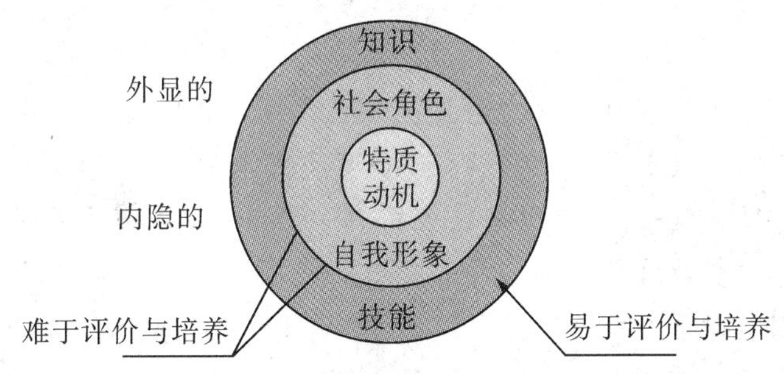

图 7-7　洋葱模型

从图 7-7 可以看出，模型的最内核部分是个性/动机，动机是推动个人为达到一定目标而采取行动的内驱力。它可能推动和指导个体的行为方式，使之朝着有利于行动目标的方向前进，并防止行动偏离方向。个性是个体表现出来的对环境与各种信息的反应方式、心理倾向与行为特征的总和。通过了解个体的动机和个性，组织能够在一定程度上预测个体的工作状态。由于动机和个性处于最内核部分，所以往往难以评价和培养。

模型的中间部分是自我形象、社会角色、态度和价值观等素质要素，它处于知识、技能层次的内部，处于动机与个性的外部。自我形象是个体对自身内外特征的认识和评价。这种评价源自自我观念和价值观范畴内对自我的评价与解释等。自我形象作为动机的反映，具有预测个体短期行为方式的作用。社会角色是个体对其所属社会地位、职位相应的行为模式，反映了个体对自身具有特征的认识，也包含了他人的期望。态度是指个体对一定社会现象所持有的，具有一定结构、相对稳定和内化了的心理反应倾向，它是动机、个性等因素与外部环境相互作用的结果。

洋葱模型结构的最外层是知识和技能。知识是员工在某一特定领域所拥有的事实型与经验型的信息，技能则是个体结构化地运用知识完成某项具体工作的能力，是通过持续的练习所形成的动作能力。

一般而言，知识技能是能够通过培训和教育而获得的素质层次，也是最容易被人们认识、评价和利用的素质层次。洋葱模型中的三个层次，也可以称为核心层、中间层和外围层。三个层次并非相互孤立、互不联系，而是相互影响、相互作用，彼此间形成了一个既相对稳定、又不断发展的结构模式。

3. 冰山式模型与洋葱模型的联系

通过深入分析，我们可以发现冰山模型与洋葱模型虽然具有差异，但也具有一些共同点。

首先，素质是模型最基本的构成要素。无论是冰山模型或洋葱模型都具有基础的构成要素——素质。

其次，模型要素呈现一定的层次性。冰山模型中的素质结构，如隐性与显性素质类似于洋葱模型中的不同层次。这恰恰反映了员工素质结构的某种共同本质特征。

最后，两种模型只是从不同的侧面，反映了素质的结构性特点，为人们了解和研究素质，进而利用和发挥素质的作用，奠定了理论基础，并提供了结构或层次参照系统。

阅读材料
YUEDU CAILIAO

世界500强企业中已有过半数的企业在建立和应用胜任素质模型。在高露洁公司，胜任素质与绩效考核、人员发展计划以及360度反馈体系紧密相连。他们的全球人力资源高级副总裁这样阐述到："素质模型让公司有一个统一的、简易的方法来进行全球化管理，使我们的人力资源管理更加公平和高效。我们在全球销售高露洁牙膏，在包装、配方、广告乃至对抗竞争对手的价格定位都力求一致。在管理员工的方式上也应遵循这一原则，确立同样的素质要求，以达到满意的绩效。"高露洁公司追踪所有分布在全球各家子公司的高潜质人才。从他们进入高露洁公司的第一天起，就有专门的系统追踪他们在高露洁的表现，掌握他们的绩效以及在组织中的流动情况。公司通过多年的追踪发现，那些经过以素质模型为基础的人员选拔系统而进入公司的员工，在后来的实际工作中确实有很好的表现，有相当一部分人进入了公司的高潜质人才库。这个方法帮助高露洁公司在全球各地选定了最顶尖的人才，为后续的人力资源管理奠定了良好的基础。

四、素质库的编制

企业以素质为基础进行绩效评估，首先必须清楚地知道什么是素质，素质具体由哪些方面的要素构成，以及对这些要素的明确定义和用于评估这些要素的具体标准是什么。素质词典的编制回答了这些问题。每一个企业的实际情况都各不相同，即使是同一家咨询机构的客户，不同企业在对素质的命名和分类方面也会有所差别。但是重要的问题并不在于对某些素质要素的定义谁更准确、对哪些要素重要程度的划分更为合理，而是在于如何以素质为基础进行绩效评估来帮助组织实现既定的绩效目标。企业根据自身情况，独立进行研究，编制一套量身定制的素质词典，听起来是一个很大的诱惑，但在大多数情况下并不是一个明智的选择。编制素质词典不但是一个费时费力的艰苦过程，更是一个专业化程度非常高的过程。即使它有巨大的回报，由于缺乏相应的技术手段和人员支持，多数企业仍然是心有余而力不足。通常的做法是企业与研究机构或咨询公司进行合作，借助他们既有的研究成果，结合企业的实际，构建素质的基本框架，细化具体的素质要素，最终编制素质词典。

本章着重介绍美国 HayMcBer 公司于 1996 年出版的素质词典，该素质词典是世界范围内迄今为止研究最为透彻、最好的词典之一，希望能为企业在编制素质词典时有所帮助。该素质词典集 HayMcBer 公司二十多年素质研究之精华，其有效性经历过多年实证经验的不断检验。词典中各素质的级别经不断修改变得越来越清晰、可靠和有效。在此词典中所列的素质要素，都已通过严格的研究测试和专业标准测试。

（1）通用核心素质。通用的核心素质共有 18 个，它们共同构成了素质词典的基本框架，这些通用素质被应用于各种素质模型之中，员工个人素质的评估也往往是就这 18 个素质的评估。在如何建立素质模型这一部分内容中我们会介绍到关键事件（行为）访谈法，运用这种方法我们可以有效获取一个人的素质模式，而对每一关键事件（行为）的访谈都会以这 18 个通用的核心素质为基础进行分析。

（2）尽管这些素质有效且可靠，但它们在素质库中出现和使用的频率却大大低于通用的 18 个素质，而且它们主要出现在一些低级的管理者身上。因此这些素质只是在必要时候才增加到通用的 18 个素质中进行分析。

（3）可能出现的素质。这些素质仅仅来自某一些访谈对象，它们往往是应某些企业的特定要求而开发的，暂时缺乏通用素质的广泛适用性。但由于它们在某些特定的模式中被证明是可靠的，因此不能排除它们在其他模式中也适用的可能性。

本书在此仅介绍通用的 18 种核心素质，它们是成就导向（ACH）、演绎思维（AT）、归纳思维（CT）、服务精神（CSO）、培养人才（DEV）、监控能力（DIR）、灵活性（FLX）、影响能力（IMP）、收集信息（INF）、主动性（INT）、诚实正直（ING）、人际理解能力（IU）、组织意识（OA）、献身组织精神（OC）、关系建立（RB）、自信（SCF）、领导能力（TL）和合作精神（TW）。表 7-1 是两种素质的分级表述。

素质词典涵盖了在一个组织中所能出现的全部素质构成要素，它的编制使我们能够对素质的构成要素有一个全面而系统的认识，它使我们不仅知道素质是由哪些方面构成的，还使我们有了具体的评价这些要素的行为参考体系，这对我们以素质为基础进行绩效评估奠定了可操作化的基础。素质词典的编制是建立素质模型的基础，只有当企业有了自己的素质库之后，才有可能在素质库中提取某一部门、某类人才或某一岗位所具备的各项素质，才有可能建立它们各自的素质模型。

表 7-1 胜任素质定义与分级描述

素质名称	定义与分级描述
通用素质一：成就导向	定义：希望并努力使工作杰出或超出优秀标准。其标准可以是某个人自己过去的业绩（力求使之改进）；或一种客观衡量标准（只论结果）；或比其他人做得更好（竞争性）；或某人自己设定的挑战性目标；或任何人从未做过的事（改革性）。而且某一种独特的成就也可定义为具有成就导向 在对此素质要素进行具体衡量时，可以以从低级到高级的行为参照标准作为评估的参考，每一标准前的编号代表素质等级： （1）要把工作做好：努力把工作做好或做对。也许有浪费或低效率的受挫感（抱怨所浪费的时间、表示想做得更好），却没有带来任何具体改进。 （2）自创杰出衡量标准：面对他人强加的杰出标准，采用自己具体衡量结果的方法。其也可表现为专注于某些新的或更确切的方法以达到管理目标（那种对结果或业绩优秀衡量标准有自然兴趣者得需具体分析）。 （3）业绩有改善：对某系统或自己个人工作方法做出具体改变以改进业绩（把某事做得更好、更快、更省、更有效，或改善其质量、客户满意度、精神面貌、收益），而没有预先设定任何具体目标（业绩的改进应该是明显的且可测量的） （4）为达到有难度的目标而努力："有难度"可理解为仅有百分之五十的机会达到目标，还有百分之五十失败的可能性，而且其努力肯定是超常的，却又不是不实际或不可能的。或者是以最初的业绩表现为对照，投入努力后业绩表现有了提高，如"在我接手时，工作效率为 20%，现在提高到了 85%" （5）有做成本-效益分析：在仔细计算过投入和产出的基础上做决定、定先后或选定目标；对潜在利润、投资盈利率或成本效益分析做详细明确考虑。对商业结果做分析 （6）明知有风险仍一往无前：为提高效益调动最大资源或时间（明知不一定成功），即为改进业绩，达到一个有大难度的目标做出最大的努力
通用素质二：归纳思维	定义：有能力确认那些不明显相关的事物的规律或关联，在极为复杂的情况下，确定出关键或潜在的问题，包括运用创造性的、概念化的或归纳性的推理方法 在对此素质要素进行具体衡量时，可以以从低级到高级的行为参照标 准作为评估的参考，每一标准前的编号代表素质等级： （1）运用基本规则：运用简单规则（经验法则）、常识和自己过去的经验确定问题所在。对目前情况与过去情况一模一样时可立刻明白其关键所在 （2）可看出类比模式：对待信息，可看出类比模式、趋势或所缺少的部分。当目前的情况类似于过去的情况时，可辨认出其相似性 （3）可运用复杂的概念：运用理论知识或过去不同趋势或情况的知识看待当前的局势。可恰当运用并适当修改所学的复杂概念或方法，如统计流程控制，TQM 人口分析，管理风格，组织文化等。这些都是更高一级归纳思维素质的证据 （4）可把复杂数据或情况澄清：可把复杂的观点或情况清楚、简单、易于理解地呈现出来。归纳所有的观点、问题和观察事实，用一个清楚、有用的解释说法代之。用简单得多的方式重新再叙述现有的观察事实或知识，即具备那种能够变复杂信息为简单信息的能力 （5）创造出新概念：为解释某情况或解决某问题，可创造出新的概念，而那些概念他人看不出，也不是从过去教育或经历中所学到的

另外，Jone Warner 博士确定了 36 种素质，可划分为三类，包括核心素质、通用素质和角色素质，其素质库称为 Janus 素质库（见表 7-2）。Janus 素质库中的 36 种核心素质分别是：分析能力、预期/前瞻性能力、注重细节、应变能力、指导能力、商业意识、沟通、成本意识、创造力/革新、顾客导向、决策能力、授权、可依赖性、多样化导向、激励/动机、情感智力、情感互动、授权能力、领导能力、倾听、反馈、直觉/判断坚持性/坚韧、计划和组织、问题解决能力、质量导向、结果导向、安全导向、自我发展、制定战略的能力、压力管理、采取主动权/责任感、团队工作能力、技术应用、时间管理、书面沟通等。该素质库为每种核心素质提供了全面的解释，包括：素质名称、定义、素质的关键行为、"高分者"表现的行为、"低分者"表现的行为、改进"低分者"

的行动步骤等。

表 7-2　Janus 素质库（部分）

名称	定义	关键问题		评估项目	高分特征	低分特征
应变能力	如何能更好地对将来的变化进行预测，为将来的变化制订计划，并且对自己和他人进行管理，同时能很好地控制变化	为了积极地控制变化的过程以得到建设性的、有益的结果，从而对变革或个人改进进行管理的程度	1	能够寻找机会进行阶段性变革	会对变化进行预测并会在初期就采取前瞻性的步骤，保持一种灵活的态度和安排，有时间和能力接受压力，能够保持很好地进行个人改进并能帮助其他人应对他们不得不接受的变化	花大量时间和精力从事那些重复的活动和认为有优先权的事情，很少对即将发生的事情进行预测，不愿意被卷入变化或不容易控制的形势中
			2	能够把变革方案分解成任务或日常管理的部分		
			3	能提前认真地制订计划，从而使意外发生的可能性最小化		
			4	能够预测潜在的不利反应，并能制订计划来处理这些不利反应		
			5	能迅速且适当地应对变革的阻力		
			6	能够寻找机会来认可和表扬成功的变革		
创新力/革新	如何能够创造性地把分散的信息结合成有活力的、清晰的决策和行动	如何更富有挑战性，如何通过革新使异常的、有争议的资料得以运用	1	在决策时能够引入创新的方法	倾向于考虑多种情形、观点以及那些可能立即就抓住的机会，更深入地思考更复杂的问题和面对的处境，充分和灵活地评估大范围的资料，以及严格考虑选择一种逻辑严谨而又明智的行为方式	经常从表面价值上来评估信息，在办事前仅仅花有限的时间权衡几种方法，很少积极思考或者设想他们周围的问题或事物，不喜欢甚至拒绝那些不好解决的复杂问题
			2	当评估行为时，能够接受“提出异议（故意唱反调）的人”的建议		
			3	能够运用横向思维的方法看待问题		
			4	擅长在多种观点和概念间寻找联系		
			5	当面对新挑战能够利用经验进行推断		
			6	能够把表面上不相关的事实放在一起，从而形成新的看法		
委派任务能力	能够分派任务和给同事和团队成员，使他们不仅对主要的决策负责，而且在工作时能表现出创造性、乐于接受挑战	如何能更有效地把权利下放以及如何与他人合作，以便在决策制定和实施过程中激发员工的主动性	1	能够激励员工，让他们承担更大的责任，发挥更大的主动性	积极寻求各种方式委派员工承担责任，乐于让员工承担新的和不断扩展的任务，以及让员工有权力以合理的方式来完成，并激励员工去从事有挑战性的工作和实现目标	往往自己做得多，仅仅把一些低水平或安全的任务委派给员工，很少给员工充分的发展空间或不能大胆委派员工去承担那些他们能力勉强能及的任务或项目。在委派任务时他们往往明确规定任务的处理方式，当感到员工犯了错误或将犯错误时甚至会亲自干涉
			2	能够给被委派人清晰易懂的说明		
			3	乐于接受那些自己有能力并且有时间去做的委派任务		
			4	能够把合适的任务委派给做得不怎么好或不怎么快的员工		
			5	能够委派那些最合适的人来做出决策		
			6	能够支持被委任的团队成员所做的决策		
持续性/坚韧性	能够坚定不移地沿着既定目标前进，并能保持对目标的持续的关注	面对挑战或逆境时如何坚持不懈追求目标	1	即便荆棘遍布，也不会丧失勇气	将过程中的障碍和困难看作是不可避免的，他们可能带着严肃和承诺去追求个人和组织的目标。在重新调整最初目标之前会准备好随时面对各种后果并且坚持不懈地推行下去	在某种程度上总是担心问题或者失败，在追求目标的过程中缺乏应有的信心，即使很小的问题或时间也会轻易地让他们分散注意力或偏离方向，一旦障碍或者问题出现，他们就可能倾向于屈服或者相当迅速地改变原定路线
			2	拥有源于信念的勇气		
			3	充分自信		
			4	能够为了完善自我而不断工作		
			5	无论何时何地能向平庸发起挑战		
			6	能够表现得相当顽强和坚韧		

第三节　胜任素质模型的构建

一、构建的原则

1. 战略导向原则

胜任素质不仅仅是人力资源管理工具，更是为实现企业战略目标服务的重要因素。企业在设计组织的胜任素质模型之前应该首先审视组织的使命、愿景以及战略目标，确认其整体需求，进而以企业战略为导向的人力资源战略和组织架构和职责为基础，在企业的使命、目标明确的条件下，开发、设计、运用胜任素质模型。这要求企业在确定某一职位的胜任素质时，必须从上往下分解，即由“企业使命”确定“企业核心战略胜任素质”，由“企业核心战略胜任素质”确定“企业业务发展需要的胜任素质”，由“企业业务发展需要的胜任素质”确定“职位需要的胜任素质”，将胜任素质概念置于人员-组织匹配的框架中，根据特定职位需要的胜任素质，招聘、选拔符合职位要求的人，确定该职位人员的绩效考核内容、培训主体、职业生涯发展等。这样才能确保员工具备的能力素质与组织的核心竞争力相一致，能为企业的战略目标服务，确保所培养的员工是满足真正长期需要的而不只是为了填补某个岗位的空缺。

2. 行业适用原则

由于不同行业及其岗位对员工的素质要求各异，因而不同职位的胜任素质模型可能会有所差异。在实际工作中，管理者要深入企业进行调研，组成各层次人员的评价小组进行工作分析和评价，充分了解行业及岗位特点，体现不同职位序列和职位对员工胜任素质要素的要求，在此基础上，结合行业总体特征，构建具有行业适应性的胜任素质模型。

3. 构建能力素质模型应关注企业所在的行业特点和业务流程特点

企业应根据战略人力资源管理理念，对人力资源管理各项工作流程进行全方位的审查、梳理，再重新设计能力素质模型，体现不同序列和岗位之间能力要求的差异，强调将企业战略目标、核心能力、员工业绩水平、员工能力素质特征、行为特征结合起来，利用标杆分析，挖掘其中存在的内在联系。能力素质模型的建立必须系统分析企业的战略方向、业务特点、文化价值理念，不能片面照搬和模仿其他公司现成的形式和方法，导致资源的浪费而达不到预期的效果。

4. 能力素质模型应与其他人力资源管理环节匹配

这主要是指能力素质模型应该建立在其他人力资源管理环节完善的基础之上，没有人力资源管理工作大系统的健全，企业不可能有效利用能力素质模型。能力素质模型和其他人力资源管理环节的关系在某种程度上类似于企业中的战略管理和人力资源管理两种职能的关系，不是非此即彼的关系，而是协同关系，要持续不断地健全和完善。基于战略与核心价值理念的人力资源管理只有同现有能力素质模型理论及实践结合，才能使战略目标进一步固化落实在人力资源管理的各个环节。

5. 人力资源管理者素质的影响

素质模型质量直接关系到运用效果，衡量素质模型的质量标准在于其是否反映了职位所需要的任职资格，尤其是个体深层次特征方面的任职资格。构建胜任素质模型所运用的行为访谈法（BEI）、信息编码、建模方法等技术门槛高、操作难度大，而且经常依靠操作者的主观判断，因此胜任素质模型的质量既要取决于操作者的技术水平，也要取决于操作者的管理经验和阅历。这些要求远非企业自身乃至小型管理咨询公司所能达到的，即使在西方发达国家，大多数企业也主要依靠外部有实力的咨询公司进行素质模型开发。而在国内，很多企业出于成本等多方面考虑，往往采取自主或者委托实力较弱的管理咨询公司开发胜任素质模型，因此，模型本身的质量就难以得到保证，运用效果更是可想而知了。有了高质量的模型，在运用实践中还需要使用人员对模型有深刻理解和熟练操作。由于管理学界与实践界的胜任素质模型开发技术和运用能力均处于初级阶段，真正有开发实力、有成功经验的咨询公司和专业人员不多，更多的咨询公司在巨大的市场利润诱惑下，采取“不管能不能做，先接单再说”的策略。辨别管理咨询公司实力最简单和最有效的方法不是看其名气和招牌，而是要求其提供以往的客户名单，对这些客户的运用效果进行调查取证和比较分析。

二、构建流程

建立胜任素质模型一般有以下八个阶段的工作要做：

1. 组建建模小组

为了确保能够顺利开发胜任素质棋型，必须组建专家建模小组。小组成员包括企业高层领导、人力资源管理者、外部胜任素质模型专家顾问以及胜任素质模型目标部门负责人。人员规模以 10~15 人为宜。

2. 企业战略目标、文化、愿景调查

构建胜任素质模型的目的，是借助模型将个人因素（知识、技能、能力、性格、态度、价值观、兴趣）与企业战略目标、文化价值观、愿景等联系起来，找出最胜任职位的人选。因此，我们首先清楚地了解企业战略目标、文化价值观和愿景。只有这样，构建出来的胜任素质模型才切合企业的实际，企业的人才战略才能为发展战略服务，从而发掘出符合企业未来要求的最胜任的人才。资料的收集，一般采取问卷调查法、无领导小组讨论法和员工访谈法。

3. 职位划分

根据企业的人力资源规划，专家建模小组进行讨论，对组织需求岗位的职类和职级进行科学的划分，界定出核心岗位和一般岗位、中高层岗位和基层岗位、技术型岗位和管理型岗位。企业不是一个研究机构，不必对所有职位建立模型，但是必须有针对性和选择性，充分考虑企业发展规模、组织架构、文化理念、政策制度等。结合企业实际，专家建模小组以增加企业效益为基点，最终确定模型开发的目标层级。

4. 确定招聘甄选标准

简单地说，招聘甄选标准就是能够鉴别出优秀员工的标准与规定，或鉴别出符合特定核心岗位要求的标准与规定。确定招聘甄选标准，一般采用职务分析法和专家小组讨论法。职务分析，也叫工作分析，是指根据工作的内容，分析其执行时所需要的知识技能与经验及其所负责任的程度，进而确定工作所需要的资格条件的系统过程。

职务分析是人力资源管理最基本的工作，也是人力资源管理中十分重要的一项工作：它为应聘者提供了真实、可靠的需求职位的工作职责、工作内容、工作要求和人员的资格要求；为选拔应聘者提供了客观的选择依据，提高了选拔的信度和效度。

专家小组讨论法，则是由优秀的领导者、人力资源管理者和研究人员组成小组进行讨论。专家通过对能出色完成工作的各种素质与能力进行讨论，最终确定招聘甄选标准。小组成员需要掌握基本素质和能力要素的定义以及行为特征，以免得出的素质与能力不全面或不准确，甚至把重要的基本素质与能力要素遗漏。

5. 胜任素质要素调研、样本访谈

根据制定的招聘甄选标准，在全企业范围内针对各个职级、职类的不同职位，抽选相同数目的优秀绩效样本员工和普通绩效样本员工，进行访谈和调查。通过分析和比较得出各个职位胜任素质要素的初步描述。

6. 获得胜任素质模型数据

胜任素质模型数据的获得通常采用行为事件面谈法、问卷调变法、360 度行为评估法、专家小组讨论法和现场观察法。由于胜任素质模型的开发必须遵循实用性和可操作性的原则，因此，笔者认为，以行为事件面谈法为主，以问卷调查和 360 度行为评估法为辅获得的胜任素质模型数据比较有效。

行为事件面谈法因为其时效性和模拟性，越来越受到人力资源管理者的重视，成为胜任素质模型开发的主要测评工具。该方法通常是向应聘者提出一些假设性的或者突发性的场景问题，通过了解应聘者过去的行为来预测其将来在工作上可能的表现，并且发现应聘者除了知识、技能以外的性格、自我概念、价值观、动机等潜在特质。问卷调查法和 360 度行为评估法通过大范围、多层次收集信息和访谈，了解该职位的上级、下级以及相关职位员工对该职位提出的任职要求和标准，有效地弥补了行为事件面谈法所遗漏的胜任特征。

7. 胜任素质模型数据统计分析、提炼胜任素质要素

首先，将行为事件面谈的资料整理成行为事件访谈报告，对访谈报告内容进行分析，并对访谈主题进行编码，记录各种胜任特征在报告中出现的频次；然后，对优秀组和普通组的要素指标发生频次和相关程度的统计指标，运用 spss 统计软件进行描述性统计和 T 检验，找出两组的共性与差异性特征；最后，将差异显著的胜任素质因子提取出来，并对提取出的胜任素质因子进行命名。

在进行胜任素质因子等级评价确定时，先要对行为事件进行分层。将处于同一层级的行为事件进行归纳总结，描述成等级评价，然后将相应的行为事件附在等级评价下面作为行为描述，形成一个完整的胜任素质因子。用同样的方法编制其他胜任素质因子，以构成一类胜任素质模型。以此类推构建完整的胜任素质模型。

8. 检验并确定胜任素质模型

在构建胜任素质模型的过程中，非常重要的一步就是为保证模型的准确性，必须对其进行检验。胜任素质模型的检验方法一般有以下三种：

其一，选取第二个效标样本，再次用行为事件访谈法来收集数据，分析建立的胜任素质模型是否能够区分第二个效标样本。分析员事先并不知道谁是优秀组或普通组，即考查“交叉效度”。

其二，根据胜任素质模型编制评价工具，来评价第二个样本在上述胜任素质模型中的关键因素，考查绩效优异者和一般者在评价结果上是否有显著差异，即考查“构建效度”。

其三，使用行为事件访谈法或其他测验进行选拔，或运用胜任素质模型进行培训，然后跟踪这些人，考查他们在以后工作中是否表现更出色，即考查“预测效度”。

通过有效的胜任素质评估，找出出色完成工作所必须具备的胜任素质结构，包括素

质的不同类型、不同水平和重要性程度顺序等信息，从而形成某一类型职位的胜任素质模型。在不同的行业领域或企业组织内部，通过人员胜任素质评估和建立胜任素质模型，也可以最终形成自己的胜任特征词典。

三、构建胜任素质模型的注意事项

1. 胜任素质模型的“落地”问题

胜任素质模型的建立要投入巨大的人力、物力和资金，建模过程要求广泛的资源支持。它能否落到实处是企业最担心的问题。事实上，模型往往不能被真正有效地运用到上述领域，因为很多企业对胜任素质模型的认识还处在初级阶段，误以为建模本身就是终极目标。建模的目的是运用提供的“标杆”去指导招聘、培训、发展、绩效等人力资源管理工作。大多数胜任能力是可以被评估的，通过科学有效的评估，真正实现胜任素质模型的落地。

2. 如何弥补企业管理基础薄弱的问题

作为一种特定的管理模式，胜任素质模型有其特定的假设系统、框架体系和技术方法。但目前我国企业管理的基础较为薄弱，尤其对国企来说，用人和招聘的渠道并非全部市场化，内部人力资源管理非常复杂，有些人才的留用不是看他的能力，而是关系。这就导致胜任素质模型技术的开发和运用尚缺乏丰厚的实践土壤，对胜任素质模型的研究大都还停留在对国外理论和技术的引入层面上，缺乏基于本土实践的系统性的胜任素质模型理念、技术和方法的创新。这在一定程度上制约了我国企业胜任素质模型的有效运用。

3. 在构建招聘甄选流程的过程中面临的两个技术性难题

首先，如何界定企业的核心竞争力、发展战略和企业文化对员工要求的问题。心理学研究表明，很多心理特征往往具有负向关联性，比如说沟通协调能力与诚恳踏实，敢于冒险与组织忠诚度等。在现实生活中，每个个体都是一个矛盾的结合体，其身上的很多能力素质之间具有一定的矛盾性。而企业战略文化是有价值取向的。在实施胜任素质模型时，企业面对如此众多的能力，如何进行取舍则完全取决于组织的战略文化导向。

其次，如何清晰地界定优秀员工、普通员工、不合格员工的问题。胜任素质模型强调利用标杆分析。标杆的确定要借助有效的衡量和区分工具，否则无法有效地“测量”企业战略目标实现所需胜任素质的尺度。但是，优秀员工、普通员工和不合格员工之间的区分并不是一个简单的问题。某些职位的绩效标准显而易见，指标易于获取，比较容易衡量且能确保准确性；但也有些岗位，高绩效、一般绩效及不合格绩效之间缺乏有效的衡量和区分工具。企业在确定的时候要从多个层面进行绩效评价，可能会更多地融入一些人为的、主观性的评价指标。此外，胜任素质模型在应用过程中时常会受到一些情境性和实践性因素的影响，如工作绩效的可观察性与动态性，组织计划变动对工作进程和工作绩效的影响程度，对法律限制和工会阻力的规避等，从而影响到胜任素质模型结构的严谨性。

4. 胜任素质模型与相应的测评体系匹配使用的问题

如果胜任素质模型是汽车，测评体系则是汽油，没有汽油的汽车是无法驰骋的。如果没有相应的测评体系，不同的人力资源管理者在运用胜任素质模型去评价员工的时候，都有各自不同的评价标准，往往会出现较大偏差。测评体系在人才选拔、人力资源配置和培养等方面具有很强的针对性、适应性和科学性。测评体系能够使企业的人力资源得到优化和协调，与胜任素质模型配合使用能够提高模型的有效性和准确性。

5. 从关键职位入手，采取循序渐进的开发策略

在开发胜任素质模型时，由于对胜任素质模型开发的方法和技巧没有很熟练地掌握，公司选取了一些关键岗位，从关键岗位入手，而不是全面铺开进行全面的胜任素质模型开发。从关键职位入手，不仅可以节约成本、规避风险，而且可以使人力资源部避免因失误而处于被动的位置，待积累了一定经验后再全面铺开。

6. 对胜任素质模型进行动态管理

企业的胜任素质模型一旦建立，就成为一个静止的描述体系。而实际上，企业本身由于行业发展瞬息万变、企业内部岗位调整频繁、员工流动性大也会导致企业文化氛围的变动，因此需要对胜任素质模型进行动态管理。在胜任素质模型初步建立后，企业还要通过管理实践对胜任素质模型进行验证和修正。验证主要是运用胜任素质模型对具体岗位上的员工进行评价，以检查其效度。同时，对企业来讲，在不同的战略时期，不同的岗位对胜任素质的要求也会有所不同。所以在胜任素质模型确定之后，企业在实际应用时要根据实际情况对胜任素质模型进行相应的修正。

四、构建胜任素质模型的主要方法

胜任素质模型的建立方法有很多，包括专家小组评价法、工作分析法、问卷调查法等。但是，目前得到公认且最有效的方法是麦克利兰教授提出的行为事件访谈法。有的方法可以单独使用，如行为事件访谈法；有些则需要综合使用，如采用问卷调查法收集第一手数据，然后再采用胜任素质要素编码方法整理数据，进而概括出胜任素质要素等。

（一）专家小组评价法

专家小组评价法是把专家小组评价所获得的资料，与行为事件访谈的结果进行比较和验证的方法，旨在获取特定的胜任素质模型资料数据。专家小组评价法一般采用座谈方式，也可以采用问卷调查方式。由于专家的经验有较大差异，专家小组人数不多，所以采用这种方法更注重经过讨论后所达成的一致意见，要根据专家的意见统一整理出构建胜任素质模型的有用资料。

（二）行为事件访谈法

行为事件访谈法（Behavioral Event Interview，BEI），是20世纪70年代初由麦克利兰率领的研究小组在实施美国政府驻外联络官（Foreign Service Information Officers，FSIO）项目过程中所创立的。

行为事件访谈法是一种开放式的行为回顾式调查技术，类似于绩效考核中的行为事件法。它事先要求把被访谈者分为两个组，即优秀组和一般组。它要求每一组的被访谈者列举出他们在工作中发生的行为事件，也就是说对自己影响最深的事件，这种事件中包括成功事件、不成功事件或负面事件，每种事项各列举出三例，并且让被访谈者详尽

地描述整个事件的起因、过程、结果、时间、相关人物、涉及的范围以及影响层面等。同时也要求被访者描述自己当时的想法或感想，以及事后自己想法有何改变，例如是什么原因使被访者当时产生类似的想法以及被访者是如何去达成自己的目标等。

在行为事件访谈结束时最好让被访谈者自己总结一下事件成功或不成功的原因。行为事件访谈一般采用问卷调查和面谈相结合的方式。访谈者会有一个提问的提纲以此可以把握面谈的方向与节奏。并且访谈者事先不知道访谈对象属于优秀组或一般组，避免造成先入为主的误差。访谈者在访谈时应尽量让被访者用自己的语言尽量详细地描述他们成功或不成功的工作经历，他们是如何做的、感想如何等。由于访谈的时间较长，一般需要 1~3 小时，所以访谈者在征得被访谈者同意后应采用录音设备把内容记录下来，以便整理出详尽的、有统一格式的访谈报告。

1. 运用行为事件访谈法建立胜任素质模型的具体步骤

（1）定义绩效标准。绩效标准一般采用工作分析和专家小组讨论的办法来确定，即采用工作分析的各种工具与方法明确工作的具体要求，提炼出鉴别工作优秀的员工与工作一般的员工的标准。专家小组讨论则是由优秀的领导者、人力资源管理层和研究人员组成的专家小组，就此岗位的任务、责任和绩效标准以及期望优秀绩效表现的胜任特征行为和特点进行讨论，得出最终的结论。如果客观绩效指标不容易获得或经费不允许，一个简单的方法就是采用“上级提名”。这种由上级领导直接给出的工作绩效标准的方法虽然较为主观，但对于优秀的领导层也是一种简便可行的方法。

（2）选择效标样本。根据已确定的绩效标准，选择优秀组和一般组，也就是达到绩效标准的组和绩效标准没有达到或完成很普通的组。

（3）获取效标样本有关素质的数据资料。收集数据的主要方法有行为事件访谈（BEI）、专家小组讨论、360 度评定、问卷调查、胜任素质模型数据库专家系统和直接观察。

（4）分析数据资料并建立胜任素质模型。首先通过行为访谈报告提炼胜任素质，对行为事件访谈报告进行内容分析，记录各种素质特征在报告中出现的频次；然后对优秀组和普通组的要素指标发生频次和相关的程度统计指标进行比较，找出两组的共性与差异特征；最后根据不同的主题进行特征归类，并根据频次的集中程度，估计各类特征组的大致权重。

（5）验证胜任素质模型。“行为事件”的意义在于通过访谈者对其职业生涯中的某些行为事件的详尽描述，揭示并挖掘当事人的素质，特别是隐藏在素质冰山下的潜能部分，用以对当事人未来的行为及其绩效做出预期，并发挥指导作用。

在访谈过程中，对于行为事件的描述至少包括以下内容：

●这项工作是什么？

●谁参与了这项工作？

●你是如何做的？

●为什么？

●这样做的结果怎样？

材料阅读
CAILIAO YUEDU

行为事件访谈

假如你是某公司绩效优秀的中层管理人员，你走进访谈室，访谈人员先与你聊几句轻松的话题，然后，开始进行访谈。访谈人员问你："你曾经历了一次不愉快的工作经历，一天，在接到总公司交给的一项紧急工作任务后，你马上召集了部门全体人员会议，布置并分配各小组的具体工作。这时，一位组长拒绝接受你的安排，与你大声争吵起来。"请你回答以下几个问题：

1. 当时的情况怎样？面临这种情况时，你有什么实际想法和感受？你当时希望怎么做？

2. 你当时实际上是怎么反应的？你实际上做了或说了什么？请描述你在此事件中承担的角色。

3. 事件的结果如何？有什么样的影响？你从中获得什么收获？有什么体会？

说明：以上描述了一个中层管理人员所面临的一个行为事件。通过优秀中层管理人员对三个问题的回答，测试人员可以分析该被测试人员解决行为事件的方法、内在的动机以及处理问题的胜任素质要素。

2. 行为事件访谈法的优缺点

（1）行为事件访谈法的优点主要表现在：

①观察识别员工素质的能力及绩效，相对于其他资料收集方法，这种方法更能够发现员工的关键素质。

②不仅描述了行为的结果，而且说明了产生行为的动机、个性特征、自我认知、态度等潜在方面的特征。

③可以准确详细地反映被访者处理具体工作任务与问题的过程，告诉人们应该做什么和不应该做什么，哪些是有效的和无效的工作行为，对于如何实现和获得高绩效具有指导作用。

④可以提供与工作有关的具体事件全景，这些可以发展成为企业实施招聘面试、模拟培训的有效工具与角色扮演蓝本。特别是绩优员工提供的关于具体事件的描述，正好成为员工可参照的职业发展路径，并用以总结绩效优秀的员工在何时何地，采用什么方法获得目前及未来工作的关键能力。

（2）行为事件访谈法的缺点主要表现在：

①一次有效的访谈需要花费一个半到两个小时，此外还需要几个小时的准备和分析时间。

②访谈人员必须经过相关的专业训练，必要时要在专家指导下才能通过该方法获得有价值的信息。

③通常集中于具有决定意义的关键事件及个人素质上，所以可能会忽视一些不太重要但仍与工作有关的信息与特征。

④时间、成本及必要的专家支持使该方法无法大规模进行，只能限定在小范围职位

内展开。

（三）胜任素质要素的编码方法

在构建胜任素质模型的过程中，需要对所收集到的胜任素质特征以及相关要素进行归纳整理，编码方法就是归纳整理胜任素质要素的重要方法。具体讲，编码方法就是通过对关键事件访谈资料的分析，对绩优人员与一般人员的对比，发现决定绩效优劣的关键因素，即从事该职位工作所需要的胜任素质要素。在进行主题分析的时候，需要注意以下几个步骤和关键环节：

（1）胜任素质要素是什么？

管理者通过主题分析的方式，一方面可以直接发现绩优人员与一般人员的差异，提炼相应的胜任素质要素（例如组织协调能力等）；另一方面，要进一步挖掘导致绩优人员与一般人员的行为差异的深层次原因，提炼相应的胜任素质要素。

（2）胜任素质要素要求的级别程度怎样？

辨识与准确界定胜任素质要素的层级非常重要，因为相同胜任素质要素的层级差异能够导致工作绩效的不同。

（3）定义胜任素质要素。

根据胜任素质要素的提炼以及级别的确定，参照企业的胜任素质要素手册给出对应胜任素质要素的级别定义；对于那些企业个性化以及补充的胜任素质要素，要按照统一的语言方式赋予素质相应的解释。正因为如此，这个步骤的工作对于从事分析的人员的专业知识与技能要求非常高。

主题分析的主要步骤为：①组建主题分析小组；②对被访者个体进行分析；③主题分析小组成员共同研讨，界定胜任素质要素定义、内容与级别；④结合胜任素质要素手册，编制胜任素质要素代码；⑤主题分析小组讨论，统一胜任素质要素编码；⑥对提炼的胜任素质要素主题进行统计分析与检验；⑦根据统计分析的结果，由主题分析小组再次对胜任素质主题进行修正，形成最终的胜任素质模型与相应的编码手册。

（四）问卷调查法

问卷调查法是采用事先编制的岗位调查问卷，对员工进行实际调查，以获取较全面的职位胜任素质要素信息的一种方法。问卷调查法可以作为构建胜任素质模型的辅助方法。在实践中，问卷调查法往往与行为事件访谈法结合使用。在程序上，该方法一般先发放调查问卷，对某一职位的员工进行调查，掌握更为广泛的职位关键要素方面的重要信息资料；在此基础上，编写访谈提纲，根据访谈提纲对该职位的人员进行关键事件访谈，以深入掌握该职位的关键要素，并构建该职位的胜任素质模型。

第四节　对素质进行评价

企业以素质为基础进行绩效评估，关注特定的素质要素和相应的素质等级，以对素质的具体要求来作为产生高绩效的保证。这样一来我们就可以说，只要员工具备了出色胜任某一工作的各项素质，那么他就可以在这个工作岗位上取得高绩效，对绩效水平高低的评估也就转而成为对员工素质水平高低的衡量。由此也可以反映出对员工素质进行正确评估的重要性。

素质比工作业绩更为抽象，藏于冰山之下的那部分素质就更不容易把握，因此对素质的判断主观性就会很大。这就要求素质评估者自身要有较强的专业性，否则很难驾驭素质评估中所使用的各种技术和工具。而且，个人在自我总结报告或关键事件访谈中都有可能夸大自己的优点，有选择地报告或将自己的理想和希望与实际工作相混淆。除此之外，人际交往状况和利益的冲突等都有可能增加对素质进行评价的难度。

对素质进行评估，我们经常使用的一些技术和工具包括：①个人需求量表，即根据在满足个人需求的机会或行为受到阻碍或干扰时的个人情绪反应强度，判断一个人对某种目标状态的需求或欲望的强度，来测量个人成就、影响力等几项素质；②个人行为量表，即通过对一系列具体行为表现的描述，来衡量一个人的工作行为的特点，并以此来评定一个人的素质构成；③一些普遍使用的心理测量工具和人格测量工具，以及评价中心、工作样本测验、无领导小组、文件筐等一些常见的工具或技术。而利用关键事件访谈技术提取素质，并根据已建立的素质模型对员工各项素质的等级进行评定，是我们在进行素质评估时最为常见和有效的一种方法。

关键事件访谈是通过对绩优员工以及一般员工的深度访谈，获取与绩效相关的各类素质信息的一种方法。通过关键事件访谈所获得的各类素质信息是进行素质评估的基础，也是我们在前面所提到的建立素质模型的基础。其意义在于通过访谈者对其职业生涯中所经历的关键事件的详尽描述，显露与挖掘隐藏在冰山下的行为人的各项素质，并以此为基础对行为人所具备的各项素质及其等级进行评估。关键事件访谈的本质是透过行为人所讲述的有效和无效工作事件，看出行为人是否具有从事特定工作并取得高绩效的素质。在访谈过程中，评估者让行为人在指定的范围内报告出非常具体的工作事件，并以具体的问题逐步进行追问，从而了解行为人的真实情况，反映行为人的素质构成。一般来说，访谈者对于关键事件的描述必须包括以下内容：这项工作是什么？谁参与了这项工作？本人在这项工作中承担什么角色，具体是如何做的？为什么这样做？这样做的结果是怎样的？素质是预测绩效水平高低最为有效的标准，一旦建立起某个岗位或某类员工的素质模型，以素质为基础来判断工作绩效水平的高低就变得简单起来。利用关键事件访谈，结合个人需求量表、个人行为量表、人格测试等工具，评定员工具备的各项素质，将评定结果与先前建立的素质模型相对照，作为判断员工是否胜任某项工作以及员工绩效水平高低的依据。由于素质构成的复杂性和观察上的困难，对素质的评估是一个代价相对较高的过程。

胜任素质模型的前提就是找到区分优秀和普通的指标，也就是对岗位分析所确定的绩效有效标准，在这基础上确立的绩效考核指标，能真实地反映员工的综合工作表现。基于胜任素质模型所设计的绩效考核指标包括硬指标和软指标，既要设定绩效目标（硬指标），又要设定能力发展目标（软指标）。绩效目标是指和经营业绩挂钩的目标，能力发展目标是指那些和提高员工完成工作和创造绩效的能力有关的目标。在设定绩效目标时，现行一些绩效考核指标设置方法如关键绩效指标（KPI）法、平衡积分卡法等都可以广泛使用。所设定的能力发展指标更多地是从员工岗位胜任力出发。如企业在对一名区域销售经理进行绩效考核时，一方面设置如销售额、市场占有率等一些硬指标来考核他现有的绩效水平，同时设置一些软性指标如市场分析能力、营销策划实施能力等，通过对这些软性指标的考核，来更准确地判断该区域销售经理是优秀的还是普通的。

案例分析

ANLI FENXI

上海对外服务公司区域分公司经理胜任素质模型构建

一、选拔、招聘、考核区域分公司经理遇到的问题

上海市对外服务有限公司成立于1984年，是一家专业提供人力资源服务的企业，其服务领域包括人才派遣、人才招聘、薪酬管理、福利管理、人才培训、人力资源管理咨询、人力资源衍生服务等。为实现"成为真正全国第一的人力资源服务旗舰企业"的战略发展目标，推动"建设全国范围服务网络"的全国布点计划，该公司将在长三角、环渤海经济区、珠三角以及西北地区设立分公司，建立基本覆盖全国的服务网络，扩大市场份额。因此，选派足够数量的高素质、懂管理、善经营、具有开拓精神的区域分公司经理就成为实现公司战略发展目标的重要环节，这给公司人力资源管理工作带来极大的挑战。目前区域分公司经理队伍的建设主要存在以下问题：

第一，在甄选和招聘优秀的区域分公司经理方面有较大不足。

满足同样的选派条件，经理们的工作业绩却差异很大，这表明现有的选派标准和选派条件缺少一些胜任此项工作的关键性条件，如战略性思考、影响力等，难以选拔到胜任此项工作的优秀人员。

第二，在评价、考核区域分公司经理业绩方面存在问题。

目前的绩效考核体系指标单一，只关注利润，而忽视影响分公司可持续发展的其他因素，如团队建设、客户满意度等。

第三，在如何培训区域分公司经理，使他们成为一名优秀的管理者方面流于形式，针对性不强。

二、构建区域分公司经理胜任素质模型

将胜任素质理论应用于人力资源管理工作，构建胜任素质模型起着极其重要的作用。胜任素质模型是对既定的职位上实现高绩效工作产出所需要具备的胜任素质的规范化的文字性描述和说明，是这些胜任素质的组合。本案例将基于如图7-8所示的流程图对区域分公司经理胜任素质模型进行构建。为提高模型的信度和效度，在构建区域经理胜任素质模型时，该公司采用了专家小组评价法、行为事件法和调查问卷法等多种方法相结合的构建方式。

1. 建模目标分析

建模过程中首要同时也是最重要的步骤是清晰而具体地确定建模目标（AnneF. Marrelliet al.，2005）。这一步，企业需要回答如下三个关键问题：

(1) 是否需要构建胜任素质模型？

首先需要深思熟虑企业通过构建并应用胜任素质模型所能解决的问题，所能获得的

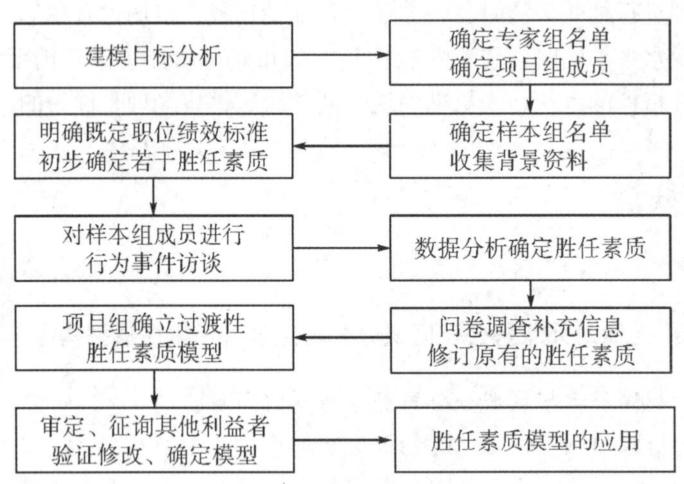

图 7-8　区域分公司经理胜任素质建模流程

收益以及所能利用的机会。构建胜任素质模型需要花费大量的时间和精力，因此只有在企业对其有强烈的需求时，做出建模的决策才是明智的。在本案例中，公司的全国布点计划带来的压力和当前在区域分公司经理选拔招聘、绩效考核等方面存在的问题都构成了公司对构建区域经理胜任素质模型的强烈需求。

（2）相应的时间范围是什么？

这些胜任力是需要现在关注呢，还是在未来才加以识别呢？很多组织选择同时识别现在需求的胜任力和将来需求的胜任力。然而，预测未来需求的效度很大程度上依赖于变化的速度以及所研究领域的影响因素。

（3）如何应用胜任素质模型？

它将用于战略人力资源计划、员工选拔、职位升迁、绩效管理、培训开发、继任者计划、薪酬计划，还是职业生涯规划？应用目的是决定构建方法以及最终模型确定的一个主要因素。本案例中，胜任素质模型将被应用于员工选拔、绩效管理、培训开发等方面。

2. 建模中的团队选择

应用理论构建模型是一项复杂的系统工程，其受到的制约因素很多，其中最为复杂的是“人”的因素。表 7-3 反映出建模团队的组成人员。

表 7-3　行为事件访谈的有关人员表

领导、决策层面	专家、学者层面	技术层面	受访者层面
董事会、董事长、总经理、总裁等	心理学专家、管理学专家	访谈专门人员、统计专门人员、编码分析人员	绩优组人员、普通组人员、小组访谈及调研人员

把相关人员分为四个层面，其作用无一可以忽视。没有领导决策层面的认同与支持，建模工作不可能进行。在财政经费上，在人员配备、研究工作开展的支持上，都需要领导的支持与保障。目前能在观念上认同，并有足够财力支撑的企业、公司还不是很多。专家与学者层面对整个研究工作的指导、专业上的把握是建模成功与否的一个关

键。从整个建模工作来讲，有关专门人员的操作水平、敬业精神与科学态度同样制约着整个研究工作的质量。被访谈者多达几十人，每次访谈时间都在两个小时以上，没有专业水平与敬业精神是难以胜任的。编码水平、繁复的数据统计，也是胜任素质模型建立的一项任务，需要聘请专业人员计算。受试者的配合与支持当然是一项更为艰巨的任务。这不只是因为他们花费了大量的时间与精力，还因为受试者关心此项测试与自己的利害关系。在访谈与问卷调查中不予合作的例子还是时有发生的。样本组对象的选择可由专家组和项目组来确定。在这一过程中，最重要的一点就是要确定区分绩效的有效标准。

1973 年，麦克利兰（McClelland）提出有效测验的六个原则中的首要原则就是“最好的测验是效标取样”。目前我国学者在此方面暴露出许多问题，如在对效标样本进行行为事件访谈之前并没有确定绩效标准（李爽等，2006），或者提供的绩效标准过于单一（周伟，2005），等等。本案例通过收集如下两方面的背景资料确定绩效标准：第一，经理类管理人员的胜任素质模型已有不少成功的探究，可借鉴部分现成的研究成果，如胜任素质模型辞典；第二，公司现有的对区域分公司经理进行考核的绩效标准。

3. 初步确定优秀绩效的若干胜任素质

在对区域分公司经理职位分析的基础上，由建模小组和专家一起讨论和分析优秀区域分公司经理的绩效标准。根据专家组、项目组成员在初步调查研究、小组访谈并参考已有的领导胜任素质通用模型的基础上，初步确定影响区域分公司经理优秀绩效的胜任素质共 20 项（见表 7-4），将其确立为数据收集的重点领域。在初步确定这些胜任力时，需要注意传统的工作分析存在的局限性。传统的工作分析所获得的胜任素质是针对所有雇员的，往往没有对他们的绩效进行优秀和普通的区分。而胜任素质模型中的胜任力是优秀的工作绩效所需要的，需要获得最优秀绩效者的精确数据（Gilbert，1996；Kellyey，Caplan，1993）。

表 7-4　区域分公司经理优秀绩效的初步胜任素质项目表

大局意识	客户服务导向
合作交流	企业文化
社交网络	发展他人
理论修养	团队建设
信息传达	事业心、责任感
监控协调	信守承诺
影响力	业务专长
引导变革	公平处事
认可与支持	承受压力
问题与解决	鼓励创新

4. 访谈过程实施

对样本组成员进行调查以获取相关数据可采用行为事件访谈法和调查问卷验证相结

合的方法。行为事件访谈法是到目前为止在胜任素质的测定和模型构建中应用最为广泛的方法。该方法通过对优秀绩效者和一般绩效者进行开放式的行为回顾探察访谈，归纳出影响绩效的胜任素质的主要差异，再确定该职位的关键胜任素质的组合。这一过程主要包括如下几个步骤：

第一步，编制访谈提纲。

为提高访谈效率，在行为事件访谈前要编制好访谈要点提纲，主要有以下内容：

（1）介绍访谈者姓名、身份，说明本次访谈是为了更好地理解工作的性质，介绍面临的问题和成功的做法。

（2）承诺对采访内容保密，所提供的信息将会和采访中的其他采访者信息一起综合考虑。

（3）对被采访者的理解、支持表示感谢。

（4）明确被采访者的主要工作职责及主要内容，目前面临的主要任务、问题或挑战，打算怎么应对。

（5）为完成工作，需涉及哪些单位、部门？打算怎样合作？合作状态如何？

（6）详细描述1~3个成功解决问题的例子。说明什么情景？涉及哪些人？

（7）详细描述1~3个没能成功解决或处理得很糟糕的问题。做了些什么？为什么这么做？

（8）详细描述一个非常棘手的问题或者情景。发生了什么事？如何解决？

（9）哪些行为、能力、知识、品质是促使所承担工作成功的最主要原因？

（10）哪些行为、能力、知识、品质是自己所缺乏的？个人的学习、发展的愿望有哪些？

第二步，实施行为事件访谈。

根据专家小组和项目组成员设计的行为事件访谈提纲，由经验丰富的心理学工作者对被试者进行行为事件访谈。访谈采用“双盲设计”，即被访谈者不知道样本选取时的优秀组与一般组之分；访谈者也不知道受访者属于哪一个组。

第三步，访谈结果编码。

对访谈结果编码共分为三步。首先，将访谈录音整理成文稿。其次，进行编码训练。采用Spencer等的胜任特征编码词典，由3人组成的编码小组对一份录音文稿进行试编码。在编码过程中结合实际情况进行修订补充，同时对这份文稿的编码达成一致意见。在编码标准基本统一后，由3人再对另一份录音文稿进行编码，通过讨论达成一致意见。最后，进行正式编码。选择编码训练过程中编码一致性较高的二人形成正式的编码小组，根据商定的编码标准对余下的18份录音文稿独立编码。

5. 数据分析确定胜任素质

为获得具有显著性差异的胜任素质，数据分析这一环节主要包括以下几个方面的工作：

（1）访谈长度（时间与字数）的分析

为了确保优秀组和普通组在各胜任素质上的差异不是由访谈长度所引起的，先要对两个组的访谈长度进行差异显著性检验，只有确定胜任素质差异不是由于访谈的时间和访谈的录音文稿字数上的差异引起的，才能继续进行下一步的工作，否则要重新进行行为事件访谈。

（2）计算概化系数

概化系数是为了在总体上考察胜任素质评价方法的信度指标。根据概化理论，先进行G研究，然后分析不同的“面”对于总体方差的贡献。

（3）区域分公司经理胜任素质模型的建立

编码者确定每一个被试者在每项胜任素质上的平均分数，然后对优秀组和普通组在各项胜任素质的平均分数进行差异显著性检验。分析结果表明，优秀组与普通组在如下11项胜任力的平均分数上存在差异：大局意识，社交网络，事业心和责任感，影响力，引导变革，客户服务导向，信守承诺，承受压力，认可与支持，发展他人，团队建设。因此，区域分公司经理胜任素质模型应该包括这11项胜任力。

6. 胜任素质模型的验证

为了进一步对确定的胜任素质进行验证，采用调查问卷的形式对区域分公司经理胜任素质的20个项目进行重要性评定，以确认所选出的11个项目的认可度。调查问卷要求被试者用5点量表评定这些胜任素质对称为优秀的区域分公司经理的重要程度。对问卷数据也使用spss11.0进行统计处理。根据分公司经理胜任素质重要性评定结果（按高低排序），所列的20个胜任素质评定的平均值都大于3.50，说明选取的这些胜任素质都具有一定程度的重要性。值得注意的是：建模小组最后确定的决定区域分公司经理优秀绩效的11个胜任素质均列在重要性程度较高的前12位。唯一差异的是“鼓励创新”这项素质列出的位置居于第5位。这说明，“勇于创新”这项素质对于区域分公司的绩效有重要关联。专家组商讨，决定将此项素质列入区域分公司经理胜任素质（总数为12项）。

7. 确立过渡性胜任素质模型

在确定了12个胜任素质后，需要对它们进行因素分析，以确定这些胜任素质的内在结构。可采用主成分分析方法（Principal Component Analysis），选取特征值大于1的因子，并用最大变异数法进行正交旋转。本案例研究结果共抽取了5个因子，解释了方差总变异的56.76%，并按照各因子所包含的胜任素质的意义对各因子进行了命名。

第一主成分主要包括“大局意识”“事业心、责任感”，反映外派分公司属于上海市对外服务有限公司的总体领导，是一个有机的组成部分，解释总变异的13.58%，主要涉及公司的全局利益，命名为“大局观”。第二主成分包括“客户服务导向”“社交网络”“发展他人”3个胜任素质，反映分公司经理在经营与管理活动中对外、对内的理念与宗旨，尤其是身处异域，开展企业外交，构建社交网络的重要性，解释总变异的12.17%，主要涉及分公司经营管理，命名为“管理分公司”。第三主成分包括“影响力”“引导变革”“鼓励创新”，解释总变异的11.05%，主要涉及分公司在面对市场、应对变化中的变革能力，命名为“管理变革”。第四主成分包括“团队建设”“认可与支持”，解释总变异的10.43%，主要涉及公司的企业文化建设，命名为“管理文化”。第五主成分包括“信守承诺”“承受压力”，解释总变异的9.63%，主要涉及个性品格、特点，命名为“个性特质”。经过这样的因子分析，我们可以得出上海市对外服务有限公司外派公司经理胜任素质模型的结构示意图，见图7-9。

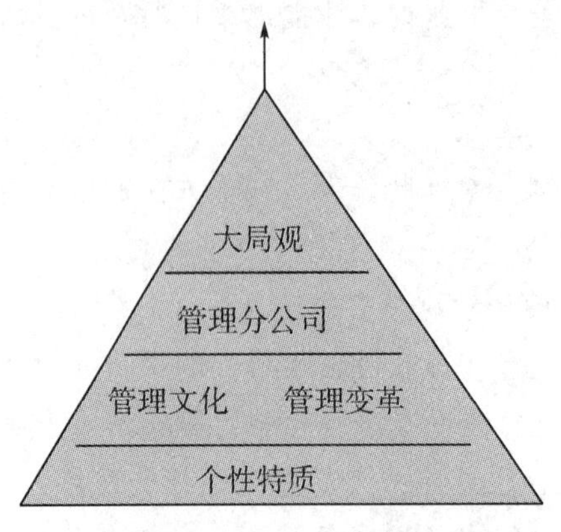

图 7-9　区域分公司经理胜任素质结构图

从图 7-9 可以清楚看到，上海市对外服务有限公司区域分公司经理的胜任素质可分为五大部分：在贯彻总公司意图，实施总公司发展战略方面的素质；作为分公司经理，科学地管理公司，实现高绩效目标方面的素质；在建设、发展、营造分公司文化方面的能力与素质；面向市场，分析、预测和应对变化的素质；个性特质（如承受压力、毅力和诚信道德等）方面的素质。这五项素质中第一、第二两项是较为显性的，也是比较易于测量的，所以位于金字塔的上端，而后三项相对隐性，特别是第五项（个性特质）素质起着深层次的作用，但比较难以测量。所以，在应用模型时对此项素质的测试可能要以较长时间的观察或考察为基础。胜任素质模型建立以后，通常有两种表述方式：图形结构法和列表陈述法。列表陈述法，就是以表格形式把各项胜任素质列出，并逐一加以文字描述（见表 7-5）。列表陈述法内容具体，在应用上的操作性较强，因此本项目采用列表陈述法表述区域分公司经理的胜任素质模型。

表 7-5　上海市对外服务公司区域分公司经理胜任素质模型

类群	胜任素质	行为表现
大局观	大局意识	明确总公司发展愿景和经营战略，明确对分公司的绩效要求。及时汇报、请示，保持与总公司的畅通联络，主动争取总公司的指导与支持。采用电子邮件、请领导视察和回总公司汇报等多种方式报告工作
	事业心、责任心	对完成总公司任务有高度的责任感，把做好工作与事业发展相联系，个人的言行与维护和树立公司的企业形象相联系，保持热情与干劲，有很强的成就欲
管理分公司	客户服务导向	征求客户意见，对客户需求进行评估，拟订获得客户满意的规划与行动方案，发现为客户服务使其获益的机会，建立忠诚客户队伍
	社交网络	通过正式与非正式社交活动与提供信息和帮助的人建立联系，通过定期走访、电话、通信、参加会议、社交活动与他们保持接触，保持有效的关系网络
	发展他人	尊重他人，承认每个人对团队的价值，注重激发他人的潜能，关注他人的职业发展，提供机会和指导

表7-5(续)

类群	胜任素质	行为表现
管理变革	引导变革	分析市场变化，行业形势，企业环境；设计和引导变革，执行变革方案，建立有效的沟通，争取对变革的理解与支持，克服实施变革中的障碍与困难
	影响力	使用讲道理、谈价值观、激发情感等技巧去影响他人，提高员工的工作热情和责任感，专注于任务目标。对询问予以答复
	鼓励创新	鼓励员工提出建议和意见，鼓励创新和开拓业务的主体精神，维护创新性的组织氛围，赞扬和肯定创新行为
管理文化	团队建设	尊重人与人之间的差异，培养员工的合作意识和团队精神，促进团队学习，有效解决冲突，引导员工之间、员工与组织之间相融合
	认可与支持	对员工的良好绩效、重大成果及贡献给予认可、表扬和感谢，给予实在的回馈。行为友善，对他人的不安和焦虑表示同情和支持
个性特质	信守承诺	对总公司、对员工、对外部奉行守诺的原则，坦诚、忠实地传递信息，对失误敢于承担责任，以遵守承诺取信于人
	承受压力	能够处理工作压力，面对复杂、艰难的局面以自信和毅力克服困难，在较高压力下，保持工作效率，有效工作，鼓舞士气

8. 胜任素质模型的应用

胜任素质模型的价值体现于对它的应用。在一个整合的基于胜任素质模型的人力资源系统中，我们可以根据已识别出来的高绩效所需要的胜任力来甄选、招聘、开发、管理以及激励员工。同时，员工也可以很明确地知道获得成功所需具备的胜任力，以及他们将如何被评价。

综上所述，胜任素质模型的构建是一个复杂的系统过程，需要详细的计划、领导的支持以及其他利益相关者的理解。尽管构建模型的过程要耗费大量的时间和费用，但是其潜在收益对于企业而言也是不可估量的。

资源来源：姚凯. 上海对外服务公司区域分公司经理胜任素质模型构建［J］. 中国人力资源开发，2008（7）：60-64.

本章小结

本章主要包括四部分的内容：第一节介绍了素质与绩效的关系；第二节介绍了素质、胜任素质以及胜任素质模型的内涵，并重点阐述了素质库模型的构成；第三节主要介绍了胜任力模型及其构建；第四节介绍了采用合适的工具对绩效进行评价。本章重点在第二节和第三节。要求大家掌握胜任素质模型的概念以及各种素质库的运用，同时要掌握胜任素质模型的构建原则、步骤、方法和注意事项。最后，大家要能够将胜任素质模型灵活运用于绩效考核之中。

思考与讨论

1. 什么是素质、胜任素质、胜任素质模型？
2. 怎样构建胜任素质模型？
3. 胜任素质模型在绩效考核中如何运用？

第八章

基于目标管理的绩效考核

案例引入

ANLI YINRU

我国春秋战国时期的著名政治家、军事家和改革家——吴起，著有《吴子》，与孙子连称“孙吴”。后世将《孙子》《吴子》合称为《孙吴兵法》，其在中国古代军事典籍中占有重要地位。吴起从小立志做将领，寒窗苦读，在入仕以后提出具体的军事改革方案，明确各军营职责，令魏国和楚国成为当时战国的霸主。吴起在出征途中身先士卒，愿意与士卒同甘共苦，作战军纪严明，深得士兵爱戴，以至于士卒为其战死亦在所不惜。在军事改革中，吴起注重培养底层优秀士兵，摸索出一套适合魏国和楚国的训练体系，改掉了当时军事上士卒作战不积极的弊病，使所仕国家的军事强于其他国家，既能抵御强国的入侵，又能侵占小国的领土①。

这个故事表明，员工个人要有明确清晰的目标，同时领导只要关注目标的执行情况，保证目标的顺利完成，这与目标管理思想不谋而合。在目标管理中，领导要平等对待部门或团队的每个成员，并提供顾问、教练、保姆服务，就会创造出惊人的团队的整体业绩。正如《高效能人士的七个习惯》的作者史蒂芬·柯维曾提到一个仆人式领导的概念。一个仆人式的领导会问员工五个问题：

1. 工作进展如何？
2. 你在学习什么？
3. 你的目标是什么？
4. 我能帮你做什么？
5. 我作为一个帮助者做得怎么样？②

目标管理作为行之有效的绩效管理手段，不断被国内外管理实践所应用。本章就来讨论基于目标管理的绩效考核方法。

---

① 资料来源于《史记·吴起传》。

② 史蒂芬·柯维，顾淑馨. 高效能人士的7个习惯［J］. 发现，2003（8）：22-24.

第一节　目标管理的起源与发展

目标管理是由企业高层领导者制定出企业总目标，由各部门和全体职工根据总目标的要求，制定各自的分目标，并积极主动地实现个人目标和部门目标的管理方法。目标管理是由管理学大师彼得·德鲁克在20世纪50年代提出的一种管理方法，既强调员工主动参与目标制定过程，又强调总体目标的实施效果，自提出以来在管理学界受到广泛的推崇，被称为“管理中的管理”。

一、目标管理的起源

彼得·德鲁克于1954年在《管理的实践》一书中提出了一个具有划时代意义的概念——目标管理（Management By Objectives，MBO）。它要求企业高层制定公司总目标，以目标执行结果为评判企业绩效的标准，充分发挥组织目标的激励作用。目标管理是德鲁克所发明的最重要、最有影响的概念，并已成为当代管理体系的重要组成部分。

目标管理是以目标为导向，以人为中心，以成果为标准，使组织和个人取得最佳业绩的现代管理方法。目标管理亦称“成果管理”，俗称责任制，是指在企业个体职工的积极参与下，自上而下地确定工作目标，并在工作中实行“自我控制”，自下而上地保证目标实现的一种管理办法。

德鲁克认为，经理人必须实施目标管理，即由经理人和下属一起共同商定客观目标，依靠下属积极性去自我管理，完成部门和个人目标，进而实现公司总目标。他认为“只有这样的目标考核，才会激发其管理人员的积极性，不是因为有人叫他做某些事，或是说服他做某些事，而是因为他的目标任务需要做某些事（岗位职责）；他付诸行动，不是因为有人要他这样做，而是因为他自己决定他必须这样做——他像一个自由人那样行事。”① 因此，真正的目标管理是实现员工的自我管理，即自主寻求个人目标与组织目标的一致性，通过不断努力、自我监督、自我评判完成结果的过程，进而实现员工的自我管理。在目标管理情境下，每一位员工都是自我的“管理者”。

目标管理强调了“目标”的重要性，一个工作如果没有目标，这个工作就必然被忽视。因此管理者应该通过目标对下级进行管理。当组织最高层管理者确定了组织目标后，必须对其进行有效分解，转变成各个部门以及各个人的分目标，管理者根据分目标的完成情况对下级进行考核、评价和奖惩。

目标管理提出以后，便在美国迅速流传。目标管理从20世纪80年代初引入我国，现已在许多企业及其他社会组织中应用，并取得明显的成效。在第二次世界大战后西方经济由恢复转向迅速发展的时期，企业亟须采用新的方法调动员工积极性以提高竞争能力，目标管理应运而生，并得到广泛应用，且很快为日本、西欧国家的企业所仿效，在世界管理界大行其道。

① PETER F DRUCKER. The practice of management［M］. New York：Harper Press，1954：128-129.

二、目标管理思想的发展

德鲁克的目标管理思想是“目标”。“所谓目标管理，就是管理目标，也是依据目标进行管理。”① 他认为，虽然企业内部各个部门、每位员工所做的贡献并不相同，但都是为实现企业发展服务的，因此与企业的总体发展目标相一致，共同的责任感是共同贡献能力的基础，依靠团队合作实现目标是手段。在此基础上，他们必须朝着同一方向共同努力，融合为一个整体对企业做出贡献。

乔治·奥迪奥恩（Odiorne，1965）发展了这一思想。他认为目标管理更加强调管理人员的控制。“目标管理是这样一个过程，通过这个过程，一个组织的上级管理人员和下级管理人员共同确定该组织的共同目标，根据对每一个人所预期的结果来规定他的主要责任范围，以及利用这些指标来指导这个部门的活动和评价每一个成员对组织的贡献。”②

奥迪奥恩从以下三个方面发展了德鲁克的目标管理思想：

（1）强调目标管理适用于一切组织，无论是企业组织还是非企业组织。因此，任何组织的运作都要求各项工作必须以整个组织的目标为导向；尤其是每个管理人员必须注重组织整体的成果，他个人的成果是由他对组织成就所做出的贡献来衡量的。经理人必须知道组织要求和期望于他的是些什么贡献。否则，经理人可能会搞错方向，浪费精力。

（2）强调目标管理是一个过程，是管理的出发点和最终点。这些目标应该始终以企业的总目标为依据。如果一位经理人及其单位不能对明显影响企业的繁荣和存在的任何一个领域做出贡献，那就应该把这一事实明确地指出来。这对于促使每一个职能部门充分发挥技能，以及防止不同职能部门建立独立王国并相互妒忌，都是必要措施。同时，这对于防止过分强调某一关键领域也是必须的。

（3）主张下级和上级对重要责任范围以及什么是可以接受的成绩水平取得一致意见。上级必须知道对下级的期待是什么；而下级必须知道自己对什么结果负责。目标必须规定该人所管理的单位应达到的成就，必须规定他和他的单位在帮助其他单位实现其目标时应做出什么贡献，还应规定他在实现自己的目标时能期望其他单位给予什么贡献。换言之，组织从一开始就应把重点放在团队配合和团队成果上。

第二节　目标管理的基本内容

一、目标管理的主要内容

目标管理是以管理心理学中的“Y 理论”为指导思想，通过目标的激励来调动广

① PETER F DRUCKER. The practice of management [M]. New York: Harper Press, 1954: 129.

② ODIORNE, G S. Management by objectives: a system of managerial leadership [M]. Marshfield, Massachusetts: Pitman Press, 1965: 26.

大员工的积极性，从而保证实现总目标。其核心就是明确和重视成果的评定，提倡个人能力的自我提高；其特征就是以目标作为各项管理活动的指南，并以实现目标的成果来评定其贡献大小。其中心思想是具体化展开的组织目标成为组织每个成员、每个层次、部门等的行为方向和激励手段，同时以使其成为评价组织每个成员、每个层次、部门等的工作绩效的标准，从而使组织能够有效运行。

1. 主要内容

目标管理的核心要义就是由企业高层管理者制定总目标，再通过管理者与下属讨论协商将总目标分解给各个部门和每位员工，动员全体员工参与目标制定过程并监督自己的实施情况。为避免目标确定过程中的问题，在目标执行过程中，组织要根据目标划分责任范围、上下级权限，管理者负责协调各个部门内部合作问题，目标完成情况由自我评定，通过将目标与成果密切联系，实现下属的自我管理。最终组织会形成一个全方位的、全过程的、多层次的目标管理体系，提高上级领导能力，激发下级员工的积极性，保证目标实现。

目标管理的魅力就在于通过建立企业内部相互联系的目标体系，将员工紧密联系起来，系统的目标体系使得集体力量得以发挥。这也意味着，目标管理的实施代表了员工自我管理化、组织管理民主化和成果管理目标化，即目标管理本质上就是一种民主的、自觉的、总体的成果管理计划。

目标管理是一个反复循环、螺旋上升的管理方式，因而它的基本内容具有一定的周期性，目标管理正是通过其管理内容的周而复始，才实现了管理效果的不断提高。就其每一个周期而言，其基本内容有设置目标、跟踪目标、考核评估目标、制定新的绩效目标。

2. 目标管理原则（SMART）（见图 8-1）

（1）具体的（specific）。

（2）可衡量的（measurable）。

（3）可达成的（achievable）。

（4）相互关联的（relevant）。

（5）有时间限制的（time-based）。

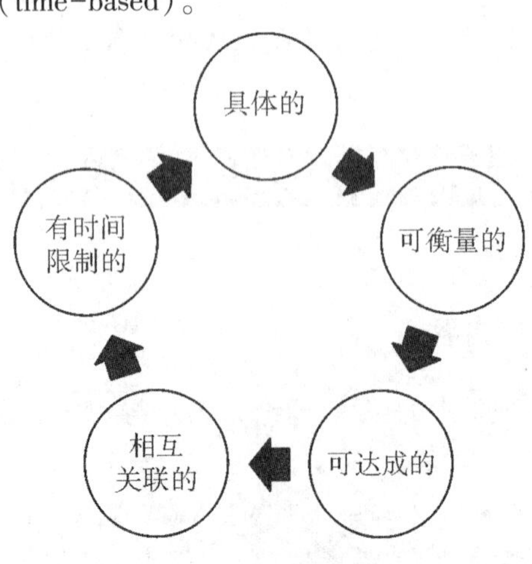

图 8-1　目标管理原则

金帝酒业公司的目标管理

不久前，为最大限度节约成本、增加利润，金帝酒业公司决定在整个公司实施目标管理，根据目标事实和完成情况，一年进行一次绩效评估。事实上，他们在此之前为销售部门设计资金系统时已经用了这种方法。公司通过对比实际销售额与目标销售额，支付给销售人员相应的资金。这样销售人员的实际薪资就包括基本工资和一定比例的个人销售资金两部分。

销售大幅度提上去了，但是却苦了生产部门，他们很难及时完成交货计划。因此，销售部总是抱怨生产部不能按时交货。于是，公司高层管理者决定为所有部门和员工建立一个目标设定流程。生产部门的目标包括按时交货和库存成本两个部分。

为了实施这个新的方法他们需要用到绩效评估系统。他们请了一家咨询公司指导管理人员设计新的绩效评估系统，并就现有的薪资结构提出改变的建议。他们付给咨询顾问高昂的费用修改基本薪资结构，包括岗位分析和工作描述；还请咨询顾问参与制定资金系统，该系统与年度目标的实现程度密切相连。他们指导经理们如何组织目标设定的讨论和绩效回顾流程。总经理期待各部门很快能够提高业绩。

然而不幸的是，各部门的业绩不但没有上升，反而下滑了。部门间的矛盾加剧了，尤其是销售部和生产部。生产部埋怨销售部销售预测准确性太差，而销售部埋怨生产部无法按时交货。每个部门都指责其他部门存在的问题。客户满意度下降，利润也在急剧下滑。

请问：

1. 本案例的问题可能出在哪里？

2. 为什么设定目标（并与工资挂钩）反而导致了矛盾加剧和利润下降？

参考答案：

目标管理作为一种行之有效的管理方法，在很多组织推广使用，但有效实施目标管理的条件是：目标明确；组织内各部门之间要相互协作和加强沟通；目标的设定要由全体员工共同参与并由员工执行；其中任何一个环节出现问题，均可能影响目标管理的实施效果，甚至影响到组织最终目标的实现。

目标管理是员工参与管理的一种形式，强调“自我控制”，注重成果第一。其主要特点有：一是以目标为中心；二是强调系统管理，要求总目标和各分目标及分目标和分目标之间相互支持保证，形成目标网络体系，保证目标的整体性和一致性；三是重视人的因素。操作方法得当，能使各项工作有明确的目标和方向，避免工作的盲目性和随意性；能提高整体目标的一致性，有助于增强员工的进取心、责任感，充分发挥员工的潜力和积极性；有助于实现有效管理；有助于增强员工的团结合作精神和内部凝聚力。但如果操作不当，则不仅达不到目标管理应有的效果，反而会形成负面影响。

案例中的问题主要出现在以下几个方面：一是目标的设定没有员工的共同参与，因

此员工对高层的这种做法被动执行得多，但并不是真正理解公司为什么这么做。二是部门之间的横向协调工作不到位，相互之间各自为政，为了自身的小利益而没有考虑到公司的整体利益，从而影响到公司目标的整体性和一致性。三是目标的设定不全面，过于关注绩效评估，而忽视了其他目标的设定。这一系列问题的出现直接地影响公司部门之间的关系和公司的整体利益，最终不仅使部门之间的矛盾加深，而且使公司的整体收益急剧下滑。

二、目标管理的特点

目标管理的核心要义就是由企业高层管理者制定总目标，再通过管理者与下属讨论协商将总目标分解给各个部门和每位员工，动员全体员工参与目标制定过程并监督自己的实施情况。它以“Y 理论”为基础，即认为在目标明确的条件下，人们能够对自己负责。其理论依据是心理学与组织行为学中的目标论。目标管理与传统管理方式的不同之处在于以下三点：

1. 以人为中心

目标管理与其他绩效管理方式最大的不同点就在于目标管理是由下属和领导者共同确认个人目标的一种民主的、参与的、自我控制的绩效管理方法。这一制度将个人目标与组织目标相结合，上下级之间呈现出支持、尊重、平等和依赖的关系，下属在被领导授权以后是自治、自主和自觉的，需要管理人员提供必要的支持和信赖，而管理人员在将公司总目标和部门目标分解到个人以后，提供管理支持。目标管理过程以人为中心主要体现在以下三个方面：①员工参与管理。员工参与个人目标的确定过程，自主提出个人目标。②以自我管理为中心。个人目标确定后，员工通过自身监督与衡量，不断修正自身行为，实现目标，即目标管理的核心精神就是自我管理。③以自我评价为标准。在目标完成后，员工需要对自身在工作中的不足和错误进行总结，自检自查，不断提高个人能力。

2. 建立完整的目标体系

目标管理通过一套科学完整的流程设计，将组织总目标逐步分解，逐渐转换为各单位、各员工的分目标。在整个目标体系构建过程中，管理者将总目标分解为部门目标，再将部门目标转换为个人目标，明确部门和个人的权、责、利关系，形成协调统一的目标体系。公司总目标的达成只有通过完成个人目标和部门目标才能顺利实现。通过目标管理过程，公司就完成了个人—部门—公司的目标体系的建立，科学、完整的目标体系又能进一步提高组织绩效。

3. 以成果为导向

目标管理强调的并非只有目标的设立过程，还包括目标的实现过程，即目标管理评价的重点在工作成效上，按员工的实际贡献大小如实地评价一个人，使评价更具有建设性。目标管理以制定目标为起点，以目标完成情况的考核为终点。工作成果是评定目标完成程度的标准，也是人事考核和奖惩的依据，成为评价管理工作绩效的唯一标志。至于完成目标的具体过程、途径和方法，上级并不过多干预。所以，在目标管理制度下，监督的成分很少，而控制目标实现的能力却很强。

三、目标管理的不足

（1）科学的目标难以确定。一方面，组织作为一个系统整体，其很多目标密切相关，不可分割，因此组织内存在许多目标难以定量化和具体化，这时确定目标及检验、评价标准往往较为困难；另一方面，组织外部环境存在诸多不稳定因素，日益变化的环境使得组织内部活动复杂多变，不确定性增大，因此难以制定出量化的、科学的部门目标和个人目标。

（2）目标确定过程增加管理成本。目标管理的核心思想是上下共同协商制定个人目标，这种沟通是很花费时间的，增加了管理沟通成本。而且在沟通过程中，由于权力距离的影响，下属不敢与领导平等商议确定目标，有可能滋生本位主义倾向。与此同时，在目标确立的过程中，由于每位员工只关注个人目标，部门管理者只关注本部门目标，很可能忽略相互协作和组织目标的实现，表现出急功近利、不顾大局的行为，增加了目标协调成本。此外，目标确定以后，不能频繁修改，但当主客观情况变动较快时，目标管理的灵活性和应变性能力较差，不能适应外部环境变化要求，增加了机会成本。

（3）缺乏长期性目标管理。目标管理通常聚焦于短期目标——一年或一年以下的目标，通常在年度结束之后进行目标结果评定。这容易导致员工为了完成短期任务忽视长期目标，导致行为短期化。

（4）缺乏必要的“行为指导”。目标管理使员工和部门管理者的注意力集中到目标上，但是没有明确完成目标所需要的行为，对于缺少技能培训的员工而言，只有“行为指导”，具体列出完成目标所需要的行为才能实现目标，但目标管理明显忽视了这一点。同时，目标管理基于人性“Y 理论”假设，然而在现实生活中往往是“机会主义本性”的，在监督不力、工作惰性的企业氛围下，目标管理所要求的自主管理难以实现。

（5）目标评价难以客观。目标管理往往重视目标的制定，而放松对目标的组织执行和检查考核，这样会使目标管理过程不完善和不系统。

四、目标管理的功能

1. 自主参与的激励功能

美国心理学家弗鲁姆的期望理论认为，人们总是渴求实现某一目标以满足自身需要。目标对人有激发行为动机的影响，目标对人激发行为力量的大小取决于目标价值（效价）和期望概率（期望值）。期望理论表明，个体对目标效价的评估直接影响其实现目标的动机和行为，即个人主观对目标的渴望是行为实现的重要因素。从这一角度而言，目标管理强调员工自主参与目标制定过程，通过个体亲自制定自身目标会比接受上级安排目标感觉更好，因为这一过程充分发挥了个人的主观能动性。员工既认为主观上实现目标的可能性较大，也会对目标产生强烈的认同感和较高的价值认知，同时足够重视。这样，个人总是希望通过一定的努力达到预期的目标，就会很有信心，并激发出很强的工作力量，产生强大的内在动力。

2. 自我控制的激励功能

目标管理的特点在于每位员工都成了自己的“管理者”，正如德鲁克所说，目标管理使绩效管理从人治走向了自治。对自我目标设立的控制、实现过程的控制和调整行为的控制体现了员工自我控制能力的高低。目标体系组织实施过程中，组织的各个部门、各个成员明确了自身的目标，明确了自己的职权、职责和工作的具体任务，可以通过比较实际结果和目标来评估自己的绩效，以便做进一步改善，在工作中实现自我控制。用自我控制的管理代替上级主管压制性的管理，能充分发挥组织成员工作的聪明才智和创造性。

3. 责任感意识的激励功能

目标管理增强了下属的责任感，责任感本身也是一个激励因素。下属许多行为的动力来自强烈的责任感。要充分发挥下属实现目标过程中的积极性、主动性、创造性，增强其责任感是一条重要的途径。人是有责任感的，只要环境适当，人不仅会承担责任还会追求责任。增强下属责任感的手段很多，研究结果表明，最有效的手段是在实现目标过程中实行“自我控制”。实行“自我控制”式管理有利于下属增强责任感，进而促使下属积极性、主动性、创造性的充分发挥。所以，增强责任感是自我控制的一种延伸结果。现实管理实践中的目标管理，并未采用“自我控制”式的管理。因此，它不具有责任感的激励作用，只能依赖强制性管理手段来实现目标，下属的积极性、主动性、创造性仍处于压抑状态。

4. 目标本身的激励引导功能

目标指期望的成果，这些成果可能是个人的、部门的或整个组织努力的结果。目标为所有的管理决策指明了方向，并且作为标准可用来衡量实际的绩效。其直接的作用主要体现在对管理过程的控制。但是，作为活动的预期目的和结果，目标对管理的重要作用又不局限于此，它可以对人产生巨大的激励作用，这种作用将贯穿整个管理环节，使得管理活动获得最佳效益。目标的激励作用主要表现在三个方面：一是在目标确定后，由于它能使人明确方向、看到前景，因而能起到鼓舞人心、振奋精神和激发斗志的作用；二是在目标执行过程中，由于目标的制定都具有一定的先进性和挑战性，在实际工作中必须通过一定的努力才能达到，因而有利于激发人们的积极性和创造性；三是在目标实现以后，由于人们的愿望和追求得到了实现，同时也看到了自己的预期结果和工作成绩，因而在心理上会产生一种满足感和自豪感，这样就会激励人们以更大的热情和信心去承担新的任务以达到新的目标。

案例分析

ANLIFENXI

北斗公司刘总经理在一次职业培训中学习到很多目标管理的内容。他对于这种理论逻辑上的简单清晰及其预期的收益印象非常深刻。因此，他决定在公司内部实施这种管理方法。首先，他需要为公司的各部门制定工作目标。刘总认为，由于各部门的目标决定了整个公司的业绩，因此应该由他本人为他们确定较高目标。确定了目标之后，他就把目标下发给各个部门的负责人，要求他们如期完成，并口头说明在计划完成后要按照目标的要求进行考核和奖惩。但是他没有想到的是中层经理在收到任务书的第二天，集体上书表示无法接受这些目标，致使目标管理方案无法顺利实施。刘总感到困惑。

请根据目标管理的基本思想和目标管理实施的过程，分析以下问题：

1. 刘总的做法存在哪些问题？

2. 他应该如何更好地实施目标管理？

参考答案：

目标管理是一个程序和过程，是一个全面的管理系统。它使许多关键管理活动结合起来，将组织的整体目标转换为组织单位和成员的目标，通过层层落实和采取保证措施，有效而又高效地实现目标。目标管理能够很好地体现员工参与式管理。

1. 刘总的做法存在哪些问题？

（1）思想上不重视。目标分解之后不仅不能相互矛盾，还必须真正落实，要让每一个接受目标的职员和下级管理人员都明白什么是目标管理，自己在目标管理中的地位，怎样参与目标管理完成自己的任务。目标管理不是简单地下达任务、落实任务，它是一种职工主动参与管理的制度，要发挥职工的积极性和主动性。孔茨等人也指出，目标管理看起来简单，但要把它付诸实施，管理人员必须很好地领会和理解。他们必须依次向下属人员解释目标管理是什么，为什么要实行目标管理，在评价时它起什么作用，以及最重要的是参与目标管理的人能够得到什么好处。这个原理是建立在自我控制和自我知道的概念基础上的，目的是使管理人员成为内行。

（2）基础工作不到位。目标管理需要扎实的基础性工作，如目标的确定要合理、目标要正确地进行分解。这项工作一定要做仔细，因为目标要分解到组织中的所有成员，关系到每一个人的切身利益。目标要能够为每一个人所接受，正确评价每一个人的业绩，没有科学合理的目标体系是不可能的。所以，对这一项管理基础工作必须高度重视，认真组织。

（3）只下任务，不检查、不协调。各部门都有自己的任务，有各自的利益，即使目标分解时充分注意了协调性，在执行中也可能产生不协调的现象，部门间可能产生矛盾。如一些部门为了保证自己的任务优先完成，不顾及总体计划的平衡性。这就需要做好协调工作。这是高层管理部门的责任和义务，不能以为任务下达之后，就万事大吉，撒手不管了。

（4）没有书面的文件或章程可依。目标管理是和绩效评价相联系的，目标管理的优点之一就是和员工的个人利益相联系。将目标管理的任务与所受奖罚以书面的形式确定下来，有利于员工打消心中疑虑，认真严肃地对待目标管理和积极地投入进去。

2. 根据目标管理的概念与特点，刘总可以考虑从以下几个方面落实目标管理：

（1）做好教育宣传。实施目标管理，首先要使公司上下对目标管理有一定的了解，使他们明白什么是目标管理，进行目标管理的好处和应该注意的问题，以及管理过程和实施程序。

（2）参与决策。目标管理中的目标与传统的目标设定的方法截然不同，不是单向由上级给下级规定目标，然后分解成子目标落实到组织的各个层次上，而是用参与的方式决定目标，上级与下级共同参与选择设定各对应层次的目标责任，即通过上下协商，逐级制定出整体组织目标、经营单位目标、部门目标直至个人目标。

（3）制定合理的目标。在民主决策的情况下，制定出公司的总目标，然后再将目标层层分解，同时也要做好协调工作。目标分解有利于明确各部门、各层次的责任，调动他们的积极性，有时也会带来协作难度增大的困难。因为明确了部门责任之后，在本位主义思想支配下，各部门往往会将部门的利益置于全局利益之上。做好协调工作，此时就显得格外重要了。

（4）下放权力，落实责任。目标即是责任，履行责任需要有相应的权力，所以在目标管理中，任务下达到各个部门的同时，应下放完成任务所需要的权力，下放权力也就是分权。

（5）制度规定。目标管理是公司实施的一项比较重要的管理方法，有必要将目标管理的实施程序以及奖惩规定等用制度的形式规定下来。这有利于目标工作绩效的考核与评定，也有利于目标管理方法的长期开展。

第三节 目标管理考核体系设计思路

目标管理考核体系设计是根据 PDCA 循环模式进行的：Plan（计划：确定方向和目标）——Do（执行：完成目标任务）——Check（检查：注意目标实施效果）——Action（行动：对目标实际执行情况进行行为调整）。具体考核设计流程如图 8-2 所示。

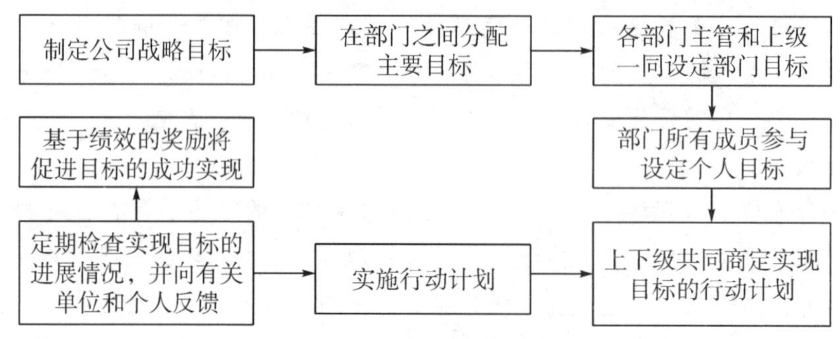

图 8-2 目标管理体系设计的一般流程

一、目标设定阶段

目标设置环节是目标管理最重要的阶段之一。这一阶段可以细分为以下四个步骤：

（1）高层管理者提出组织总目标。这个总目标只是一个暂时的预定方案，可以修改变更。组织总目标有两种方式可以确定，自上而下或自下而上。前者是指由管理层提出，再同下属商讨部门和个人目标；后者是由下属提出个人目标，由部门主管批准，再由部门领导人根据员工个人目标提出本部门目标，由管理层批准同意。但无论是哪种方式，都需要上下级共同协商讨论决定。同时，总目标不但要适合短期需要，也要适合长期需要，因为组织的存续经营是永久性的，因此目标不仅能顾及现在，也要考虑组织的长远发展。明确总目标之后，高层管理者需要根据企业的愿景和使命，估计客观环境变化带来的机会与挑战，保持对本组织的清醒认知，为每个目标制订实施方案。

（2）重新确立组织结构和各部门职责分工。组织结构与战略是相互制约的关系，在根据组织战略制定目标之后，需要有匹配的组织结构支持目标战略的实现。目标管理要求组织结构能够支持组织目标的实现。组织中有直线部门和职能部门，可以根据职能的不同分为直线部门目标与职能部门目标，每一个分目标都需要有确定的责任主体，这是目标管理的基本要求。因此，确定各个部门分目标必须有合理的组织结构支持目标实现，明确责任和协调关系。

（3）确立下属的目标。目标管理的主要特点之一就是通过上下级协商共同确定个人目标，即目标管理就是由员工来推动自身目标的制定和实现的。首先要下属明确组织的规划和目标，然后商定下属的分目标。在讨论中上级要尊重下属，平等待人，耐心倾听下级意见，帮助下属发展一致性和支持性目标。分目标要具体可量化，便于考核；要分清轻重缓急，以免顾此失彼；既要有挑战性，又要有实现可能。每个员工和部门的分目标要和其他的分目标协调一致，支持本单位和组织目标的实现。

（4）设定目标奖惩机制。目标管理的关键在于目标评估。在目标设立过程中，管理层和下属就需要对目标完成情况设立奖惩机制。在分目标制定后，管理层要授予下属与之相匹配的权力，实现权责统一，由下属写成书面协议，编制目标记录卡片，汇总后设置出目标图。奖惩机制的存在会鼓励员工努力完成个人目标，鼓励部门努力实现部门目标，惩罚没有实现目标的行为，从而促进目标管理体系的形成和完善。

目标管理目标分解实例如图 8-3 所示。

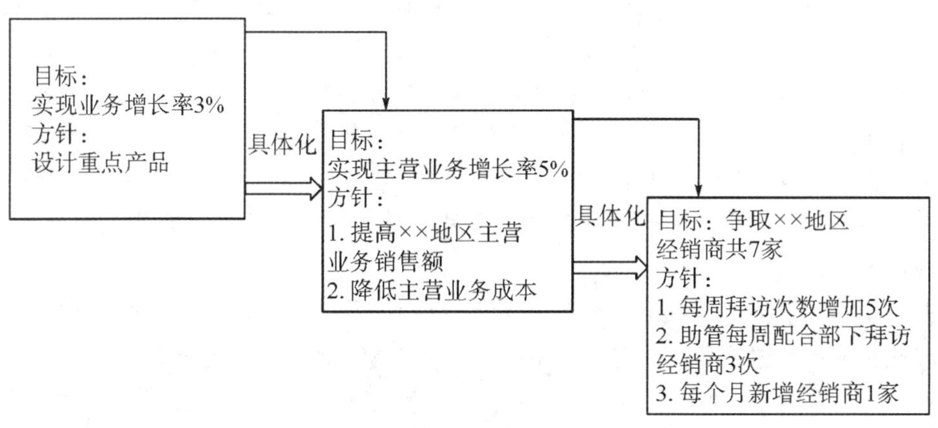

图 8-3　目标管理目标分解实例

二、目标达成过程阶段

目标管理重视结果，强调自主、自治和自觉。这并不等于领导可以放手不管，相反由于形成了目标体系，一环失误，就会牵动全局。因此领导在目标实施过程中的管理是不可缺少的：首先，要进行定期检查，利用双方经常接触的机会和信息反馈渠道自然地进行；其次要向下级通报进度，便于互相协调；再次要帮助下级解决工作中出现的困难问题，当出现意外、不可预测事件严重影响组织目标实现时，可以通过一定的手续，修改原定的目标。

三、成果评价阶段

达到预定的期限后，下属首先进行自我评估，提交书面报告；然后上下级一起考核目标完成情况，决定奖惩；最后上下级一起讨论下一阶段目标，开始新循环。如果目标没有完成，上下级应一起分析原因总结教训，切忌相互指责，以保持相互信任的气氛。

案例分析

ANLI FENXI

东成印刷公司始建于1991年，是一家以生产上级指令性计划任务为主的印刷类中型国有企业，现有员工1 500余名。作为特殊行业的国有企业，东成印刷公司的首要任务就是完成总公司每年下达的国家指令性计划，并在保证安全生产、质量控制的前提下，按时、按质、按量地完成总公司交给的各项任务，支持国家宏观经济的正常运转。拥有百余年历史的东成印刷公司，在传统的管理体制下，企业的供、产、销一系列工作都是在总公司计划下完成的，因此，企业在经营自主性和自我调控等方面较弱。随着市场经济的发展，东成印刷公司在原材料采购、生产技术创新、第三产业的开拓等方面逐渐拥有更大的发展空间和自主权，使得企业在成本控制、技术水平、产品市场营销等各个方面能力不断提高，同时迫切要求建立适合企业自身发展的现代企业管理制度，摒弃国有企业存在的众多瘤疾，更好地适应企业的管理和运营。

一、东成印刷公司目标管理现状及存在的问题

2000年，为促进总公司发展纲要的实施及战略目标的达成，推动印刷企业现代化、集体化、国际化的建设进程，建立和完善印刷企业的激励约束机制，科学解析和真实反映印制企业的管理绩效，总公司制定了印制企业管理绩效评价规则，对印制企业一定生产经营期间的安全质量、资产运用、成本费用控制等管理成效进行定量及定性对比分析，做出综合评价。

东成印刷公司为了更好地完成总公司下达的各项考核指标，提高本企业的管理能力、优化企业的管理水平，并充分发挥企业各职能部门的作用，充分调动1 500余名员工的积极性，在各个处室、车间、工段和班组逐级实施了目标管理。多年的实践表明，目标管理改善了企业经营管理，挖掘了企业内部潜力，增强了企业的应变能力，提高了企业素质，取得了较好的经济效益。

二、东成印刷公司目标管理现状

第一，目标的制定。总公司制定的印制企业管理绩效评价内容主要包括四个方面：企业成本费用控制状况、企业专业管理能力状况、企业资产效益状况、企业发展能力状况。东成印刷公司每年的企业总目标是根据总公司下达的考核目标，结合企业长远规划，并根据企业的实际，兼顾特殊产品要求来制定的。总目标主要体现在东成印刷公司每年的行政报告中。依据厂级行政报告，东成印刷公司将企业目标逐层向下分解，将细化分解的数字、安全、质量、纪律、精神文明等指标，落实到具体的处室、车间，明确具体的负责部门和责任承担人。

总公司与各部门负责人签署《企业管理绩效目标责任状》以安全、保质、保量、

按时完成任务，此为二级目标及部门目标。然后部门目标进一步向下分解为班组和个人目标，此为三级目标。由于班组的工作性质，目标不再继续向下分解。部门内部小组（个人）目标管理，其形式和要求与部门目标制定相类似，签订班组和员工的目标责任状，由各部门自行负责实施和考核。具体方法是：先把部门目标分解落实到职能组，再将任务分解落实到工段，工段再下达给个人。要求各个小组（个人）努力完成各自目标值，保证部门目标的如期完成。

第二，目标的实施。《企业管理绩效目标责任状》实行承包责任人归口管理责任制。责任状签订后，承包方签字人为承包部门第一责任人，负责组织在部门内部进行目标分解，细化量化指标，进行第二次责任落实，实行全员承包。各部门可以根据具体情况在部门内部制定实施全员缴纳风险抵押金制度。各部门的第二次责任分解可根据具体情况按两种形式进行：部门负责人直接与全员签字落实责任；部门负责人与班组长签字落实责任，班组长再与全员签字落实责任。《企业管理绩效目标责任状》签订并经主管人员批准后，一份存上一级主管部门，一份由制定单位或个人自存。承包方责任人负责组织进行本部门日常检查管理工作；专业部门负责人负责组织进行本部门日常检查管理工作；企管处负责组织对处室、车间的日常检查管理工作。在此基础上东成印刷公司还实行了承包责任人缴纳风险抵押金制度。副主办以上责任承包人依据级别的不同，分别向厂缴纳一定数额的风险抵押金，并在目标达成后给予一定倍数的返还。

第三，目标考评。在考评机构方面，东成印刷公司成立了专门负责考核工作的厂绩效考核小组，厂长任组长，三位副厂级领导任组员，共由9位管理部门的相关人员组成。厂绩效考核领导小组下设部门绩效考核小组。由责任状的承包方责任人负责组织本部门日常检查管理工作；专业部门负责人负责组织进行本专业日常检查管理工作；企管处负责组织对处室、车间的日常检查管理工作。考核领导小组、部门考核工作组负责对各自处室、车间的结果进行考评。

在考评周期方面，企业对部门的考核周期是一年，平时有日常考核和月度报告，对班组和管理技术人员的综合考核一般也是在年底，平时主要是对日常出勤的考核。

在考评办法方面，东成印刷公司对绩效目标落实情况每月统计一次，年终进行总考评，并根据考评结果进行奖惩。各部门于每季度末将其完成管理绩效目标责任状情况的季度工作总结与下一季度的工作计划交与相关部门。各专业部门按照绩效目标责任状中本专业的管理目标和工作要求，对车间及有关部门进行每半年一次的专业考评。

在考评方式方面，考核中采用了“自我评价”和上级部门主观评价相结合的做法，在每季度最后一个月的29日之前，各部门将本部门完成管理绩效目标责任状、行政工作计划情况的季度工作总结与下一季度的工作计划一并报企管处。企管处汇总核实后，由考核工作组给予恰当的评分。

在考评处理方面，对日常考核中发现的问题，由相应主管负责人实施相应惩罚。年终，企管处汇总各处室、车间的考核目标完成情况，上报厂级考核小组，尤其根据各部门的重要性和完成情况，确定奖惩标准。各处室、车间内部根据企业给予本部门的奖惩情况，确定所属各部门或个人的奖惩标准。考评结果一般不公开，对奖惩有异议的可以层层向上一级主管部门反映。

请问：

1. 东成印刷公司目标管理存在什么问题？

2. 应该如何解决？

参考答案：

1. 东成印刷公司目标管理存在什么问题？

通过对东成印刷公司的分析得知，企业具备实施目标管理的基本条件，并且有比较全面的目标管理工作意识，但是东成印刷公司目标管理体系仍存在着一些问题，在一定程度上阻碍了企业的发展。其问题主要表现在以下几个方面：

第一，缺乏明确可量化的厂级目标体系。东成印刷公司以每年的行政工作报告作为年度厂级总目标。行政工作报告主要包括年度总公司下达的产品生产任务计划以及总公司重点检查和考核的目标体系。但是东成印刷公司没有一个明确可量化的厂级目标体系文本，各个部门按照行政工作报告的精神领会制定部门目标。

第二，目标值的制定缺乏系统明确的量化方法体系。各个部门的目标任务主要由部门向厂绩效考评小组上报后确定，厂绩效考评小组难以衡量各个部门目标制定的客观性。实际上，员工普遍认为只要不出大的差错，比如重大安全事故、重大质量事故等，每个部门的年度目标任务都是可以顺利完成的，换句话来说就是目标值基本上都可以很容易地完成。而且，目标值未能体现出动态性，没有提升。主要问题在于目标值的制定缺乏系统明确的量化方法体系，很多部门只是根据往年的数据粗略估计，数据来源难于考查，更谈不上提升了。

第三，考核工作主观化，负激励效果明显。东成印刷公司目标责任状没有明确的权重分值，使得厂绩效考核小组和部门绩效考核小组考核评分过于主观化。此外，日常考核工作主要以企业制定的考核细则为主，而考核细则多以惩罚为主，负激励效果明显。

第四，部门之间协调困难。各个部门工作协调困难，部门只注重自身的绩效，不关注兄弟部门的绩效，导致工作效率低下，组织内耗大。

第五，目标管理组织体系不全面。因为企业员工考核结果反馈一般是逐层反馈，员工感到考核结果不公的时候没有一个很好的反馈和沟通部门。厂绩效考评小组得不到更好的互动信息支持，难以进一步以目标为导向开展企业管理和目标控制工作。由于目标的制定和考核工作是由同一个组织来完成的，各级目标制定和绩效考评工作的公正性和客观性缺乏相关责任部门的监督和控制。

2. 应该如何解决？

第一，对东成印刷公司目标管理组织体系进行再设计。对原有的组织体系进行再设计，建立现代企业目标管理组织体系。首先在原有的组织体系中加入协调反馈监督组织，形成一个反馈控制闭环。成立目标决策委员会，主要由企业职代会主席以及企业决策层、企业有经验的职工代表组成，对职工在目标管理中存在的意见、建议等进行反馈。目标决策委员会具有最高目标审议否决权，以全面权衡职工和企业的共同利益为根本。其是以企业工会主席、决策层为主导，各个部门推选自身职工代表为核心的常务组织。其次，监审委员会由企业党群部门监审处组织设立，以监督检查目标管理执行组织工作为主要职能，包括员工对考核的申诉、意见，旨在提供一个公正、公平、公开的企业目标管理组织环境。最后，厂目标管理委员会是目标管理工作的最高执行和控制层，主要是由厂级领导和企管处处长组成，是企业厂级目标的主要制定组织，同时主要针对各个责任部门目标完成情况进行执行控制。厂目标管理小组主要由企管处和劳动人事处的工作人员组成，是企业目标管理日常工作检查的主要执行者，同时负责部门、员工目标管理具体工作的落实。部门绩效考评小组主要是以部门为中心，主要针对其所在部门内部的目标管理工作。

第二，重新对东成印刷公司进行目标定位。根据东成印刷公司的特点，其是以完成总公司交给的指令性计划任务为主，保证指令性计划任务的数量、质量、安全以及交货时间，以成本为导向的国有企业。因此企业主要工作目标是在成本最优的前提下按时交货、保证产品数量、保证质量、保证生产安全性。

第三，对东成印刷公司目标与目标值的再确定。厂级目标设置的主要依据是企业整体发展战略规划。企业整体发展战略规划的制定一般是规划企业未来三到五年的发展战略，应该由企业高层领导以及各个部门资深员工等共同协商制定，明确公司的使命、目标、远景，三至五年中所涉及的业务领域及在每一个进入领域中应达到的地位与目标，并制定达到这些目标的战略、组织保障、各部门的关键能力指标以及严谨的财务预测制度等。根据东成印刷公司的特点和目标定位，同时结合企业总公司目标绩效考评体系，确定其厂级目标体系结构如下：

1. 生产目标：指令性产品计划指标、非指令性产品销售指标。

2. 财务经营目标：成本费用目标、利润目标。

3. 关键能力发展目标：①质量和质量过程控制目标；②安全开发和利用目标；③其他重大年度项目改造和项目开发执行控制目标；④企业标准体系管理与建设目标。

4. 学习发展目标：①新产品和新技术的研发和应用目标；②企业多元化产品经营和市场开拓目标；③企业文化建设与发展目标。

企业各个部门的目标应该按照厂级目标确定的内容逐层分解，用各个分目标的实现来支持总目标的实现。由于东成印刷公司产品的特殊性，其产能和物资供应要始终满足生产的需求。企业阶段目标的制定主要是以按时、按量、按质完成上级的要求，以均衡生产和控制必要成本为主要目标，每月由生产处负责人指定月度目标，各个职能部门在生产处的指导下制定和分解自身组织和员工的目标。

第四节 目标管理在绩效管理中的应用及对我国企业的影响

一、目标管理在绩效管理中的应用

1. 组织主要的绩效考核流程

绩效管理主要指在企业的实际生产运营过程中通过一定量化的评价指标来评估整个过程的效果。绩效考核结果可以直接反映出考核对象的经济价值、社会价值，并为组织的经营者和管理者提供决策信息依据。将目标管理法应用到主要绩效管理中能够确保绩效管理流程精细化，提升绩效管理效果，主要包括以下几方面：①制定全面绩效管理目标任务；②建立绩效考核体系；③落实基层单位量化考核。

2. 评估和改善企业绩效管理

凡在企业内部开展绩效管理的，相关负责监督的部门要定期展开评估工作，并在职能部门对检查评估结果、问题进行如实汇报，针对出现的问题进行分析、讨论，并提出有针对性的措施来完善绩效管理，使其能够充分发挥绩效管理的作用，并形成一个连环式、封闭性的管理机制。企业在及时审视和评估指标的基础上，进行相匹配的调整和完善，使得改善后的绩效管理更适合和符合当下的运行机制，促进绩效管理朝着规范化、科学化方向发展。

二、实施目标管理考核体系的注意事项

（1）即将执行目标管理的人员首先要具备一定的条件并做好心理上的准备，加深对实行目标管理的认识。

（2）实行目标管理之后，组织内部的意见交换、部门间相互作用的强度以及上下级之间个人接触的次数都将经常发生变化。这些变化要求管理人员完全理解目标管理，确保管理者对执行和参加目标管理的阻力最小。

（3）实施目标管理的最有效的方法是让最高管理人员解释、协调和指导这个工作。当他们积极参与这项工作时，目标管理的哲理思想和方法才能更好地渗透和贯穿组织的每一个部门和单位。

（4）组织最高管理层要亲自参与目标管理规划的制定，而不应单纯交办计划或人事部门。实践表明，这样效果更好。

三、目标管理对绩效管理思想的影响

1. 目标管理将自我管理思想融入现代绩效管理

提倡目标管理的德鲁克认为，基于人性的“Y 理论”，人发自内心地热爱工作，愿意为工作负责，愿意在工作中发挥自己的聪明才智和创造力。以往现代绩效管理思想多从管理者角度出发，用监督手段检验下属工作绩效，这种做法相较于“自我控制的管理”无疑是一种落后。目标管理提倡员工主动参与目标制定环节，在目标执行过程中受到自我监督，完成目标后自我进行评价，强调“自我管理”的重要性，将员工从“被压榨性管理”解放到“自我管理”阶段，使员工能够控制自己的成绩。这种内在的自我控制成为更强的驱动力，推动员工尽自己最大的力量把工作做好，而不仅仅是“过得去”。

现代绩效管理思想充分借鉴了目标管理“自我管理”的核心理念，通过协商目标设定、自我管理过程和自我评价成果等一列手段，让每一个人都自觉动起来，实现从高层管理人员到组织基层员工，根据组织总目标和部门目标制订个人目标计划，自主执行、自主调整的“自己管理自己”的最高境界。这样既实现了科学的考核标准，又实施了动态绩效管理。

2. 改善组织结构和授权

目标管理能清楚地说明组织的任务，尽可能地将组织的预期成果转化为各级、各部门、各单位所应承担的职责。实行目标管理将易于发现组织结构的缺陷，并设法加以改进，同时可按期望的成果对下级授权。目标管理和自我控制要求自律，它迫使经理人对自己提出高要求。它绝不是放任自流，它很可能导致要求过高而不是要求过低。目标管理和自我控制假设人们是自愿承担责任的，愿意做出贡献的，愿意有所成就的。

3. 促进员工自我发展和自我提高的绩效管理思想发展

实行目标管理，员工已不再是只进行工作，听从指挥，而是具有确定目标的个体。他们已实际地参与建立自己的目标，有机会把自己的意见反映到计划中，因而工作有方向，成效有考核，优劣有比较，奖惩有依据。这就能激发起员工掌握自身命运的自觉性，保证实现他们自己的目标。目标管理的最大优点就是它使得各位员工都能控制自己的成就。自我控制意味着更强的激励，它使得我们能用自我控制的管理来代替由别人统治的管理。在目标管理中，人们可以按照自己的意愿愉快地工作，他们自我约束并注重自我发展，在这种情景下，他们的潜力会得到更充分的发挥。

4. 使绩效控制活动更有成效

目标管理规定了组织各级、各部门、各单位一切活动的标准，以此作为依据开展活动，有利于对活动成果进行跟踪监督和衡量，修正和调整偏离计划的行为，保证目标的实现。由于行动者能够控制自己的工作节奏，这种自我控制就可以成为实现目标的更强烈的动力，使得控制的内容更加丰富，工作更有成效。

四、目标管理对我国企业的影响

目标管理在西方管理情境下产生，符合西方现代绩效管理思想。20 世纪 80 年代，我国企业普遍实行了目标管理方法对企业绩效进行管理。在实践过程中，经过不断探索，目标管理结合中国特有文化情境形成了中国式目标管理，产生了一定的影响。

首先，目标管理中“有责任心的工人”假设与中国传统文化“人本主义”思想不谋而合。悠久的历史文化中儒家思想的统治地位是不可撼动的，儒家文化强调“以人为本、以德为先、人为为人”，其“诚、信、和”的实质内涵和员工民主参与目标制定过程是相同的。因此，目标管理方法在中国企业情境中有文化背景的支持，更能够获得员工的认同感。

其次，目标管理中“自我管理”思想与中国传统道家文化讲究“无为而治”，主张依靠个人自觉成就一番事业相一致。察举制作为我国古代选拔官员的重要方式，表明中国缺乏目标、定额、限额、计量等科学绩效管理体系，即“如何有效地衡量工人合理的劳动量”是一个历史遗留问题。而目标管理主张用科学的标准管理结果，通过员工自我管理达成任务目标，从某种意义上说，其完善了中国企业管理的科学管理体系。

最后，目标管理中上级授权是对中国传统官本位思想的一种挑战。我国封建制度所形成的金字塔式科层制结构和人们对上级无条件的服从意识在现代社会仍有体现，使员工在现代企业中不敢抗拒上级领导，只服从上级命令而非自我驱动。随着目标管理中授权思想的广泛传播，控制的思想得到了遏制。德鲁克用圣贤式的“责任心”标准来代替思想操作和家长式管理方法，从本质上来看，就是让每位员工都拥有自我控制的能力。目标管理既是一种有效的控制手段，减少了管理控制，提高了管理质量；同时也加强了人性化管理，帮助管理者进一步加强员工凝聚力。

案例分析

ANLI FENXI

眉山工程机械有限公司的目标管理

眉山工程机械有限公司是一家民营企业，它生产的小型挖掘机在工程机械行业内小有名气。这家公司从1998年开始推行目标管理。为了充分发挥各职能部门的作用，充分调动一千多名职能部门人员的积极性，该厂首先对厂部和科室实施了目标管理。经过一段时间的试点后，其逐步推广到全厂各车间、工段和班组。多年的实践表明，目标管理改善了企业经营管理，挖掘了企业内部潜力，增强了企业的应变能力，提高了企业素质，取得了较好的经济效益。

按照目标管理的原则，该厂把目标管理分为三个阶段进行。

（一）目标制定阶段

1. 总目标的制定

以最近五年为例，眉山工程机械有限公司通过对国内外市场工程机械供求状况的调查，结合国家提出的“四万亿计划”和企业长远规划的要求，并根据企业的具体生产能力，于2009年提出了“三提高”“三突破”的总方针。“三提高”就是提高经济效益、提高管理水平和提高竞争能力；“三突破”是指在新产品数目、创汇和增收节支方面要有较大的突破。在此基础之上，该公司把总方针具体化、数量化，初步制订出年度总目标方案，并发动全公司员工反复讨论、送职工代表大会审议通过，正式制定出全公司2009年的总目标。

2. 部门目标的制定

企业总目标确定后，全厂对总目标进行层层分解、层层落实，各部门的分目标由部门和厂企业管理委员会共同商定。各个部门的工作目标值高于总目标中的定量目标值。同时，为了集中精力完成目标，目标的数量不可太多，各部门的目标分为必考目标和参考目标两种。必考目标包括厂部明确下达的目标和部门主要的经济技术指标；参考目标包括部门的日常工作目标和主要协作项目。其中必考目标一般控制在2~4项，参考目标项目可以多一些。目标完成标准由各部门以目标卡片的形式填报厂部，通过协调和讨论最后由厂部批准。

3. 目标的进一步分解和落实

公司的目标确定了以后，接下来的工作就是目标的进一步分解和层层落实到每个人。

（1）部门内部小组（个人）的目标管理。其形式和要求与部门目标的制定类似，拟定目标也采用目标片的形式，由部门自行负责实施和考核。这要求各个小组（个人）努力完成各自的目标值，从而保证部门目标的如期完成。

（2）该公司部门目标在分解时采用流程图方式进行。具体方法是：先把部门目标分解落实到职能组，然后分解落实到工段，最后下达给个人。

（二）目标实施阶段

该公司在目标实施过程中，主要抓了以下三项工作：

1. 自我检查、自我控制和自我处理

目标卡片经主管副厂长批准后，一份存企业管理委员会，一份由制定单位自存。由于每个部门、每个人都有了具体的、定量的明确目标，所以在目标实施过程中，人们会自觉地努力实现这些目标，并对照目标进行自我检查、自我控制和自我管理。这种“自我管理”能充分调动各部门及每个人的主观能动性和工作热情，充分挖掘各自潜力。因此，这完全改变了过去那种上级只管下达任务、下级只管汇报完成情况，并由上级不断检查、监督的传统管理办法。

2. 加强经济考核

虽然该公司目标管理的循环周期为一年，但为了进一步落实经济责任制，纠正目标实施过程中与原目标之间的偏差，该公司打破了目标管理的“一个循环周期只能考核一次、评定一次”的束缚，坚持每季度考核一次和年终总评定。这种加强经济考核的做法，进一步调动了广大员工的积极性，有力地促进了经济责任制的落实。

3. 重视信息反馈工作

为了随时了解目标实施过程中的动态情况，以便采取措施、及时协调，使目标能够顺利实现，该公司十分重视目标实施过程中的信息反馈工作，并采用了两种信息反馈方法：

（1）建立“工作质量联系单”及时反映工作质量和沟通协调方面的情况，尤其当两个部门发生工作纠纷时，公司管理部门就能从“工作质量联系单”中及时了解情况，经过深入调查，尽快加以解决。这样就大大提高了工作效率，减少了部门之间的不协调现象。

（2）通过“修正目标方案”来调整目标。其内容包括目标项目、原定目标、修正目标以及修正原因等，并规定在工作条件发生重大变化需要修改目标时，责任部门必须填写此表提交企业管理委员会，由该委员会提出意见交主管副总经理批准后方能修正目标。

该公司在实施过程中由于狠抓了以上三项工作，不仅大大加强了对目标实施动态的管理，更重要的是加强了各部门的责任心和主动性，使全公司各部门从过去等待问题找上门的被动局面，转变为积极寻找和解决问题的主动局面。

（三）目标成果评定阶段

目标管理实际上就是根据成果来进行管理，因此成果评定阶段十分重要。该公司采用了自我评价和上级主管部门评价相结合的做法，即在下一个季度的第一个月的10日之前，每个部门必须把一份季度工作目标完成情况表报送企业管理委员会。企业管理委员会核实后，给予恰当的评分。如必考目标为30分；参考目标为15分，每一项目标超过指标3%加1分，以后每增加3%再加1分；参考目标有一项未完成但不影响其他部门目标完成的，扣3分，影响其他部门目标完成的则将扣分增加到5分。加1分增加该部门基本奖金的1%，减1分则扣该部门奖金的1%，如果有一项必考目标未完成则扣至少10%的奖金。

该公司在目标成果评定工作中深深体会到：目标管理的基础是经济责任制，目标管理只有与明确的责任划分结合起来，才能深入持久，才能具有生命力，从而达到最终的成功。

眉山工程机械有限公司推行目标管理的成功经验引起了理论工作者与实际工作者的重视，大家纷纷到该公司学习取经。西南财经大学企业管理系组织教师与学生到该公司考察，采访了该厂王总经理。当有同学问到，是什么原因使公司目标管理获得成功时，王总经理回答道："目标管理在眉山工程机械有限公司的成功，与中国传统文化的基因有密切的关系，我们正是以此为出发点来设计公司的目标管理的。"

思考与讨论：

1. 在目标管理过程中应注意一些什么问题？

2. 目标管理有什么优缺点？

3. 你认为实行目标管理时，培养科学严格的管理环境和制定自我管理的组织机制哪个更重要？

4. 你是否赞同王总经理的回答：目标管理在中国企业的成功，是与中国传统文化的基因有密切的关系的？

5. 中国传统文化具有强烈的人本主义色彩，与目标管理隐含的"有责任心的工人"假设有无相通之处？

部分参考答案：

1. 在目标管理过程中应注意一些什么问题？

首先，目标分解要注意以下几点：①目标体系的逻辑要严密，纵横成网络，体现出由上到下越来越具体的特点。②目标要突出重点，与企业总目标无关的其他工作不必列入各级分目标。③要鼓励职工积极参与目标分解，尽可能把目标分解工作由"要我做"变为"我要做"。企业职工的自我设计与参与是保证目标管理效益的重要一环。④目标分解完毕，要进行严格的审批。企业要明确责任，并承诺提供完成目标的条件，保证目标的严肃性。在进行目标审批时，企业要详细分析目标的科学性与可操作性。

其次，目标控制应该注意以下几点：①充分发挥职工自我控制的能力。企业必须将领导的充分信任与完善的自检制度相结合，保证企业具有进行自我控制的积极性与制度保障。②建立目标控制中心，结合企业均衡生产的特点，保证企业生产的动态平衡。③保证信息反馈渠道的畅通，以便及时发现问题，对目标做出必要的修正。④创造良好的工作环境，保证企业在目标责任明确的前提下形成团结互助的工作氛围。

最后，目标评定要注意以下几点：①首先进行自我评定，评定的内容包括目标执行方案、手段是否合适，条件变化情况，主观努力程度等。②上级评定要全面、公正，对发现的问题要分析产生的原因，找出解决问题的方法，以便鼓励下属今后继续努力。③目标评定与人事管理相结合。人事考核要以目标考核为基础，通过报酬、升迁、降职等体现奖优罚劣，处罚是辅助措施，其目的是鼓舞士气，总结经验教训，为企业发展服务。④及时反馈信息是提高目标管理水平的重要保证。

2. 目标管理有什么优缺点？

概括起来目标管理主要有以下优点：①能有效地提高管理的效率；②能有助于企业组织机构的改革；③能有效地激励职工完成企业目标；④能实行有效的监督与控制，减少无效劳动。

目标管理在应用中也有一定的局限性，主要表现在：①目标制定较为困难；②目标制定与分解中职工参与费时、费力；③目标成果的考核与奖惩难以完全一致；④企业职工素质差异影响目标管理方法实施。

3. 你认为实行目标管理时，培养科学严格的管理环境和制定自我管理的组织机制哪个更重要？

制定自我管理的组织机制更为重要。①目标管理的性质决定了它是一种民主管理方式，从目标制定、目标实施到目标考核，都属于自我管理；②自我管理机制形成更有助于实现以人为本，从而激发员工的主动性、积极性和创造性；③以自我管理为基础并进行严格的管理制定能够保持目标考核的严肃性和公正性。

本章小结

目标管理（MBO）不仅是一种现代绩效管理手段，也是一种目标设定的过程，能为组织、部门和个人设定合理的、科学的目标。经济责任制是目标管理的基础，只有同明确的责任划分相结合，MBO 才能具有生命力。MBO 不是一个对员工行为进行测量的工具，而是衡量员工对组织的贡献程度的方法。这一管理方法使得上级需要授权，充分发挥下属的自我计划、自我管理、自我评价，做出合理的分工，形成各自的任务。在目标管理绩效考核体系中，管理者的任务就是将各个部门、每位员工有机结合起来，给予实现目标的必要帮助和支持。

思考与讨论

1. 如何理解目标管理的概念？
2. 目标管理有什么作用？
3. 简述目标管理实施过程中经常出现的问题和解决思路。

第九章 基于KPI的绩效考核

案例引入

ANLI YINRU

李广是汉朝著名将领，在文、景、武帝三朝都是当时主要将领之一，特别是在司马迁史记中更是被描写成有血有肉的大英雄。但是他一生没有封侯，被历代文人墨客同情，发出了“冯唐易老，李广难封”这样的诗句表达对他的同情。到底是什么原因导致他一生不能封侯，真的是命运不好吗？其实不然，让我们从汉朝制度的制定上来看看。

首先，汉朝封侯有一定绩效考核的，即使绩效并不一定反映实际功劳，但肯定是最直接和好考核的，比如杀多少人头。李广可能因为这样或那样的原因没有达到这个考核标准。

其次，这和李广所处的时代有关。从严格意义上讲，李广成长在文、景帝时代，对匈奴采取的是防守战略，而汉武帝时期改变了原有战略对匈奴采取主动进攻。同时对比卫、霍的显赫，这也能看出汉武帝对于杀敌略地的进攻型绩效水平的重视，而对防守方面的绩效水平和员工忠诚度、企业工龄这些“隐性”绩效的忽视。在漠北之战前，李广曾主动请战于汉武帝，汉武帝以他数奇（命运不好）为由没有同意，而和霍去病去射杀同僚的李敢却不被追究。从这些都可以看出汉武帝在绩效管理运行前便以个人偏好和无关因素否定某些属下的过往绩效和工作能力，而因对一方面的高绩效的偏爱就忽视了某些属下在另一方面的不足，这是汉武帝在绩效管理中盲目的一面。

从上面的分析中可以看出，纵使李广勇敢有才，但没有适应汉武帝新时代对匈奴的战略。也就是说领导者在制定企业级KPI时过多地加入了主观因素，在分解成个人KPI时，下级无法清楚领会领导者的意图，从而使个人KPI在制定时就出现了方向性的错误。这也就是为什么李广三次主动出击匈奴，都没有获得功劳，唯一一次在传统守城（右北平）中取得过功劳，但是按汉法规定，达不到封侯的标准。

第一节　KPI 的起源和理论基础

一、KPI 的起源

KPI 最早是在英国被提出的。建筑业是英国国民经济的支柱产业之一，年产值约占其国内生产总值（GDP）的 10%。所以，在英国建筑业中，项目的绩效水平（project performance）受到了人们的广泛关注。在 1998 年发表的《重新思考建筑业》（*Rethinking Construction*）和 2002 年发表的《加速变革》（*Accelerating Change*）两个重要报告中都着重强调了工程项目绩效评价与改进的重要性，甚至还制定了全行业年平均绩效改进的具体目标。就英国领先的业主和承包商而言，在此之前的几年中，他们的项目绩效改进结果均达到或超过了这一水平。在这样的背景下，英国有关研究机构制定了关键绩效指标（Key Performance Indicators，KPI）这一项目绩效评价体系，目的在于鼓励业主、承包商、供应商等工程项目参与方准确地评价自己的绩效表现，以便采取积极的措施，建立持续改进的文化氛围。当然，制定 KPI 的基本出发点还在于以下几个方面：①项目按时完成；②成本控制在预算范围内；③远离质量缺陷；④杜绝安全事故；⑤高效率；⑥高收益；⑦持续改进绩效水平。在此之后，对 KPI 的研究开始起步，并在日后被广泛应用到各个领域中。

二、KPI 的理论基础

1897 年，意大利经济学家帕累托在研究中发现了一件奇怪的事情：19 世纪英国人的财富分配呈现出了一种不平衡的模式，大部分的社会财富最终都流向了少数人的手里。帕累托认为，在任何特定的群体中，重要的因子通常只占少数，而不重要的因子则常占多数，只要控制重要的少数，即能控制全局。这反映在数量比例上，大体就是 2∶8。这项发现体现了一个重要的管理法则，即“二八法则”，又称冰山原理、帕累托定律等，是“重要的少数”与“琐碎的多数”的简称。

KPI 方法之所以行得通，正是因为它符合了二八法则。也可以说，KPI 的理论基础是二八法则。在一个企业的价值创造中，就存在着“20/80”的规律，即 20%的骨干员工创造企业 80%的价值。对每一个员工来说，80%的工作任务是由 20%的关键行为完成的。因此，抓住 20%的关键行为，对之进行分析和衡量，也就抓住了业绩考评的重心。

三、KPI 的作用和意义

在绩效管理中，KPI 可以以组织的发展规划目标来确定部门、个人的绩效指标，使得部门和个人关注组织主要绩效目标的运作过程，以便及时发现需要改进的领域，并反馈给相应部门或个体。所以，KPI 的输出是绩效评价的标杆。

同时，KPI 指标能有效反映关键业绩驱动因素的变化程度，使得管理者能够清晰地了解对创造公司价值最关键的经营管理活动，有利于管理者集中精力对业绩有最大驱动力的经营方面，及时诊断经营中的问题并采取措施，有力推动公司战略的执行。

此外，组织可以建立战略导向的 KPI 体系，通过对企业战略目标的层层分解，将员工的个人行为与部门的目标相结合，使 KPI 体系可以有效地诠释与传播企业的总体发展战略，成为实施企业战略规划的重要工具。这样一来，KPI 体系不仅成为激励和约束企业员工行为的一种新型的机制，还能发挥战略导向的牵引作用，最大限度地激发员工的斗志，调动全员的积极性、主动性和创造性。战略 KPI 体系分解过程如图 9-1 所示。

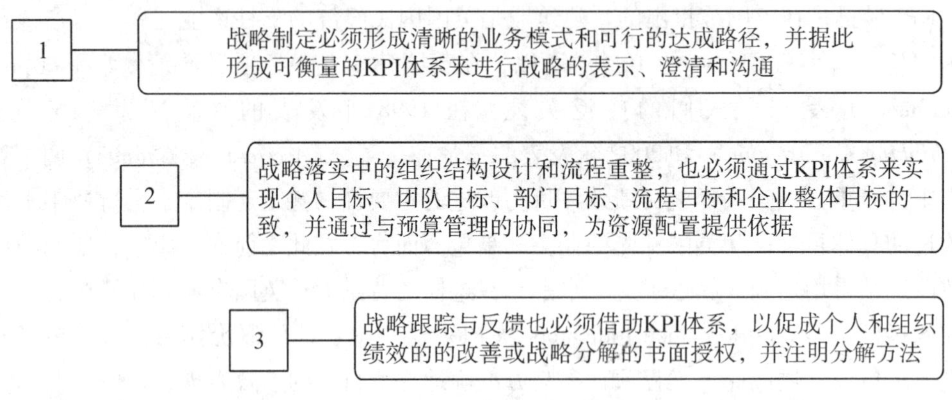

图 9-1　战略 KPI 体系分解过程

这种对 KPI 指标体系的建立和测评过程本身，就是激励全体员工向企业战略目标努力的过程，也必将对各部门管理者的绩效管理工作起到很大的促进作用。而善用 KPI 考评的企业，也将有助于企业自身组织结构集成化，提高企业的效率，精简不必要的机构、不必要的流程和不必要的系统。因此，KPI 是一种先进、有效的绩效管理方法。

第二节　KPI 概述

一、KPI 的基本内涵

随着管理实践的发展，绩效管理作为人力资源管理的重要方面开始受到普遍关注。管理学界开始将绩效管理与组织战略相结合，将结果导向与行为导向评估方法的优点相结合，强调工作行为与达成目标并重，由此产生了 KPI。

KPI（Key Performance Indicators）中文译为"关键绩效指标"，是通过对组织内部某一流程的输入端、输出端的关键参数进行设置、取样、计算、分析，衡量流程绩效的一种目标式量化管理指标，是企业宏观战略目标决策经过层层分解产生的可操作性的战术目标，是宏观战略决策执行效果的监测指针，是衡量组织战略实施效果的关键指标。一般情况下，KPI 用来反映策略执行的效果，是企业绩效管理的基础。

KPI 作为企业战略实施过程中的关键指标，其目的是建立一种机制，将企业战略转化为内部过程和活动，以不断增强企业的核心竞争力，持续地获得高收益，使企业得到长期、持续、稳定的发展。KPI 使企业绩效考核体系不仅成为激励约束手段，更成为战略实施工具。这种考核可以使各级主管明确各级部门的主要责任，并以此为基础，明确各部门人员的业绩衡量指标。

KPI考核体系在评价、监督员工行为的同时，强调战略在绩效管理过程中的核心作用。战略导向的关键绩效指标考核体系不仅能够成为企业员工行为的约束机制，同时也能够发挥战略导向的牵引作用。KPI考核体系注重把组织战略有效地转化为组织内部管理过程，尽可能地采用财务指标和其他可以有效量化的指标来反映最终产出，并通过指标转化为组织各个成员的具体行动。

关键绩效指标（KPI）的内涵包括以下几个方面：

（1）关键绩效指标是衡量组织战略实施效果的关键指标。一方面，它是战略导向的，是由组织战略目标层层分解而产生的；另一方面，它突出强调关键，是对组织成功有重要影响的方面。

（2）关键绩效指标是评价和考核员工绩效的可量化或可行为化的标准考核体系。由于关键绩效指标体系衡量的是工作行为和工作效果，所以它在可量化和可行为化的特征中至少得满足一个。如果这两个特征都无法满足，那么它就不符合关键绩效指标的要求，就不属于关键绩效指标。

（3）关键绩效指标体现的是在绩效管理中对组织战略目标起增值作用的绩效指标。它是连接个体绩效、部门绩效与组织战略目标的桥梁。关键绩效指标的设定是基于对组织战略目标起到增值作用的工作产出，保证了真正对组织有贡献的行为可以受到激励，从而提高了组织整体业绩。

（4）关键绩效指标反映的是最能有效影响组织价值创造的关键驱动因素。它制定的主要目的是引导管理者和经营者将精力集中在能对绩效产生强大驱动力的经营行为上，以及时掌握、判断组织运营过程中出现的各种问题，从而采取改进措施提高绩效水平。同时，中高层管理人员与基层员工通过在关键绩效指标上达成的承诺，可以在工作期望、工作表现和未来职业发展等方面进行有效的沟通，为实现组织战略目标而共同奋斗。

二、KPI的特点

关键绩效指标（KPI）是对组织运作过程中关键成功要素的归纳和提炼，一般具有以下特征：

（1）系统性。KPI是一个系统。组织、部门、班组有各自独立的KPI，但是必须紧紧围绕组织使命、愿景、战略、整体效益展开，而且是层层分解、层层关联、层层支持。在运用KPI考核系统时，组织、管理者和员工全都要参与进来，上下级通过沟通的方式，将组织战略、管理者职责、管理方式和手段以及员工的绩效目标等基本管理内容确定下来，在持续沟通的前提下，管理者帮助员工清除工作中的障碍，提供必要的指导、支持和帮助，与员工一起完成绩效目标，从而达到组织的愿景规划和战略目标。

（2）灵活性与可衡量性。KPI来自对组织战略目标的分解，所以它所衡量的内容要随着组织战略目标的发展演变而调整。当KPI构成组织战略目标的有效组成部分或支持体系时，它所衡量的职位便以实现组织战略目标的相关部分作为自身的主要职责。如果组织战略侧重点发生转移，那么KPI必须及时修正以反映组织战略的新内容。KPI也是对组织战略目标的进一步细化和发展，是对真正驱动组织战略目标实现的具体因素的发掘，是组织战略对每个职位工作绩效要求的具体体现。由于组织战略目标是长期的、指导性的、概括性的，所以针对各职位设置的关键绩效指标需内容丰富且具有可衡量性。

（3）可控与可管理性。绩效考核指标的设计是基于组织的发展战略与流程，而非岗位的功能。它是对绩效构成中可控部分的衡量，反映了员工工作的直接可控成果。

（4）价值牵引与导向性。上道工序是为下道工序服务的，下道工序是上道工序的客户，内部客户的绩效链最终体现在为外部客户的价值服务上。

（5）敏感性与关键性。关键绩效指标应能正确区分出绩效的优劣。KPI 是对组织重点经营活动的衡量，而不是对所有操作过程的反映。每个职位的工作内容都涉及不同的方面，高层管理者的工作任务也更加复杂，但关键绩效指标只是对组织战略目标影响较大、对战略目标的实现能起到不可或缺作用的工作进行衡量，所选择的指标也是对组织利润、价值有重大影响的关键因素。

（6）可操作性。关键绩效指标必须有明确的定义和计算方法，易于取得可靠和公平的原始数据，同时指标能有效地进行量化和比较。

（7）一致性。关键绩效指标不是由上级强行制定下发的，也不是由员工根据个体职位自行制定的，而是通过上下级共同参与完成的，是上下级双方所达成一致意见的体现。由此看来，它不是以上压下的工具，而是组织中相关人员对职位工作绩效要求的共同认识。

三、关键绩效指标与一般绩效指标的区别

关键绩效指标取决于公司的战略目标，是实现公司战略目标的关键绩效因素。这正是关键绩效指标与一般绩效评价指标的主要区别所在。关键绩效指标作为绩效管理与考核的一种技术，与一般绩效评价指标的区别主要体现在假设前提、评价的目的、指标的产生、指标的来源、指标的构成及作用、收入分配体系与战略的关系六个方面。战略导向的关键绩效指标与一般绩效评价指标的区别如表 9-1 所示。

表 9-1 战略导向的关键绩效指标与一般绩效评价指标的区别

比较项目	战略导向的关键绩效指标	一般绩效评价指标
假设前提	假定人们会采取一切必要的行动以达到事先确定的目标	假定人们不会主动采取行动以实现目标； 假定人们不清楚应采取什么行动以实现目标； 假定制定与实施战略与一般员工无关
评价的目的	以战略为中心，指标体系的设计与运用都是为战略服务的	以控制为中心，指标体系的设计与运用来源于控制的意图，也是为更有效地控制个人的行为服务
指标的产生	在组织内部自上而下对战略目标进行层层分解而产生	通常是自下而上根据个人以往的绩效与目标产生
指标的来源	来源于组织的战略目标与竞争的需要	来源于特定的程序，以及对过去的行为与绩效的修正

表9-1(续)

比较项目	战略导向的关键绩效指标	一般绩效评价指标
指标的构成及作用	通过财务指标与非财务指标相结合，体现关注短期利益与长期发展的原则；指标本身不仅传达了产生的结果，而且传达了产生结果的过程	以财务指标为主、以非财务指标为辅，注重对过去绩效的评价，并且指导绩效改进的出发点是过去绩效存在的问题，绩效改进行动与战略需要脱钩
收入分配体系与战略的关系	与关键绩效指标的值、权重相匹配，有助于推进组织战略的实施	与组织战略的相关程度不高，但与个人绩效的好坏直接相关

资料来源：郑烨．企业 KPI 体系的设计与实施研究［D］．天津：天津财经大学，2007：16-33.

四、建立战略导向关键绩效指标体系的意义

建立战略导向的关键绩效指标体系具有如下意义：

首先，战略导向的关键绩效指标在评价监督员工行为的同时，强调战略在绩效评价过程中的核心作用。作为组织战略目标的分解，关键绩效指标将员工的个人行为与组织战略相结合，确保上下级对职位工作职责和关键绩效要求有清晰的共识，有力地推动了组织战略在各单位部门得以执行，成为组织战略实施的工具。

其次，关键绩效指标不仅成为组织员工行为的约束机制，同时也能发挥战略导向的牵引作用。关键绩效指标作为关键经营活动的绩效的反馈，为绩效管理提供了透明、客观、可衡量的基础，帮助各职位员工集中精力处理对组织战略有最大驱动力的方面。

最后，关键绩效指标可以监测与战略目标相关的运作过程。通过定期计算和回顾关键绩效指标执行结果，管理人员能清晰了解经营领域中的关键绩效参数，并及时诊断存在的问题，发现需要改进的领域，反馈给相关部门或个人，采取行动予以纠正。

延伸阅读

YANSHEN YUEDU

职场里常说的 OKRs 与 KPI 到底有什么区别？

OKRs 和 KPI 的核心区别在于：OKRs 关心方向，KPI 关心结果。先来看一个小例子。

程序员李铁柱同学每天沉溺于花花绿绿的代码世界，身体发福，至今单身，非常想要找到一个女朋友。他对自己做了分析后发现，现在最大的问题是外形，于是给自己定了一个健身的 KPI，想要通过好身材来吸引别人：年会之前，体重减轻 25 千克。程序员李铁柱奔着体重减轻 25 千克的目标，开始每天跑步一小时（KPI 继续分解），中午不吃主食，晚上只吃苹果（继续分解）。三个月过去了。程序员李铁柱成功瘦了 30 千克，超额完成 KPI！但他却瘦得过头了！年会上有女同事甚至问他是不是得了重病，最终他只能孤独过年。

实际当中的 KPI 体系，当然比这个例子要复杂得多，制定过程也会更为严谨。但问题已经暴露出来了：当 KPI 层层分解，基层的执行者很可能在执行过程中由于追求结果

而忽略了本质目标。缺乏了对目标的理解，量化管理就有导致企业组织管理领域的群体无意识行为的危险。而 OKRs 则会时刻提醒你“目标”是什么，所有的 KR 都必须对实现 O 有直接的支撑作用，且是优先级最高的。

KPI 和 OKRs 其实都是强调数据导向的，它们之间的区别是，一个是 OKRs 的可度量结果（KRs）一定是支持了一个明确的目标，另一个就是 OKRs 强调员工更大的自主性。OKRs 除了自上而下的拆解目标，还鼓励自下而上的、透明的沟通。员工需要根据上一级的 OKRs 制定个人的 OKRs，如果对上级 OKRs 有疑问也可以提出，并和经理讨论达成一致。OKRs 制定之后需要做什么事情去完成 OKRs，如何优化这些事情，也都需要员工自己去主导。在我们的实践中，公司、团队、个人所有层级的 OKRs 都是全公司可见的，也可以直接对某个 OKRs 发表评论，邀请相关的人一起讨论。

第三节　KPI 的设计原则与思路

一、KPI 的设计原则

1. 战略导向原则

战略导向原则是指依据公司战略目标及上级目标设立部门或个人具体目标。KPI 是支撑公司战略的关键绩效因素，是把公司的战略目标分解为可运作的远景目标和量化指标的有效工具。KPI 一般由财务、运营和组织三大类可量化的指标构成。设置 KPI 必须将公司战略与部门、个人运作相连接，对员工的行为产生正确的指引作用，从而使员工能够为组织成功做出贡献。当组织的战略发生改变时，KPI 应能及时调整，以体现战略转移之后对员工的新要求。

2. SMART 原则

指标要少而精、可控、可测，具体明确，并且要有有效的业务计划及目标设置程序的支持。具体来说，设定 KPI 要遵循 SMART 原则（见表 9-2）。

表 9-2　关键绩效指标的 SMART 原则

原则	说明
S：具体（specific）	KPI 必须迎合组织的战略目标，不能笼统空泛，要适度细化，并可随情境进行改变
M：可衡量（measurable）	KPI 要可度量化或行为化，衡量这些指标的数据或其他信息要能够比较容易获得
A：可实现（attainable）	KPI 目标设定难易适中，既不能太高，也不能太低，而是要在付出努力的条件下能够实现或达到
R：现实性（realistic）	KPI 要实实在在，结果可以被观察和证实，而非基于假设或预期
T：时限（time）	KPI 要使用一定的时间单位，设定完成这些绩效的期限

3. 重要性原则

重要性原则是指对组织整体价值和业务重点的影响程度。管理者通过对组织整体价值创造和业务流程的分析，找出对其影响较大的指标。需要注意的是，在不同的市场形势、组织目标和发展阶段，同一指标的重要性可能不同。

4. 可操作性原则

可操作性原则是指 KPI 必须从技术上保证指标的可操作性，对每一个指标都必须给予明确的定义和计算方法，建立起完善的信息渠道获得可靠和公正的初始数据。同时，KPI 应该简单明了，容易被执行人所理解和接受。

5. 可控性原则

设计 KPI 时，要考虑员工应该对 KPI 的达成具有相当的控制力。设置 KPI 应该是员工本人职责范围内可以控制的事项，即指标内容处于该员工控制范围之内，而不是该员工不能控制的。组织管理者应充分考虑员工是否能够控制该项指标的结果。

6. 执行原则

KPI 考核能否成功，关键在于执行，所以企业应该形成强有力的执行文化，不能消除在实施 KPI 考核过程中的各种困难和障碍，使 KPI 考核真正成为推动企业管理创新和提升效益的有效手段。

二、KPI 的设计思路

KPI 体系的设计可以用一句话概括，即“十字对焦，职责修正”。在具体的操作过程中，企业要做到在各层面都从纵向战略目标开始分解、从横向结合业务流程“十”字提取，可以遵照如图 9-2 所示的思路。

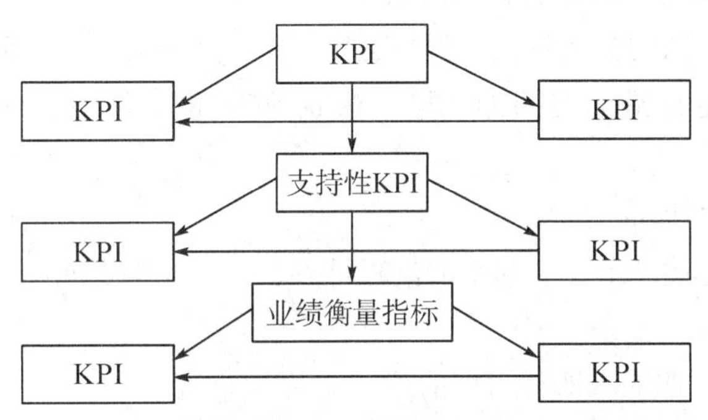

图 9-2　KPI 指标设计

1. 分解企业战略目标，分析并建立各子目标与主要业务流程的联系

企业的总体战略目标在通常情况下均可以分解为几项主要的支持性子目标，而这些更为具体的子目标本身需要企业的某些业务流程支持才能在一定程度上达成。因此，在本环节需要完成以下工作：

- 企业高层管理者确立公司的总体战略目标（可用鱼骨图的方式，见图 9-3）。
- 由企业（中）高层管理者将战略目标分解为主要的支持性子目标（见图 9-4）。
- 在企业的主要业务流程领域与支持性子目标之间建立关联。

2. 确定各支持性业务流程目标

在确认对各战略子目标的支持性业务流程后，企业需要进一步确认各业务流程在支持战略子目标达成的前提下流程本身的总目标，并进一步确认流程总目标在不同维度上

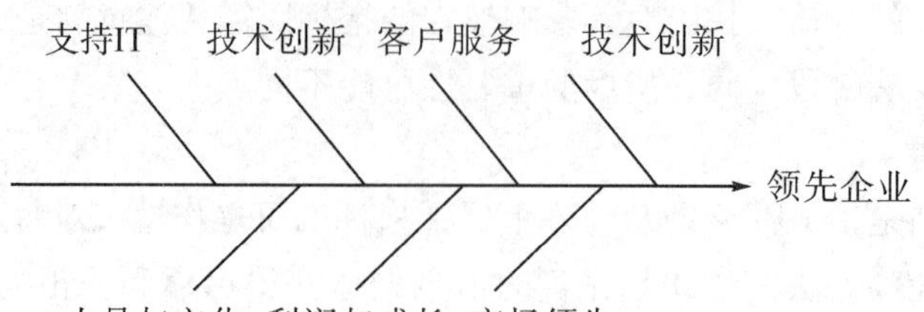

图 9-3 利用鱼骨图确定总体战略目标

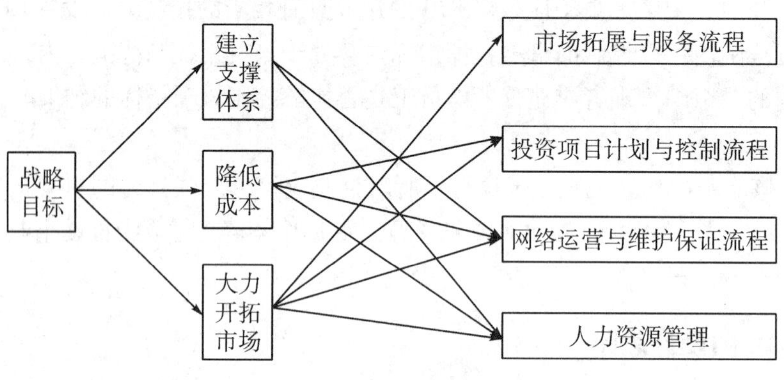

图 9-4 战略目标与流程分解示例

的详细分解内容。

3. 确认各业务流程与各职能部门的联系

本环节通过九宫图的方式建立流程与工作职能之间的关联，从而在更微观的部门层面上建立流程、职能与指标之间的关联，为企业总体战略目标和部门绩效指标建立联系。

4. 部门级 KPI 的提取

在本环节要从上述环节建立起来的流程重点、部门职责之间的联系中提取部门级的 KPI 指标。

5. 目标、流程、职能、职位目标的统一

根据部门 KPI、业务流程及各职位的职责，企业需要使目标、流程、职能与职位统一。

阅读材料

YUEDU CAILIAO

唐僧师徒的小故事

唐僧团队是一个知名的团队，经常在课堂上被作为典范来讲，但是这个团队的绩效管理似乎做得并不好。我们来看一下他们的绩效管理的故事。

话说，唐僧团队乘坐飞机去旅游，途中飞机出现故障，需要跳伞，不巧的是四个人只有三把降落伞。为了做到公平，师傅唐僧对各个徒弟进行了考核，考核过关就可以得到一把降落伞，考核失败，就自己跳下去。于是，师傅问孙悟空，“悟空，天上有几个太阳?”悟空不假思索地答道：“一个。”师傅说，“好，答对了，给你一把伞。”接着又问沙僧，“天上有几个月亮?”沙僧答道：“一个。”师傅说，“好，你也对了，给你一把伞。”八戒一看，心理暗喜：“啊哈，这么简单，我也行。”于是，他摩拳擦掌，等待师傅出题。师傅的题目出来，八戒却跳下去了，大家知道为什么吗? 师傅的问题是：“天上有多少颗星星?”八戒当时就傻掉了，直接跳下去了。这是第一次旅游。

过了些日子，师徒四人又乘坐飞机去旅游，结果在途中飞机又出现了故障，同样只有三把伞，师傅如法炮制，再次出题考大家。他先问悟空：“中华人民共和国哪一年成立的?”悟空答道：“1949 年 10 月 1 日。”师傅说：“好，给你一把伞。”他又问沙僧：“中国的人口有多少亿?”沙僧说是 13 亿。师傅说：“好的，答对了。”沙僧也得到了一把伞。轮到八戒，师傅的问题是，13 亿人口的名字分别叫什么? 八戒当时晕倒，又一次以自由落体结束旅行。

第三次旅游的时候，飞机再一次出现故障，这时候八戒说：“师傅，你别问了，我跳。”然后纵身一跳。师傅双手合十，说：“阿弥陀佛，殊不知这次有四把伞。”

点评：这个故事说明绩效考核指标值的设定要在员工的能力范围之内，员工跳一跳可以够得着，如果员工一直跳，却永远也够不着，那么员工的信心就丧失了，考核指标也就失去了本来的意义。很多企业在设定考核指标的时候，喜欢用高指标值强压员工。这个设计的假设是如果指标值设定得不够高，员工就没有足够的动力，另外，用一个很高的指标值考核员工，即便员工没有完成 100%，而只是完成了 80%，也已经远远超出企业的期望了。这种逻辑是强盗逻辑，表现出管理者的无能和无助，只知道用高指标值强压员工，殊不知，指标背后的行动计划才是真正帮助员工达成目标的手段，而指标值本身不是。其实，设定一个员工经过努力可以达到的指标值，然后帮助员工制订达成目标的行动计划，并帮助员工去实现，才是经理的价值所在。经理做到了这一点，才能实现帮助员工成长的目标，才真正体现了经理的价值!

第四节　KPI 体系的设计与构建

关键绩效指标源自组织战略目标的层层分解，对战略目标具有增值作用。

关键绩效指标虽然重要，但并不是绩效指标的全部，尤其是对于一些支持性部门而言，比如财务部和人力资源部等。它们的绩效考核指标很少根源于组织的战略，更多地是来自部门的职责或职能。因此，在实际应用中，除了对关键绩效指标进行考核，企业还应该将其他一些重要的指标引入绩效指标体系，通常将其称为一般绩效指标（performance indicators，简称 PI）。一般绩效指标是指影响组织基础管理的一些指标，这些指标体现了对组织各层次的履行规定与职责的基础管理要求。它的选择和确定借鉴了关键绩效指标的思路，来源于部门或个人的职责，是关键绩效指标得以实现的保障，是对关键绩效指标的补充。因此，广义的关键绩效指标体系将两部分指标全部涵盖在内，统称为关键绩效指标体系。一般我们所说的关键绩效指标指的是狭义上的关键绩效指标，即不包括一般绩效指标的关键绩效指标。

一、建立关键绩效指标的要点

建立关键绩效指标的要点在于流程性、计划性和系统性。

首先，企业明确战略目标，并在企业会议上利用头脑风暴法和鱼骨分析法找出企业的业务重点，也就是企业价值评估的重点；然后，再用头脑风暴法找出这些关键业务领域的关键绩效指标，即企业级关键绩效指标。

接下来，各部门的主管需要依据企业级关键绩效指标建立部门级关键绩效指标，并对相应部门的关键绩效指标进行分解，确定相关的要素目标，分析绩效驱动因数如技术、组织、人等，确定实现目标的工作流程，分解出各部门级的关键绩效指标，以便确定评价指标体系。

然后，各部门主管和相关部门人员一起再将关键绩效指标进一步细分，分解为更细的关键绩效指标以及各职位的绩效衡量指标。这些绩效衡量指标就是员工考核的要素和依据。这种对关键绩效指标体系的建立和测评过程本身，就是统一全体员工朝着企业战略目标努力的过程，也必将对各部门管理者的绩效管理工作起到很大的促进作用。

指标体系确立之后，企业还需要设定评价标准。一般来说，指标指的是从哪些方面衡量或评价工作，解决“评价什么”的问题；而标准指的是在各个指标上分别应该达到什么样的水平，解决“被评价者怎样做，做多少”的问题。

最后，企业必须对关键绩效指标进行审核。比如，审核这样一些问题：多个评价者对同一个绩效指标进行评价，结果是否能取得一致？这些指标的总和是否可以解释被评估者 80%以上的工作目标？跟踪和监控这些关键绩效指标是否可以操作？等等。审核主要是为了确保这些关键绩效指标能够全面、客观地反映被评价对象的绩效，而且易于操作。

每一个职位都会影响某项业务流程的运行过程，或影响过程中的某个点。在制定目标及进行绩效考核时，企业应考虑职位的任职者是否能控制该指标的结果，如果任职者不能控制，则该项指标就不能作为任职者的绩效衡量指标。例如，跨部门的指标就不能作为基层员工的考核指标，而应作为部门主管或更高层主管的考核指标。

二、构建关键绩效指标体系的程序

在建立关键绩效指标体系时，各个层级的绩效考核指标，无论是应用于组织、部门、团队或是个人的绩效考核，其指标体系都应该达到如下的要求：

●能清晰描述出绩效考核对象的增值工作产出。

●针对每一项工作产出提取了绩效指标和标准。

●划分了各项增值产出的相对重要性等级。

●能追踪绩效考核对象的实际绩效水平，以便将考核对象的实际表现与要求的绩效标准相对照。

按照这样的指标体系标准，我们可以从以下几个步骤来设计关键绩效指标体系思想的绩效考核体系（见图 9-5）。

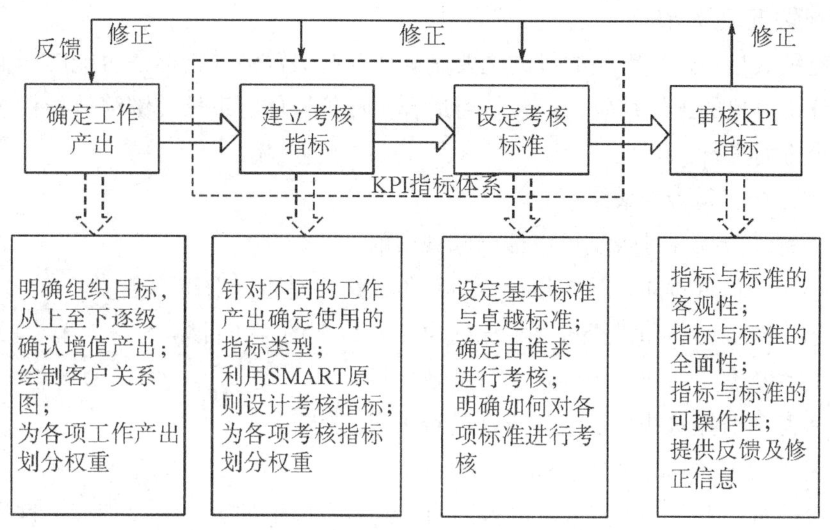

图 9-5　如何设计关键绩效指标体系

1. 确定工作产出

所谓确定工作产出，主要是界定某个个体或团队的工作结果是什么。工作产出是设定关键绩效指标的基础。工作产出可以是一种有形的产品，也可以是某种作为结果的状态。通常来说，以客户为导向来设定工作产出是一种比较适宜的方法。凡是被评估者工作产出输出的对象，无论在组织外部还是内部都构成客户，定义工作产出需要从客户的需求出发。这里尤其强调的是组织内部客户概念，这是把组织内部不同部门或个人之间工作产出的相互输入输出也当作客户关系。

2. 建立评价指标

在确定了工作产出之后，我们需要确定对各项工作产出分别从什么角度去衡量，从哪些方面评价各项工作的产出。通常来说，关键绩效指标主要有四种类型：数量、质量、成本和时限。表 9-3 列出了常用的关键绩效指标的类型和一些典型的例子以及从哪里可以获得验证这些指标的证据。

表 9-3　关键绩效指标类型的示例

指标类型	举例	证据来源	指标类型	举例	证据来源
数量	产量 销售额 利润	业绩记录 财务数据	成本	单位产品的成本 投资回报率	财务数据
质量	破损率 独特性 准确性	生产记录 上级考核 客户考核	时限	及时性 到达市场时间 供货周期	上级考核 客户考核

3. 设定评价标准

一般来说，考核指标指的是从哪些方面来对工作产出进行衡量或评价，指标标准指的是在各个指标上分别应该达到什么样的水平；指标解决的是我们需要评价“什么”的问题，标准解决的是要求被评价者做得“怎样”、完成“多少”的问题。

4. 审核关键绩效指标

对关键绩效指标进行审核的目的主要是确认这些关键绩效指标是否能够全面、客观地反映被评价对象的工作绩效，以及是否适合于评价操作。审核关键绩效指标主要可以从以下几个方面进行：

（1）工作产出是否为最终产品。

（2）关键绩效指标是否是可以证明和观察的。

（3）多个评价者对同一绩效指标进行评价，结果是否能取得一致。

（4）这些指标的总和是否可解释该岗位 80%以上的工作目标。

（5）是否从客户的角度来界定关键绩效指标。

（6）跟踪和监控这些关键绩效指标是否可以操作。

（7）是否留下超越标准的空间。

经过这样四大步骤，我们就可以得到能够衡量和验证的关键绩效指标。这样，我们采取措施对绩效表现进行跟踪和记录，就可以得到被评估对象在这些绩效指标上的表现。

KPI 越多，管理智商越低吗？

KPI 对企业是否有用，KPI 指标是越多越好，还是越简单越好，这些问题都不是能够用一句话就能回答出来的。如果想用一句简单的话来回答那就是“适合的就是最好的”。只要是适合公司的绩效考核方法，那么就是比较好的绩效考核手段。KPI 指标虽然被很多企业所推崇，但是在模仿起来的时候效果相对就不是很明显。这关键在于绩效指标的设置要依据企业的战略规划和企业的发展目标。企业如果没有一个完善的能够支持企业战略发展的目标体系建设，那么在设置 KPI 的时候就会比较困难。这些关键绩效指标只保证能够完成企业目标体系的一个个具体的衡量指标。

如果不知道企业的总体战略目标，没有完善的分目标的划分，那么 KPI 指标的提取就很困难，甚至可以说是不可能的事情。如果没有按照企业的目标来提取 KPI 指标，无论是制定多么简单或者是多么负责的 KPI 指标都是没有用处的，自然这样的 KPI 指标考核起来也会产生很大的负面作用。

第五节　KPI 实施过程中的问题

一、应用 KPI 过程中应注意的问题

虽然 KPI 是一种先进的绩效管理思想，但是在实际应用过程中还是要注意以下几个问题：

（1）KPI 指标难以量化。在企业实践中，应用 KPI 指标体系经常遇到的一个问题就是如何客观量化 KPI 指标。对于生产型或销售型的工作，比较容易设定客观、量化的考核指标，也可以较为公正地进行考核；而对于那些职能部门、支撑型岗位或服务性工作

来说，进行 KPI 指标的量化设计就比较困难。

（2）绩效指标设计不能抓住关键绩效指标。每位员工都可能会承担很多的工作目标与任务，有的重要，有的不重要。如果我们对员工所有的方面都进行考核，面面俱到，抓不住重点与关键，势必会造成员工疲于奔命或出现迷茫，从而无法实现对其工作行为的有效引导。绩效考核必须从员工的工作中提取出关键成功因素，然后才能发现哪些指标可以有效监测这些因素，从而确立有效量化的关键绩效指标。

（3）不同岗位应有不同的 KPI 组合，不同部门的 KPI 应有不同的特点和着重点。比如，某公司财务部门的 KPI 有总利润、成本降低率和存货周转率，是以利润、成本为中心的；生产部门的 KPI 是总产量和品种产量，是以产量为中心的；销售部门的 KPI 是销售收入、产销比和资金回收率，是以收入和资金回收为重点的；人力资源部门的 KPI 是全员劳动生产率，是以人员投入和劳动效率为核心的。

举例如表 9-4 所示。

表 9-4　某公司总裁、研发负责人和销售人员的 KPI 指标结构

	效益类（%）	运营类（%）	组织类（%）	工作目标类（%）
公司总裁	70	20	10	—
研发负责人	10	50	10	30
销售人员	60	10	10	20

（4）绩效考核结果不清晰。在某些情况下，即使知道从什么方面对工作绩效进行衡量，也不知道如何去衡量。比如，通过智力劳动为公司做出贡献的知识型员工，他们做出的很多贡献并不是有形的产品，往往不知道工作的产出是什么，也无法知道工作是否完成得好。而且由于互联网的广泛应用以及信息技术的快速发展，这部分员工的工作方式与传统的工作方式不同，对其工作过程的监督与控制也就变得困难起来。

（5）指标设定固化。通常，KPI 设定之后，应该具备一定的稳定性，不应轻易改变，否则整个 KPI 系统的操作将失去其连续性和可比较性。正常情况下，一套合理的 KPI 设定之后应适用于整个经营周期。但是，这并不意味着 KPI 设定之后就具有了刚性，不能改变。实际上，公司阶段性目标或工作中的重点发生变化，各部门的目标也会随之发生变化，在对阶段性业绩的衡量上重点也不同，因此 KPI 存在阶段性、可变性或权重的可变性。如果 KPI 与公司战略目标相脱离，企业所衡量的职位的努力方向也将与公司战略目标的实现产生分歧。KPI 指标与实践工作不对应是绩效考核流于形式的一个重要因素。

（6）应用 KPI 绩效考核后，缺乏必要的沟通过程。在企业里，基层员工对绩效考核存在着抵触情绪，觉得绩效考核就是管制、束缚、惩罚；而某些中层员工却只把绩效考核与工资待遇等同起来。这都导致绩效考核流于形式，单纯为考核而考核。这种情况的出现与 KPI 设置的初衷相悖。为扭转这种情况，要求沟通在先。管理者要做的是，在工作过程中与下属不断沟通，不断辅导与帮助下属，记录下属的工作数据或事实数据，保证目标达成的一致性，这比考核本身更重要。简而言之，就是在考核之后，要让被考核者清楚地知道，在上一个考核周期，他们的工作在哪些方面存在不足，以及下一阶段应该如何改进。另外，考核结果不能束之高阁，更不能成为恫吓员工、刺激中层的工具。

二、企业实施 KPI 考核的对策思考

以上我们讨论了实施 KPI 过程中可能会遇到的问题。针对可能出现的问题，在建立以 KPI 为核心的绩效考核体系，或实施 KPI 指标体系时，应该着重把握好以下几个方面的要点：

（1）作为一个持续增长的企业，必须制定清晰明确的战略目标，并将战略目标有效分解。为保证绩效管理在组织目标实现过程中发挥应有的作用，企业必须建立战略导向的绩效管理体系。在绩效管理指标的设计上，要点在于指标设计的流程性、计划性和系统性。首先，明确企业的战略目标，并且找出企业的业务重点；然后，找出这些关键业务领域的关键业绩指标，即企业级 KPI；最后，各部门主管需要依据企业级 KPI 建立部门级 KPI，并对相应部门的 KPI 进行分解，确定相关的要素目标，确定实现目标的工作流程，将部门级 KPI 分解到岗位和个人，以建立完整的企业整体 KPI 考核体系。

（2）KPI 考核的实施必须以优化流程和组织结构以及培育 KPI 企业文化为前提。首先，KPI 必须以顾客为导向，所有指标的制定必须以顾客的需求为起点和终点。以顾客需求为起点强调所有考核指标的设定都应从顾客的需求出发考虑；以顾客的需求为终点则是指所有指标的设定甚至是考核就是为了满足顾客的需求，在顾客满意的前提下，使企业得到持续的发展。其次，企业应该根据 KPI 的指标设计对企业的工作流程和组织结构集成化，提高企业的效率，精简不必要的机构、不必要的流程和不必要的系统。最后，企业应该建设 KPI 文化。良好的、和谐的企业文化是 KPI 指标体系成功运用的保障。KPI 考核是典型的结果考核管理手段，竞争非常激烈。这就要求员工能够正确面对差距，敢于竞争，敢于创新和突破，不断实现自我、超越自我。所以，企业应该建立起这样一种 KPI 文化，让所有员工拥护 KPI 考核，并受益于 KPI 考核。

（3）科学合理的指标设计是有效推进绩效考核与绩效管理的重要基础。绩效指标的设计应抓住关键绩效指标。如果指标设计不合理，便不能有效地支持企业的目标和绩效，甚至会把企业带到错误的方向。例如，如果绩效指标基本上是以各个职能部门为单位设计的，各职能部门之间就可能为了本部门的利益而相互推卸责任，从而使企业陷入混乱和低效。实际上，职能部门之间的空白地带往往是企业绩效改进的最大空间。同时，如果绩效指标设计不合理，就不能够适应企业管理对员工的支持及对其自身素质提高的要求，使通过绩效管理促进企业与员工共同成长的目标根本无法实现。

（4）通过绩效考核，建立良性考核关系。KPI 考核办法中，考核者与被考核者成为一种平等的良性的考核伙伴关系，大家共同学习，共同进步，目的都是使被考核者尽快提高能力，达到业绩标准要求。这种伙伴关系首先表现在制订绩效考核计划方面。KPI 强调任何一个考核计划必须是经过双方共同讨论达成一致后的结果。通过探讨业绩标准的内涵，双方对此有了统一的理解，便于被考核者明确目标、按照标准要求开展自己的本职工作，也便于日后对照标准做相应的判定。此外，取得证据的方式、时间、证据类型及数量等内容也是由双方商定的，连取得证据之后将履行什么样的判定程序和方法，

也都是事先沟通约定的。这种通过绩效面谈制订考核计划的全过程，充分体现了考核双方相互信赖、团结合作的精神。

（5）注重 KPI 指标的创新，时刻保持管理优化的理念。KPI 指标的设计及其绩效考核并没有固定不变的模式，应该时刻保持管理优化的理念，重视 KPI 指标的创新，这是一个动态管理过程。应该根据环境的变化、时间的推移和被考核者职位能力的发展，适时适当地调整 KPI 指标。不同的企业、相同的企业在不同的时期，关注的绩效目标极有可能是不同的，其设计的 KPI 指标也可能会有所不同。不过，变与不变是相对的，都是为了要达到管理优化和提高效率的目的。

阅读材料

YUEDU CAILIAO

“王安石变法”是怎么被 KPI 搞砸的？

公元 1067 年，19 岁的太子赵顼继位，即宋神宗。

皇帝即位，按例要赏赐群臣，可是很快宰相韩绛就带来一个“百年之积，惟存空簿”的坏消息。神宗把先帝留下的老臣们聚在一起，讨论一个重要的问题：怎样才能既不增税又能增加财政收入？老臣们群策群力，有说“二十年不打仗”的，有说“要对内稳定”的，神宗一听，日子都过不下去了，还说这些道德文章，难怪国家治理不好。神宗将目光转向群臣中最德高望重的司马光。这位老臣不慌不忙地说出六个字：“官人、信赏、必罚”。神宗失望之余，想到一个人，因为当时朝野有这么一种说法：“介甫不起则已，起则太平可立致”。“介甫”就是王安石的字。神宗很快召王安石进京，一场改变帝国命运引发后世无穷争议的变法运动就此拉开帷幕。

王安石本该想到，这场改革最初的支持者宋神宗，到了一定阶段，必然会站到他的反面。神宗支持王安石变法的初衷是解决财政危机，这个目的很快就达到了。变法没几年，各级官员好像变戏法一样的，把钱变进了国库，也出现了汉景帝时钱都堆不下的情况。财政困难解决了，而新法弊端也渐渐显露出来，还要不要继续支持新法呢？神宗对王安石一会儿任用，一会儿又贬官的，就说明了他的矛盾体现在这场“藏富于民”与“藏富于国”的帝国官员大分裂中。神宗恐怕要哭笑不得，我就是想多弄俩钱花花，诸位大人何至于此啊。而神宗之后的皇帝也同样如此，没钱想到要变法，有钱又要恢复旧法。新帝亲政想要有新气象，就支持新法，搞砸了，想要安抚天下，就下罪己诏恢复旧法。这恐怕也是司马光反对变法的重要理由：财政嘛，有时好有时坏，大不了有钱多花点，没钱就省着用，唯有道德是永恒的，怎么能一会儿变法，一会儿又不要变法了呢？皇帝自己钻营投机，还怎么成为官员的楷模？官员个个如狼似虎，还怎么让百姓安分守己？

KPI 是个好东西，你考核什么，你一定会得到什么；但 KPI 又是个坏东西，凡是你不考核的东西，都会成为业绩黑洞。一个企业的经营目标在不同市场环境中总是要变化的，导致 KPI 也在不停地变化。如果领导人只盯着 KPI，必然一天一个想法，员工无所适从，必然会把工作变成“制造数学的游戏”。所以任何 KPI 考核都必须以稳定的企业

价值观为前提。就像失去了道德的统治，必然产生道德风险一样，抽空了企业文化和价值观的企业管理，要么沦为员工“欺骗”公司的工具，要么变成公司压榨员工的制度。

案例分析

ANLI FENXI

G公司在绩效管理中的KPI再设计

G公司是一家由日本三家世界500强企业和国内两家大型国有企业合作创办的中日合资企业，成立于20世纪90年代中期，生产销售勘探和开采石油用的石油钻杆。企业依靠自身的技术优势和创业者们的不懈努力，经过短短8年就获得了快速发展，在国内石油钻杆市场上与另外三家国内企业基本形成了四分天下的局面。

在企业创立之初，公司导入日本先进的生产管理系统建立健全了质量管理体系，从2003年开始公司又着手建立一系列的人力资源管理制度，依靠自身的力量制定了一套员工绩效考核制度，对员工进行半年一度的绩效考核，考核结果被作为分配奖金的依据。但是，在实际绩效考核过程中，管理者们发现由于公司给员工制定的考核指标和评分标准模糊，给下属打分时十分困难；而员工则认为管理者打分不公正，纷纷质问上级和人力资源部为何给自己较低的分数，加之考核需要填写大量的表格，员工满腹牢骚。几个考核期下来，管理者和下属都十分苦恼。管理者们为了不给自己制造太多的麻烦，就倾向于给下属相同的分数，这样一来，绩效考核便成为一种形式，失去了应有的作用。公司的绩效考核制度到底出了什么问题，如何才能改变这种状况？公司领导层陷入了深深的困惑之中。

通过调查，领导层发现G公司的员工绩效考核制度是依照传统的人事考核（德、能、勤、绩式考核）的思路来设计的，没有体现现代人力资源管理的先进理念。该公司的员工绩效考核制度主要存在以下三个方面的问题：

公司绩效目标、部门绩效目标和个人绩效目标之间没有形成层层分解、层层支撑的关系。绩效评价指标设计思路的错误，导致了评价指标体系设计得不合理，出现了公司、部门和员工绩效相背离的“三层皮”现象。所谓“三层皮”就是公司绩效目标、部门绩效目标和个人绩效目标之间相互脱节，没有形成层层分解、层层支撑的关系，即使员工以及部门绩效考核结果都好，也会出现公司绩效不佳的情况。G公司去年年底员工的绩效考核结果有90%的员工获得了“优秀”，但公司下半年的绩效并没有提升。

评价指标体系不健全。由于对绩效缺乏科学的认识，G公司错误地将绩效等同于业绩，缺乏个性化的态度及能力评价指标，导致绩效评价指标体系不健全。我们主张绩效应该是结果和行为的组合，在评价指标中应该有衡量行为的指标——态度和能力指标，这类指标有时会对员工的工作行为起到重要的指引作用。比如，组织中的有些职位主要从事一些服务性的工作，这类职位很难用定量指标去衡量其工作绩效，有时甚至是“态度决定一切”的。如在后勤服务人员的评价指标中设置诸如“服务意识”等指标，就会促使他们不断关注自己的服务态度和服务的及时性，有效地改善其服务的质量。

评价指标过于抽象且标准设计不良。G公司员工绩效考核指标中大多数指标都是

“工作完成”“制度执行”“思想进步”等抽象的指标，且评价标准十分模糊，大量使用了“极好、良好、比较好、基本可以、差”以及“几乎全部完成、大部分完成、基本完成、完成较差”等评价标准。用这些不好区分的定性指标来评价员工的绩效，一方面使管理者难以做出正确的判断，另一方面使管理者给相同表现的员工不同的绩效等级成为可能，导致员工常常质疑绩效考核的结果。

案例评析：

针对G公司评价指标设计存在的问题，可以建立包括工作业绩、态度、能力指标在内的完善的评价指标体系，其中态度和能力指标在职位说明书中有明确的界定，而工作业绩指标可以导入KPI的理念，为企业建立基于战略的KPI体系。

同时，在部门绩效考核的实践操作中，公司需要事先进行工作分析，并建立完善的工作说明书。公司实施绩效考核必须建立在工作分析的基础上，工作分析是绩效考核的基础性工作。通过工作分析，可以明确每个部门甚至职位的职责、工作内容以及对员工的任职要求等，从而明确绩效考核的内容，即知道“要考核什么”。

最后，考核结果要与员工利益结合起来。在考核结束之后，公司要将绩效考核的结果与员工利益结合起来，即将绩效考核的结果应用到员工的薪酬调整和职位调整方面。最终目的是使绩效考核能够富有激励性，从而促使员工取得更高的绩效。公司还应注意建立绩效反馈和面谈制度。绩效考核结束之后，部门主管与被考核人员还必须进行相关的绩效反馈和面谈，其目的在于明确员工过去工作中的不足，分析原因并共同寻找改进措施，实现员工和企业绩效的共同改善。

综上所述，基于KPI的部门绩效考核指标体系是一种具有较强综合性的方法，不仅能够客观考核评价部门的绩效，而且有利于明确员工日后的努力方向，并最终实现企业绩效的提升。

本章小结

关键绩效指标（KPI）是企业的宏观战略目标经层层分解产生可操作性的战术目标。它既反映战略执行的效果，也是对战略决策执行效果的检测方针。

实施KPI指标体系的目的是建立一种机制，将企业战略转化为内部过程和活动，以不断增强企业核心竞争力和持续发展能力。

KPI指标体系使绩效考核与绩效管理不仅成为激励约束的手段，也成为一种战略实施的有效工具。其通过提取公司成功的关键指标，利用目标管理的方式，不断分解和传导到基层单位，从而可以确保企业战略目标的实现。

思考与讨论

1. KPI的基本内涵是什么，你是怎样理解的？
2. KPI指标体系具有什么特点？
3. 在KPI指标体系设计过程中，应该遵循什么样的原则要求？
4. 如何实施KPI指标体系？主要有哪些步骤？
5. 在实施KPI的过程中会遇到哪些问题？如何解决？

第十章

基于平衡计分卡（BSC）的绩效考核

案例引入

ANLI YINRU

王安石变法不仅是一场非常有前瞻性的经济改革，也是一个绩效改进的过程。它的成功和失败都与绩效管理过程有着密切的关系。当时，阶级矛盾尖锐、民族对立严重、统治集团内部矛盾突出这三大矛盾和“冗官、冗兵、冗费”三冗问题导致北宋积贫积弱，内忧外患。王安石变法以发展生产、富国强兵、挽救宋朝政治危机为目的（绩效指标），以“理财”“整军”为中心（关键绩效），涉及政治、经济、军事、社会、文化各个方面（绩效维度）。王安石变法充实了政府财政，提高了国防力量，在一定程度上改善了积贫积弱的局面，但由于在实际执行过程中的不良运作和各方力量的冲突抵制，统治集团内部的斗争更加激烈，新法成为各派系倾轧的工具，造成了扰民、损民的后果。

在绩效管理层面，究其失败原因，王安石变法存在如下问题：

（1）变法的超前性与社会现实的落后性差距过大。（战略目标不符合实际情况）

（2）新法的“敛财”实质导致社会基础丧失。（缺乏基层人员认可和支持）

（3）变法急功近利、急于求成。（缺乏合理计划和流程梳理）

（4）政策执行不力。（下级对上级的政策执行不当，导致效果偏离政策初衷）

（5）用人不当。（改革核心成员素质不够）

（6）变法派内部分裂。（团队内部未达成一致意见，改革推进受阻）

王安石变法的失败在绩效管理层面给了我们许多启示：

（1）战略目标的制定是绩效管理的关键所在。王安石变法的出发点是好的，但是目标设定脱离当时社会实际，这是导致变法失败的重要原因之一。所以绩效目标应该以实际为基础，充分结合企业的发展现状。

（2）在绩效计划制订之前制订者应该深入了解当前存在的主要问题，防止本末倒置；并同时做好沟通，协调好各方利益和任务，防止由于利益冲突导致大家不能同心协力地完成这一绩效计划。

(3) 绩效管理不但需要有前期的绩效计划、绩效指标的确立和后期的绩效反馈，绩效控制也很重要，其起着承上启下的重要作用。没有对绩效管理的过程进行周密、认真的控制，前期所做的绩效计划必然付之东流，而绩效反馈也就无从谈起。绩效管理过程不仅关注最终任务完成情况、目标完成情况、结果或产出，同时还要关注绩效形成过程。王安石过于强调目标的完成，急功近利，没有意识到变法应该是一个循序渐进的过程。

(4) 在整个绩效期间内，管理者需要不断地对员工进行指导和反馈，即进行持续的绩效沟通。这种沟通是一个双方追踪进展情况、找到影响绩效的障碍以及得到使双方成功所需信息的过程。王安石的变法措施在制定时的动机是好的，但由于没有在实施过程中进行有用的绩效沟通，即没有对政策的实施进展进行追踪，不能及时发现执行中存在的问题，导致一部分地方官员上行下效，从而没能达到预期效果。

总之，绩效管理是一个循环的动态系统，绩效管理所包含的几个环节紧密联系，环环相扣，任何一环的脱节都将导致绩效管理的失败。绩效管理应使官吏清楚朝廷的愿景，知晓自己的价值，从而将朝廷的政策有效地下放到各个层级和各个州县中。在科学全面的绩效管理中，我们首先要统一对组织目标的认识。我们应以企业战略目标为龙头，制定和分解企业目标到部门，让所有部门都意识到自己在企业战略中的重要地位和价值。

而基于平衡计分卡的绩效考核体系正是将公司战略有效落地的一个重要手段和途径。企业应以平衡计分卡为操作平台，基于综合平衡的战略思想，从创新学习、运作效率、顾客服务和经济效益四个基本维度，分别将基于共同愿景的组织战略明晰化、具体化，并构造一种“四维评分标度盘”，进而以此为基础框架设置相应的绩效衡量指标体系，将个人、团队和整个组织贯通和有机整合起来，对组织绩效状态进行综合反映、统筹测评、动态监控和价值驱动。本章就将详细介绍基于平衡计分卡的绩效考核。

第一节　平衡计分卡的产生与发展

一、平衡计分卡的产生背景

20 世纪初期，西方企业普遍采用像资本报酬率（return-on-capital-employed，简称 ROCE）这样的绩效衡量模式，重财务指标而轻非财务指标。这种模式在实物资产占主导地位的工业时代提高了企业运行的效率。但到了 20 世纪八九十年代，随着信息技术和知识经济的兴起和蓬勃发展，各商业组织面临全球化竞争的严峻挑战，企业管理中知识、技术等无形要素的重要性日益凸显，甚至取代了有形的财务要素，创新改革逐渐成为各个企业经营管理的必然选择。在这样的时代背景下，传统的短期财务业绩衡量模式越来越不能真实评估企业的绩效实况，也不再适应新时期企业管理的战略需要，这为平衡计分卡的产生提供了良好的契机。

1990 年，哈佛大学商学院的教授罗伯特·卡普兰（Robert S. Kaplan）[①] 和复兴方案公司的总裁大卫·诺顿（David P. Norton）[②] 带领了一个关于绩效测评改革的研究项目，对杜邦、苹果、惠普、通用电气等 12 家公司进行调查研究，想要寻找一种更加适应当下发展需求的绩效管理方式。项目结束以后，他们总结研究成果，撰写成一篇论文《平衡计分卡：绩效提升衡量体系》，发表在了 1992 年 1—2 月的《哈佛商业评论》上。这篇论文的发表标志着平衡计分卡（Balanced Score Card，简称 BSC）的理论和方法被正式提出。

二、平衡计分卡的发展历程

（一）萌芽时期（1987—1989 年）

实际上在 1992 年平衡计分卡问世之前，ADI 公司就对平衡计分卡进行了尝试。ADI 公司也是上述绩效测评改革项目最终锁定研究的公司之一。平衡计分卡在 ADI 公司被称为"企业计分卡"。项目组成员经过反复研讨，在此计分卡的基础上进行扩展，形成了四个维度的平衡系统，并将其命名为"平衡计分卡"。

ADI 公司是一家半导体公司，产品主要为数字、模拟以及数模混合信号处理装置，并广泛应用于计算机、通信、自动化等领域。1987 年，ADI 公司正在着手调整公司的战略方案，吸取以往战略改革总是流于形式未得到有效实施的教训，此次公司管理层希望在调整战略方案时侧重于战略的落地执行：战略方案不仅要得到每一位员工的理解和认同，而且要层层分解细化到每个部门的管理当中。首先，ADI 公司明晰了其利益相关者包括员工、客户、股东、社区和供应商，并且结合公司的目标与愿景为每个利益相关者分别确定了战略目标，并且提炼了其中三个最为重要的目标。为了推动这些战略目标尤其是战略重点的实现，公司还专门启动了一个叫作"Quality Improvement Process（QIP）"的项目。与此同时，ADI 公司还将以上战略目标进行转化，并整合其中的一些关键要素形成了公司的年度经营绩效计划，由此形成了企业计分卡的雏形。在此次改革中，ADI 公司一改往常下发几百页文件的方式，将最终确定的战略方案反复修改最终精炼为薄薄的几页纸以便于员工的学习和理解，确保方案被更好地推动执行。

ADI 公司在推行项目的过程中专门邀请了一些专家教授进行指导，其中包括哈佛商学院的卡普兰教授。他在参与 ADI 公司项目的过程中发现，这个企业的计分卡除了传统的一些财务指标，还包括生产层面、客户层面、产品革新层面等的指标，卡普兰教授发现了这个计分卡的优势和价值，就同诺顿一起将其进行深入修改和完善，最终提出平衡计分卡的理论。

---

① 罗伯特·卡普兰（Robert S. Kaplan）：平衡计分卡（Balanced Score Card，简称 BSC）理论创始人之一，美国平衡计分卡协会主席。卡普兰教授现执教于哈佛商学院领导力开发专业之 Marvin Bower 教席，担任哈佛教职长达 18 年；曾执教于卡耐基梅隆大学管理学研究生院（GSIA）达 16 年之久，其中 1977—1983 年任该研究生院主任；获麻省理工学院电子工程学士和硕士学位，以及康奈尔大学运营研究博士学位，1994 年，获德国斯图加特大学荣誉博士学位

② 大卫·诺顿（David P. Norton）：平衡计分卡理论的创始人之一。在创办平衡计分卡协会之前，诺顿博士是复兴全球战略集团的创始人之一，担任总裁。诺顿在哈佛商学院取得博士学位，在佛罗里达州立大学取得工商管理学硕士学位，并在佛罗里达科技大学获得过营运研究学士学位，在全斯特工业大学获得电气工程学士学位。

（二）研究时期（1990—1993 年）

平衡计分卡的理论研究时期是从哈佛商学院的卡普兰教授（Robert S. Kaplan）和复兴方案公司的总裁诺顿进行的绩效测评改革项目开始的。1990 年，在卡普兰教授认识到 ADI 公司企业计分卡的价值以后，他便与复兴方案公司的总裁诺顿一同开始进行关于平衡计分卡的学术研究。复兴方案公司设立了一个公司绩效考核模式开发项目，卡普兰教授和诺顿分别为该项目的学术顾问和项目经理。项目组针对平衡计分卡这种新兴的绩效管理模式进行了为期一年的研究。以 ADI 公司的企业计分卡为蓝本，结合苹果、惠普、杜邦等公司的实践经验，项目组对计分卡的维度进行改进和拓展，最终整理为财务、客户、运营和学习发展四个维度，并将研究成果总结为一篇论文联合发表在《哈佛商业评论》上，名为《平衡计分卡：绩效提升衡量体系》。这篇论文的发表标志着平衡计分卡的正式问世。作为第一篇关于平衡计分卡的论文，其清晰地解释了平衡计分卡的理论起源、概念维度及其对企业绩效管理的重要作用。随着 1992 年论文的公开发表，平衡计分卡逐渐受到学术界以及企业界的关注。

平衡计分卡不断受到企业的认可以后，卡普兰和诺顿也多次受邀到各公司进行讲授。在公司进行推广运用的过程中，他们发现平衡计分卡不仅可以应用到绩效管理中，还可以应用于公司的战略方案，作为战略管理的重要手段。由此，卡普兰和诺顿根据实践反馈进行梳理总结，撰写了第二篇论文《在实践中运用平衡计分卡》，并再次在《哈佛商业评论》上发表。论文主要指出当下企业应该把握宏观战略目标的关键要素来细化和确定绩效考核的具体指标。这篇论文的发表对于平衡计分卡的研究发展具有里程碑式的意义，标志着平衡计分卡从理论到实践和从绩效管理到战略管理的过渡。

（三）应用时期（1994 年至今）

二十多年以来，平衡计分卡在企业中得到了广泛的传播和应用，理论方法也不断丰富和完善，并结合企业发展实际衍生出了许多具体的形式。

1993 年卡普兰和诺顿发表论文将平衡计分卡运用到战略管理上来，扩大了平衡计分卡的适用范围；1996 年，他们又根据最新实践，并结合管理大师德鲁克的目标管理思想，发表了第三篇平衡计分卡的论文并出版了专著《平衡计分卡》，详尽地阐述了平衡计分卡的应用框架，包括目标建立、计划制订、绩效考核等方面的内容，再次阐明了平衡计分卡在组织战略管理和绩效管理中的重要性，并论述了将平衡计分卡转化为战略管理系统的操作方法。随后几年，卡普兰和诺顿持续不断地对成功运用平衡计分卡的企业实践进行总结，并在 2001 年出版了他们的第二本论著《战略中心型组织》（中文译本于 2004 年出版），在论著中提出了包括“转化、协同、激励、管控和动员”在内的五项原则，让企业更加关注战略管理实践。2004 年，在平衡计分卡协会的倡议下，卡普兰和诺顿发起了一个探究依靠平衡计分卡实现战略转型的项目，包括希尔顿酒店、佳能、摩托罗拉在内的十多家知名企业都参与其中。根据此项目的研究成果，他们撰写出版了《战略地图》（中文译本于 2005 年出版）一书，为平衡计分卡构建了完善的理论体系。随后，卡普兰和诺顿对“战略中心型组织”进行拓展，出版了《组织协同》（中文译本于 2006 年出版）一书，具体阐明了组织如何借助平衡计分卡和战略地图将员工个人绩效与组织目标挂钩，以解决战略落地执行的问题。许多企业甚至非营利性组织都引进平衡计分卡作为战略管理和绩效管理的工具，均取得了显著成效。卡普兰和诺顿从国内外各大企业和组织的实践探索中吸取经验，提出了使用平衡计分卡进行战略管理和执行的具体操作步骤，并将其总结在出版于2008年的集成性著作《重在执行》中。

近年来，关于平衡计分卡的中文译本和中文著作陆续增多，一些中国企业也开始引入平衡计分卡进行实践，包括中国石化、万科、华润、青岛啤酒、顺丰速运等在内的各大企业都曾成功运用，但整体看来，平衡计分卡在国内的推广和应用尚不成熟，还具有较大发展空间。

拓展阅读
TUOZHAN YUEDU

SMDC——平衡计分卡名人堂成员

在开发和推行了总公司级的计分卡和战略地图后，SMDC在整个组织内层层分解了平衡计分卡，使所有的服务线、社区和关键支持部门协调一致起来。SMDC的首席执行官（CEO）彼得·佩尔森博士说：

建立战略地图是一个转折点，它使管理层全面理解了经营组织、界定客户并将它们转化为重点明确的战略。这导致了一个关注整个保健系统的业绩管理工具。不可否认，作为CEO，月度平衡计分卡研讨会对我意义非同寻常。计分卡使我们毫不费力地扫视和融会贯通整个组织的业绩并确定任何必要的过程改进。讨论时间的平衡已明确地将我们从日常经营转向了战略决策制定。

第二节　平衡计分卡的基本内容

工业时代下的传统绩效管理模式注重对企业短期财务指标进行滞后性的评估，而信息时代的平衡计分卡作为绩效管理的工具，具有完整的框架体系，从动态战略管理的高度，将外部市场环境和企业内部流程以及组织管理进行整合，帮助企业的决策层将企业的战略目标和愿景转化为一套连贯且平衡的绩效指标体系，并在实际执行中对这些业绩指标进行考核，为组织战略目标的实现和企业的可持续发展奠定基础。基于平衡的战略思想，以平衡计分卡为操作平台，从经济效益（财务）、顾客服务（客户）、运作效率（内部运营流程）和创新学习（学习与成长）四个维度将企业战略转化为明确的可操作的绩效指标，将企业、团队和员工的价值目标有机整合，进而建立可衡量的指标体系（见图10-1），是企业实施战略管理和绩效管理的重要工具。

一、平衡计分卡的四个维度

（一）学习与成长维度：我们能否持续创造价值

一个企业要实现长远发展，必须顺应环境变化，不断学习和创新，改革制度和流程，更新产品和服务，开拓新的市场和领域。平衡计分卡的另外三个维度可以显示出企

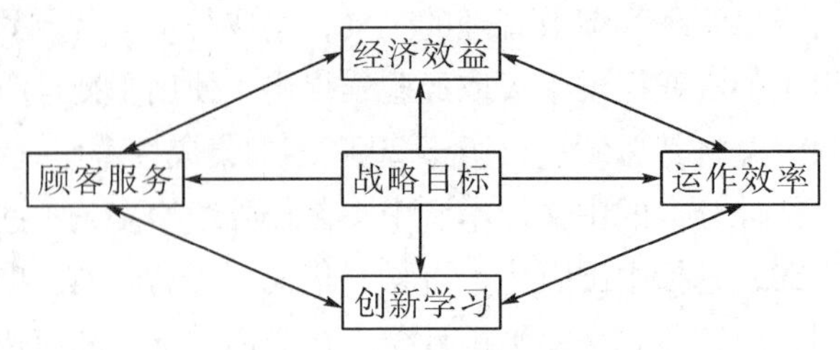

图 10-1　平衡计分卡的基本框架

业的实际水平和战略目标实现所必需的能力之间的差距，而这个差距就需要企业通过学习与创新进行弥补。企业的学习和成长能力主要表现在三个层面：人才、信息系统和组织程序。人才层面包括员工满意度、员工培训、员工留存率、生产效率等；信息系统层面包括企业的信息传达与反馈效率和渠道等；组织程序层面包括企业文化建设、组织氛围、团队精神等。学习与成长属于一个企业的生命线，是一个企业得以持续生存和发展的根本保证。故企业可以通过提供培训机会，建立高效的信息系统，确立合理的激励机制来激发人才的主动性和创造性，从而保持企业的学习和成长能力，以适应时代发展和企业竞争的需要。

（二）内部流程维度：我们擅长提供什么

内部业务流程维度揭示了传统绩效指标模式和平衡计分卡模式的两个重要差异。第一个差异是，传统模式重视改进现有的业务流程，但此时存在超出财务指标的风险；而平衡计分卡是建立全新的业务流程来实现财务指标。第二个差异是，传统模式关注的是短期的业务流程，着眼于现有的客户需求，目的是改善目前的经营状况；而平衡计分卡关注长期的财务效益，使企业得以创造新的产品和服务来满足未来的客户需求，推动企业实现未来的财务成功，并且平衡计分卡内部业务流程已经包括了短期的经营循环和长期的创新周期，让决策者无须在长期和短期业务流程中进行取舍。内部流程维度主要的衡量方面有：流程的运行效率和成本控制情况、市场灵敏度和反应速度、对产品和服务的把控度。

（三）客户维度：我们能给客户提供什么

忠诚的客户是企业的利润来源。一个企业必须拥有一批黏性的客户群体才能巩固其市场地位，实现长久发展。因此，企业要想提高企业绩效，必须为顾客提供全方位、高质量、多样化的产品和服务，提高客户满意度，从而扩大市场份额。企业需要锁定目标客户群，深入挖掘其价值需求，建立高效灵敏的市场服务网络，从而制定创新灵活的客户和市场战略。客户维度的衡量指标主要有客户满意度、客户保持率、市场份额及其变化情况、核心客户等。

（四）财务维度：我们怎么满足企业运营需要、实现持续发展

一个组织保持良好的学习和成长能力、高效的内部运作流程以及灵活的客户市场网络的最终目的是将绩效转变为经济性的财务绩效。财务性绩效指标可以量化公司的绩效，反映公司利益相关者的利益，并直接衡量企业战略和执行的成效。它也是企业学习和成长能力、内部运作效率和市场服务质量的最终结果体现。财务维度的主要衡量指标有利润率、资本报酬率、营业收入、经济增加值等。

（五）四维度关系链

平衡计分卡的核心思想是：基于平衡的考量，从学习与成长、内部流程、客户和财务四个维度将企业战略目标层层分解，设置可量化、可操作的绩效指标体系，以此来综合反映企业的业绩情况。平衡计分卡也是一套因果关系链，它包括了以上四个维度，各个维度之间相辅相成、紧密相连（见图 10-2）。比如资本报酬可以作为企业的财务指标，要怎么才能提高资本报酬率呢？反映到客户市场层面就是销量和市场份额的增加，而这就需要考量客户满意度和忠诚度。那么客户满意度和忠诚度怎么得来呢？对消费者的调研显示，顾客比较重视售后服务，所以，完善高效的售后服务流程又可以纳入计分卡的衡量指标中。按照这个因果链条，企业就需要不断更新技术、提高服务质量，因此员工的学习成长能力又被纳入平衡计分卡的指标当中。因此，一张切实有效的平衡计分卡应该能够阐明四个维度之间的因果关系，全面反映企业的发展战略和价值取向。

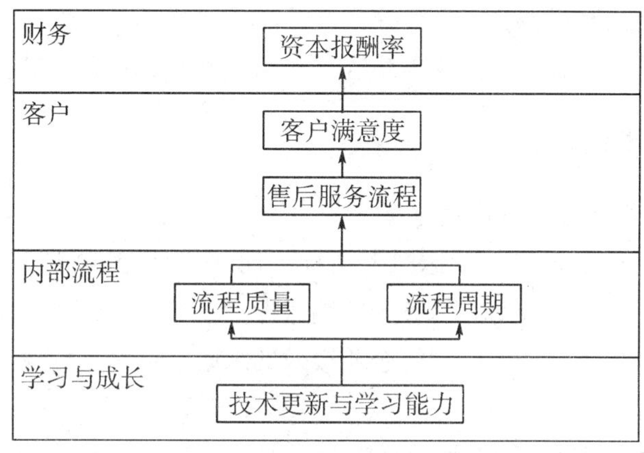

图 10-2　四维度因果关系链

拓展阅读

TUOZHAN YUEDU

加拿大皇家警察的困境

加拿大皇家警察有 2.3 万名员工，每年拥有 30 亿加元的预算，为加拿大省、地区、市提供外包警察服务。加拿大警察有四个层级——国际、国、省/地区、地方。在 21 世纪，加拿大皇家警察面临一系列的挑战，如警察机构进入新世纪所需要的财务和资源。

新任警察局局长朱利亚诺·查卡德利（Giuliano Zaccardelli）下决心要改进加拿大皇家警察的管理。他的目标是使加拿大皇家警察成为优异运作的战略中心型组织。查卡德利是一个有很强领导力和远见的管理者，面对如何协同分散在全国的加拿大皇家警察的所有单位，实现全局层面的重点排序还是感到困难重重。

他首先根据平衡计分卡的原则安排了五个在日常警务活动中全局最高层面的重点工作：

➤降低组织犯罪的威胁和影响

➢降低加拿大和国际性恐怖活动威胁

➢阻止和降低青少年作为受害者和参与者的犯罪行为

➢有效支持国际行动

➢为土著社区更安全做贡献

加拿大皇家警察认识到，这五个战略重点的每一个重点都需要全国范围的战略协调，他们为每个重点工作开发了一个“虚拟”战略图。五个重点主体的战略图都有自己的指标、目标值和执行战略重点所需要的行动方案。加拿大皇家警察专门任命了一位高管为这些战略主题的管理者。有了五个战略重点的战略图和计分卡，就可以向地区警察局进行分解。地区警察局在斟酌国家重点工作在本地区的相关性后，将这些高层的战略重点工作进行本地化，以反映地区运作中的具体实际情况。

有了平衡计分卡作为加拿大皇家警察的核心管理系统，各地区警察局自己负责日常运行，而高级管理委员会现在可以更关注战略重点。战略目标的数据每60天更新一次，使高管们随时可以掌握加拿大皇家警察重点工作在各地区的执行情况。

二、平衡计分卡的特点

（一）财务与非财务指标之间的平衡

传统财务业绩衡量模式仅仅考虑财务指标，而平衡计分卡将客户与市场、业务流程、人力资源管理、信息系统等非财务指标纳入考量，对企业的经营状况进行综合的动态的评价，弥补了仅依靠财务指标观察企业绩效的缺陷，提高了绩效测评系统的科学性和全面性。

（二）长期战略与短期目标之间的平衡

平衡计分卡把企业的长期宏观战略作为起点，层层分解为单项的短期目标，让企业在关注短期效益的同时也能实现长期战略，将企业的长期战略和短期规划有机结合，弥补了以往企业战略不被员工理解而不能很好地落地执行的缺陷。

（三）业绩指标与驱动因素之间的平衡

平衡计分卡的四个维度形成了一个垂直的因果关系链条，下层指标作为上层指标的驱动因素，层层递进，保证企业战略渗透于四个维度并贯穿于平衡计分卡的整个逻辑框架，实现了因果关系上的均衡。

（四）内部流程与外部环境的平衡

在平衡计分卡的四个维度中，财务维度和客户市场维度属于外部指标，业务流程和学习成长属于内部指标。平衡计分卡通过同时对内外部评价指标进行测量，缓和了内部流程与外部环境之间的矛盾，在推动整个企业战略落地执行的过程中实现了内外部的平衡。

（五）主观评价与客观判断之间的平衡

传统的业绩指标侧重于从客观业绩层面对企业的经营状况进行考量，因此非常强调每一个指标的有形性和可量化性，使得企业不可避免地陷入了只重视结果不重视过程的误区，从而忽略了对经营成果十分重要的过程的把控。而平衡计分卡将业务流程、员工成长、客户满意度这类无形指标纳入衡量体系，科学合理地加入了主观评价尺度，而不是对单一的数据进行固化的判断，有利于对整个企业进行综合的评价。

三、平衡计分卡的不足

（一）庞大的绩效指标体系增大衡量的复杂性

不管将平衡计分卡运用于战略管理还是绩效管理，都需要全面考量四个维度的细化指标，同时涉及各个维度以及各个指标之间的权重分配的问题，而且不同的权重分配比例也会产生差异化的评价结果，这无疑大大增加了绩效衡量的复杂性。

（二）难量化的指标导致可操作性不强

由于平衡计分卡包含四个维度，各个维度下面包含许多指标，一个指标可能产生于许多不同的因素，使得部分指标难以进行科学量化，比如客户忠诚度等，这就极大地增加了实际操作过程中的困难。再加上需要测量的指标体系庞大、数据繁杂，所以企业在进行实际操作的过程中需要耗费大量的时间精力和财力，同时还有可能产生失误。

（三）平衡计分卡的应用范围具有局限性

首先，目前的平衡计分卡技术的应用主要涉及绩效管理和战略管理，较少涉及企业管理的其他方面；其次，平衡计分卡由于体系较为繁杂、数据需求量较大，所以更加适合具有一定规模的大中型企业；最后，平衡计分卡的使用需要管理者充分理解企业的发展战略并具有积极的实施意愿，因此对管理者的要求较高。综合以上三个方面，平衡计分卡的应用范围具有一定的局限性。

第三节　平衡计分卡指标体系设计思路

一、平衡计分卡指标体系构建的前期准备

（一）成立项目小组

实施平衡计分卡首先要建立一个专门的项目工作小组来完成平衡计分卡管理系统日常的运作、维护等工作。平衡计分卡是一个贯穿公司运营全流程的管理系统，要有一个强大的团队作为支撑才能保障其有效运行，并且实施平衡计分卡需要企业具有完善的管理体制，高层的推动和承诺，以及员工的认可和支持。所以这个小组的成员不仅包括企业的中高层管理者和平衡计分卡领域的专家顾问，还需要有各个部门的员工作为代表。在小组中，高层管理者的任务是根据行业情况和企业现状制定公司发展战略并总体把控，中高层管理者根据总体战略分解和把控各个部门的绩效指标和各个员工的绩效指标，各部门员工需要传达和反馈基层的想法和建议，在此过程中，专家顾问从专业的角度进行咨询和指导。此项目小组成立以后才能开始制订项目计划和进度安排，逐步推动平衡计分卡项目，并跟踪监控后续进展。

（二）前期调查

开始实施平衡计分卡之前需要对公司做一个全面的现状调查。做这个调查的目的是了解公司的运营现状、绩效管理情况、未来的发展方向以及基层员工对平衡计分卡的态

度和想法。前期调查工作在成立项目小组之后实施，通过案头调查、问卷和访谈的方式进行。信息了解得越准确，越有利于后续工作的开展，并根据调查情况制订对应的项目计划和工作方法，为成功实施平衡计分卡奠定一个良好的工作基础。

（三）战略研讨

战略研讨是前期准备工作的最后一步也是最重要的一步，战略研讨直接决定了平衡计分卡的总体方向，为后续指标体系设计提供重要参考。项目小组将根据前期调查的结果共同讨论企业的宏观战略、使命、中长期目标等，并确定项目实施的关键任务流程，这一步骤的产出成果是建立一个战略规划图。战略规划图结合平衡计分卡的四个维度分为以下几个方面：

1. 财务维度

根据战略研讨的结果确定一个明晰而具体的财务目标，结合公司的财务现状制定相应的策略。

2. 客户与市场维度

确定公司的市场定位和目标客户群体，制定一系列措施保留现有的客户群体，尽最大可能发展潜在的客户，扩大市场份额，稳定行业地位。

3. 流程维度

理清公司当前的流程脉络，发现存在的问题，提出针对性的解决措施，并整合现有的流程梳理出一套全面高效的管理流程，以更好地适应市场要求和现代化管理需要。

4. 学习与发展维度

根据公司发展以及人才培养需要和员工能力提升诉求，并结合公司人力资源管理现状制定人才发展战略和人力资源规划，为企业的发展提供可持续性的人才支撑。

二、平衡计分卡指标体系设计步骤

（一）建立各层次平衡计分卡指标体系

平衡计分卡指标设计包括三个层面，分别是公司层面、部门层面和员工层面。并且每个层面的平衡计分卡都需要实现战略规划到考核指标再到经营计划的转化。

1. 公司层面

在公司层面，需要设计宏观的战略指标并将其分解为可衡量的考核指标，指标涵盖财务、客户与市场、内部流程和学习与成长四个维度，并且这类考核指标以上述战略规划图中的滞后性结果指标为主，以便于量化和估计。战略指标对于考核指标有方向性和前瞻性的指导意义，代表着整个企业的经营业绩和管理水平。分解出来的考核指标还需进一步筛选和改进，剔除可操作性不强或者信息不便获取的指标。当考核指标明确以后，需要收集各个指标以往的数据信息，并根据未来的发展战略确定一个有一定难度但可达到的目标值范围，同中层管理者进行讨论和确认，并由负责人制订相应的计划措施以达到对应的目标值。最后将所有的考核指标和经营计划一一对应，就可以形成一张公司层面的平衡计分卡，由此实现了公司战略规划到考核指标再到经营计划的转化。

2. 部门层面

在部门层面，也要同公司层面的设计流程一样建立一张部门层面的平衡计分卡。这一步首先需要明晰部门职能，厘清各部门的职能界限，划分绩效指标。其次，每个部门将公司层面的战略指标和考核指标进行分解，同时结合部门的实际情况进行灵活补充和修正，此时可以得到部门层面的战略规划图和绩效指标表，由此来反映各个部门的主要任务和战略重点。最后，各部门负责人根据战略规划和绩效指标制定相应的措施，这些措施的目标也需要覆盖财务、客户和市场、内部流程以及学习和成长四个维度。

3. 员工层面

员工层面的设计流程与部门层面相同。首先，需要确定员工的岗位职能，建立岗位说明书，明晰每个岗位的工作任务和任职资格。岗位说明书的内容是个人绩效指标设计的重要依据，而任职资格是岗位人才培养的重要参考。其次，根据部门战略规划和绩效指标分解成每个员工的绩效指标，并结合岗位的职责和特点进行修改和补充，形成个人的绩效指标体系。最后，将根据岗位职责和个人绩效指标体系编制员工工作和培养计划。

（二）平衡计分卡运作体系设计

平衡计分卡运作体系设计包括三个部分，分别是平衡计分卡与绩效管理流程设计、平衡计分卡与绩效管理制度设计、平衡计分卡与绩效管理表单设计。

1. 平衡计分卡与绩效管理流程设计

平衡计分卡的实施需要按照一套规范的流程来运行。各个层次的平衡计分卡日常运作都要遵循这套严格的规范和标准，这样才能保证平衡计分卡的有效运行，所以流程设计是平衡计分卡运作体系设计的关键，后续的制度设计、表单设计等也是流程的配套辅助要件。

2. 平衡计分卡与绩效管理制度设计

有了一套规范的运作流程，必定要辅之以明确的运作制度。制度设计是指将平衡计分卡与绩效管理的实施目的、实施方案、运行规则、平衡计分卡项目小组岗位设置和职能范围以及相关技术性解释等信息以文字的方式确定下来，形成官方文件以供学习和流程运作参考。平衡计分卡与绩效管理的流程要按照制度规定的规则和方法严格实施，但可以在实际运行过程中优化流程，改进方法，更新制度。

3. 平衡计分卡与绩效管理流程表单设计

为了能够切实高效地推进平衡计分卡与绩效管理流程，需要为整个流程的各个阶段设计一系列的表单。首先根据各个子流程的需要一步一步收集表单需求，然后将所有的表单进行整合，按照流程顺序依次排列，最后整理一个完整的表单目录（可以表格形式呈现）。要注意，会出现一个环节涉及多个表单或者一个表单覆盖多个环节的情况，此时需要标注清楚，以防出错。

（三）实施平衡计分卡

在实施平衡计分卡阶段有三个重要的工作：监控、反馈和改进。在推行平衡计分卡的过程中，需要对运作过程进行实时的跟踪监控，第一时间解决出现的问题和状况，并反馈实践中的亮点和问题。项目小组及时进行分析讨论，不断地进行总结和优化，对平衡计分卡的流程以及绩效指标进行改进和完善，使之更适应特定企业的特点和发展的需要。企业在实施平衡计分卡时可以考虑引进专业的平衡计分卡软件作为工具上的辅助，会大大提高整个流程运作的效率。同时，在平衡计分卡施行到一定阶段的时候，可以根据企业发展的需要和市场环境的变化调整绩效指标及其目标值，这样才能使平衡计分卡与时俱进，与企业发展同步。

三、平衡计分卡指标体系结果应用

绩效管理是人力资源管理的一个重要环节，绩效管理的结果可以作用于人力资源管理的许多模块。企业通过平衡计分卡进行绩效管理，可以将考核结果应用于员工薪酬、晋升、培训等。在薪酬方面，可以涉及绩效薪酬、绩效奖金等激励手段，对完成平衡计分卡指标的员工进行奖励，对完成度较差的员工进行适当的惩罚以此来激励员工达成平衡计分卡目标；在晋升方面，设计优胜劣汰的机制，综合多次平衡计分卡考核结果，对表现较好的员工予以一定的晋升奖励；在培训方面，可以针对平衡计分卡绩效指标完成较差的部分实施针对性的培训，提高员工的工作能力，最大限度地开发人力资源，激发员工的工作热情，最终促进整个企业的经营绩效提升，实现企业的长足发展。

拓展阅读

TUOZHAN YUEDU

盛世公司——新战略与 BSC

盛世公司成立于 1970 年，是一家法国通信集团的全资子公司，曾经是世界一流的代理网络之一。因为没有统一的战略，各个代理商各行其是，在破产边缘徘徊。1997 年，公司更换了新的领导团队，新的 CEO 凯文·罗伯特构想了一个彻底的战略计划，称之为“路在前方”。首席财务官（CFO）比尔·科可伦为了帮公司实现这些战略目标，引入了平衡计分卡。管理团队为此制定了三个主题，分别是运营卓越、客户管理和创新。从地域机构到当地使命结构都进行了重组，管理团队将代理商分为了领导代理商、驱动代理商和繁荣代理商，并且为每位代理商开发了不同的战略地图。平衡计分卡和战略地图实施了几年以后，股东价值增长了近五倍，提高了 20 亿美元。这一突出的业绩也让盛世公司（已更名为“Compass”）成了平衡计分卡名人堂的成员。

第四节　平衡计分卡在绩效管理中的应用及意义

一、平衡计分卡在绩效管理中的应用

（一）构建基于平衡计分卡的绩效管理体系

企业将平衡计分卡引入绩效管理，通常的做法是构建一个基于平衡计分卡的绩效管理体系。引入之初，要想成功实施平衡计分卡需要按照步骤有序进行。首先，需要对高管团队进行观念输出和引导，使其站在大局的角度思考问题并承担相应职责；其次，要建立一个专门负责平衡计分卡项目的团队，这个团队包括高层领导者、中层管理者和基

层执行层，以此促进公司战略目标的形成；再次，要结合企业现实情况确立关键流程，并在四个维度上分别设置关键绩效指标及其目标值；最后，进行推广实施并在实施过程中反复总结改进，促进绩效体系的完善。同时，企业还需要明确一个观念，平衡计分卡不仅仅可以作为绩效管理的工具，还可以作为战略管理的工具，关键看公司的自身需求和定位。

（二）平衡计分卡在国内外企业中的应用

平衡计分卡自产生到现在，已经发展了近30年，在国内外得到了广泛应用。通过查阅相关文献资料，我们发现平衡计分卡在国外的应用范围已经覆盖通信行业、房地产业、物流业、酒店服务业、银行，甚至学校、医院等事业单位。但平衡计分卡在国内的应用却相对较少，目前根据相关资料和媒体报道，国内应用平衡计分卡的企业包括中国石化、华润、联想、青岛啤酒、万科、顺丰、鲁能等，一部分三甲医院也有涉及，但其实际应用情况和效果尚不清楚。总体而言，平衡计分卡在国外已经取得了广泛的应用和良好的效果，但在国内还有较大发展空间。这一方面是因为平衡计分卡理论在国内的研究推广不够深入和成熟；另一方面，国内企业存在着根植于民族几千年的文化和传统，引入平衡计分卡在实际操作上存在一定困难。

（三）本土应用平衡计分卡的难点

1. 如何实现实体考核到个体考核的衔接

平衡计分卡的思想是将战略目标进行层层分解，并在四个维度目标的基础上转化为具体的行动步骤，但是平衡计分卡的模型设计主要对象是经营实体和某业务单元，不太适合指导个人的行为。但是往往企业在实施绩效管理时，既要考核经济实体、业务单元，又要考核个人，一定程度上会造成设计和考核上的不匹配。因此，本土在应用平衡计分卡时，一定要考虑这一点，即如何改进平衡计分卡模型，实现实体单元考核到个体考核的衔接。

2. 技术层面的障碍

虽然平衡计分卡在国外发展已经较为成熟，但在国内应用还比较少。国内企业在应用时仍然会存在一些技术性问题。比如，平衡计分卡各个维度上的指标的目标值如何确定，每个指标或者要素之间的比例如何确定，再比如一些指标相互影响互为因果关系，如何在平衡计分卡上体现其逻辑关系等到问题，都成为本土企业实际应用平衡计分卡的技术障碍。

3. 受本土企业的自身特点限制

本土企业在近几年高速发展的大环境下，追求发展的过程中自身也不免存在一些问题，比如岗位职能不明晰，分工混乱，各部门沟通不足，公司信息、流程等系统不完善，公司忽略学习和成长维度等问题。这就导致企业在实际操作平衡计分卡时，仅仅只是冠以平衡计分卡的名头，没有真正吸收平衡计分卡思想的精髓，将其实际效用发挥出来。要解决这个问题，还需要先从企业自身角度出发，对企业内部流程等进行梳理和改革。

二、实施平衡计分卡的注意事项

（一）保证企业全员参与

平衡计分卡的设计初衷就涉及多个维度和多个层次，必定需要企业高层领导者、中层管理者以及基层执行者的全员参与。在平衡计分卡实施以前，应该从高层开始，逐级向下宣传和推广，达到每一级员工都能正确理解和支持平衡计分卡的效果。在实施过程中，高层领导者的主要任务是从宏观的角度把握总体的企业发展战略和目标，需要保证平衡计分卡的大方向不偏离整个企业运行的基调，为平衡计分卡指标体系设计确定宏观目标和标准，并在政策、制度、资源等方面为平衡计分卡与绩效管理的实施提供支持。中层管理者是平衡计分卡与绩效管理实施的中坚力量。中层管理者既要全面理解平衡计分卡的设计原理，又要充分运用公司业务及管理的核心思想，把握住影响公司运营和发展的核心要素。中层管理者作为连接高层领导者和基层执行者之间沟通和传达的纽带，起着不可替代的作用。中层管理者需要和高层领导者共同探讨平衡计分卡指标体系，并将其施行到公司的各项业务和职能中，传达到执行层，不断进行总结和反馈。基层执行者就需要在中层管理者的辅助下对平衡计分卡的原理和实施规则有深入的理解，落实到自己的本职工作中，在实际执行中出现任何新的问题和思路，在第一时间进行反馈并与上级进行分析和探讨。

（二）结合企业实际情况

平衡计分卡不是一个固定不变的模式，而是一种可以灵活调整的战略管理和绩效管理思维。将平衡计分卡与企业的实际发展情况相结合才能真正发挥平衡计分卡的价值。不同行业、不同发展阶段、不同规模的不同企业的平衡计分卡大不相同，即便是同一个目标也可能采用不同的指标来衡量，同一个指标也可能设置不同的目标值。因此，企业不可以照搬其他企业的平衡计分卡，而需要充分结合市场环境和自身情况应用平衡计分卡，量身定制适合的指标体系和目标值，这样才能充分发挥平衡计分卡的优势，科学地评估企业和员工的绩效。

（三）灵活运用人力资源管理策略

平衡计分卡不是万能的，也不是孤立的。将平衡计分卡应用于绩效管理时，一定要结合人力资源管理的其他职能，相互支撑，才能最大程度地发挥平衡计分卡的作用。公司的每个员工都有其自身的职能和价值，但总体的方向一定是和企业发展战略契合的，这些都能在平衡计分卡中反映出来，所以要充分发挥每个员工的价值和平衡计分卡的作用。一定要注重将平衡计分卡贯穿于人力资源管理的全流程，与激励、晋升、培训等相结合，如此才能让每一位员工有效关注到自身的工作目标和工作业绩，从而激发整个企业的活力。

拓展阅读

TUOZHAN YUEDU

国民城市银行——人力资源部的平衡计分卡

国民城市银行是美国的第九大银行，有超过33 000名的员工。国民城市银行希望更多地关注客户的需要，强调服务质量、收入产生和成本控制。在总部的支持和建立内部客户品牌标准的背景下，人力资源部获得了一个宣传品牌的机会，但同时也面临一个重大挑战：如何使人力资源部的战略和银行的整个业务战略保持一致？

此时，公司选择了引入平衡计分卡来作为阐明战略和衡量业绩的工具，并在人力资源部首先施行。公司成立了一个平衡计分卡项目团队，与人力资源部共同合作将战略计划转变为战略地图。人力资源副总裁雪莱·塞弗特认为，人力资源部正在从以交易为中心的被动模式转向价值驱动的主动模式。以往人力资源部从未考虑财务结果的前沿，而现在人力资源战略地图的顶端正是提高股东价值。为了实现这一目标，人力资源部战略地图在客户层面、内部流程层面、员工成长与发展层面都分别制定了绩效指标，并开始收集沟通平衡计分卡业绩指标数据。平衡计分卡的流程为人力资源部提供了一个新的沟通平台，并建立起了多维度沟通策略。平衡计分卡实施后期，他们还致力于使部门的几百名员工为适应企业战略地图而确定个人目标。

主管机构管理的执行副总裁保罗·克拉克说，这次平衡计分卡的成功关键在于开发了指标和计分卡，找出了和解决了衡量流程的问题，为领导和员工的交流提供了共同的语言。人力资源部的平衡计分卡类似于业务损益线，如果不使用平衡计分卡，就无法管理人力资源部。

三、平衡计分卡对于绩效管理的意义

（一）实现高效的绩效管理

在企业实践中，绩效考核都是采取传统的方式，但传统的绩效考核方式随着企业的持续发展不断显现出许多弊端，只能够通过已经产生的经营情况和财务结果来评估企业的业绩，无法预测企业的下一步发展和企业的未来潜能，因此，企业的角色相对被动，很难取得很大的突破。而将平衡计分卡引入绩效管理，可以将经济效益和企业的运营效果相结合，利用平衡计分卡的四个维度来设计不同的指标，全方位多层次地获取企业经营管理的可量化信息。企业通过平衡计分卡可以科学有效地获取信息，避免不必要信息的获取，造成人力财力资源浪费。这样既能实现绩效管理的可量化和可操作性，又能实现科学性，有益于对企业和员工进行全面评估和把控，进而促进企业整体目标的达成。

（二）平衡计分卡可以实现战略绩效管理

平衡计分卡的理论和方法贯穿着战略管理的思想，将平衡计分卡应用于绩效管理时，可以将企业的战略管理系统和绩效管理系统连接起来，有利于提高企业绩效管理的效率。作为绩效指导的工具，平衡计分卡以企业的战略目标为起点，将目标进行层层分解，转化为可操作的具体指标，并传递到公司的每个部门和每个员工身上，由此可以实现企业战略和个体绩效的紧密连接，其效益可以体现在员工的日常工作行为当中。在绩效测评部分，平衡计分卡收集的各项指标数据可以作为员工和企业汇报业绩的数据来源。同时，平衡计分卡也可以作为绩效反馈的重要工具，企业通过对各个维度的战略目标实施情况进行动态监控，不断反馈和改进，以保证最终的战略目标得以实现。除此之外，将平衡计分卡和薪酬晋升等模块进行有机结合可以达到激励员工的目的，有利于提高员工的工作积极性，使得员工的利益诉求和企业的价值追求保持高度的一致性，最终促进企业战略目标的实现。

（三）平衡计分卡可以促进跨层次沟通

企业在使用平衡计分卡时，需要将企业的战略目标进行层层传递以保证各个部门各个级别员工对企业价值观念的理解和认同，同时可以收集各层次员工的反馈意见。通过绩效指标将利益相关者不同的价值诉求进行整合统一，在此过程中，可以增强横向和纵向的信息传递和沟通，减少各个部门和层级之间的分歧和矛盾，进而协调组织内部的关系。

（四）平衡计分卡可以提高企业学习力

使用平衡计分卡的过程本身就是一个不断学习的过程。从最开始的内外部信息收集、企业战略目标制定、绩效指标分解、绩效指标测量到绩效沟通与反馈，每一个环节都需要决策者和管理者不断加深对企业价值目标的理解，加强对组织管理的学习，从分析和讨论的过程中不断检验、改进，得到最适合企业的绩效管理办法。企业利用平衡计分卡实施绩效管理的同时，员工也能在学习企业战略目标和达到个人绩效目标的过程中不断提升自己，将企业价值追求内化为自己的行动指南。长此以往，整个企业就能形成一种持续学习的氛围并凝结为一种企业文化，促进企业整体学习力的提升。

第五节　平衡计分卡的未来及战略地图的发展

一、从绩效管理到战略管理

平衡计分卡最初是在绩效考核实践中提出的，提出之后广泛应用于绩效管理领域，并取得显著成效。随着企业实践的发展和学术研究的探索，平衡计分卡逐渐被运用到战略管理领域，并结合绩效管理，显现出更强大的优势和价值。平衡计分卡在实践中对于企业战略管理主要有三大作用，分别是解释战略、宣传战略和分解战略。在最初制定平衡计分卡时，要将企业的经营战略转化为一系列可量化的绩效指标，此时就需要中高层管理者共同进行交流和探讨，对企业战略进行深入的审视并优化调整。传统的管理体制在战略管理方面往往存在操作性不强无法落地、理解不够或个人与组织脱节等问题，而平衡计分卡作为一种战略实施的工具和机制，将宏观战略和微观考核指标相联系可以弥补计划和执行之间的差距。在设计平衡计分卡时，要将平衡计分卡指标与战略目标相联系。一张好的平衡计分卡可以通过指标之间一系列的因果关系链条来展示整个企业的组织战略，这就起到了解释战略的作用。平衡计分卡中的每一个考核指标都是因果关系链条中的一个环节，一个指标既是一个因果关系的因，也是另一个因果关系的果，既是行动目标也是考核标准。实施战略的一个重要前提是全公司所有员工都能准确理解组织战略。企业利用平衡计分卡可以起到宣传组织战略的作用，加深各层级员工对组织战略的理解，通过定期或者不定期的绩效考核，使员工认识到平衡计分卡的重要性和组织战略的正确性，提高员工行动的一致性。如此一来，企业关注的重点就不再是短期的数据，而是整个组织战略的实现。个人与组织脱节、短期与长期脱节的问题可以通过战略分解来解决。企业利用平衡计分卡，可以将总体战略层层分解为各个部分、各个阶段、各个维度的具体指标，并转化为具体的行动计划，解决组织战略无法落地的问题。企业通过解释、宣传和分解战略，就可真正将战略管理落到实处。

二、战略地图的发展

（一）战略地图的含义

战略地图（strategy map）由平衡计分卡的创始人罗伯特·卡普兰和戴维·诺顿在2004年出版的著作《战略地图》中被提出。它以平衡计分卡四个维度的目标（财务维度、客户与市场维度、内部流程维度、学习与成长维度）为基本点，通过绘制这四个维度之间的复杂联系而形成企业的战略因果关系图。如果企业不能够全面地描述战略，领导者、管理者与员工之间无法进行顺畅地沟通，那么就无法对战略达成共识，必定制约企业的发展。战略地图的核心思想是：企业通过运用组织资本、信息资本和人力资本等无形的资本（学习与成长），来最大化企业的战略优势和效率（内部流程），进而把公司的特色和价值传递到市场（客户市场层面），最终实现股东的追求（财务目标）。战略地图由平衡计分卡发展而来，与平衡计分卡相比较，战略地图新增了两个层面的东西。一是颗粒层，表示每个层面下面都可以分解为许多要素，用来提高指标的清晰度和突出重点；二是动态的细节层，用来描述战略随时间的动态变化。战略地图的四个层面清晰地描绘了企业的财务目标，描绘了企业所面对的市场和客户的各种价值主张，制定了影响其他流程的关键任务指标，还指明了实现这些目标所需要的人才、技能、信息以及企业文化。以上这些要素结合企业自身情况，清晰地指明了企业的发展方向和改进方法，论证了战略管理的必要性和重要性。因此，只要企业能够清晰准确地完成财务、客户、流程、学习与成长方面的目标，最终便能很好地达成企业的愿景。判断一个战略地图是否有效的方法有两点：第一点是关键指标的数量及其分布比例，研究资料显示，成功应用战略地图的公司，指标数大致为20个，财务、客户、流程、学习与成长四个层面的比大致为2：2：4：2；第二点是关键指标的性质比例，包括长期指标与短期指标、财务指标与非财务指标、定性指标与定量指标等。

（二）战略地图的框架结构

战略地图是一套自上而下的逻辑假设：财务成果的实现依赖于目标客户的价值主张，客户价值主张描述了如何创造来自目标客户的销售额和忠诚度，内部流程创造并传递了客户价值主张，而为内部流程作支撑的无形资本为战略提供了执行保障，四个层面的一致性是整个战略地图流程创造的关键。战略地图的框架包含了四个层面及分解要素，描绘了各个层面以及各个要素之间的因果逻辑和联系（如图10-3所示）。顶层设计描绘了企业的终极目标，使命和价值观代表了企业奉行的价值理念，战略和愿景是企业在一定时期内的目标和选择。使命和价值观引导企业战略和愿景的形成，愿景描绘了战略的成果。终极目标的下方就是战略地图的四个层面，财务层面描述了股东和企业希望达到的财务目标，客户层面描述了企业追求的市场效果，这两者都在界定战略的绩效结果。而内部流程层面和学习与成长层面分别描述的是实现上述目标的关键流程要件和无形资产，界定了达到组织战略目标的实际驱动要素。这四个层面是层层牵引和支撑的逻辑关系，上层牵引下层要素，下层支撑上层要素。顶层设计和四个层面的结合展现了一张完整的战略地图的逻辑框架，但在不同的组织实际应用过程中，需要结合自身特点和市场形势进行适当的修改和调整。

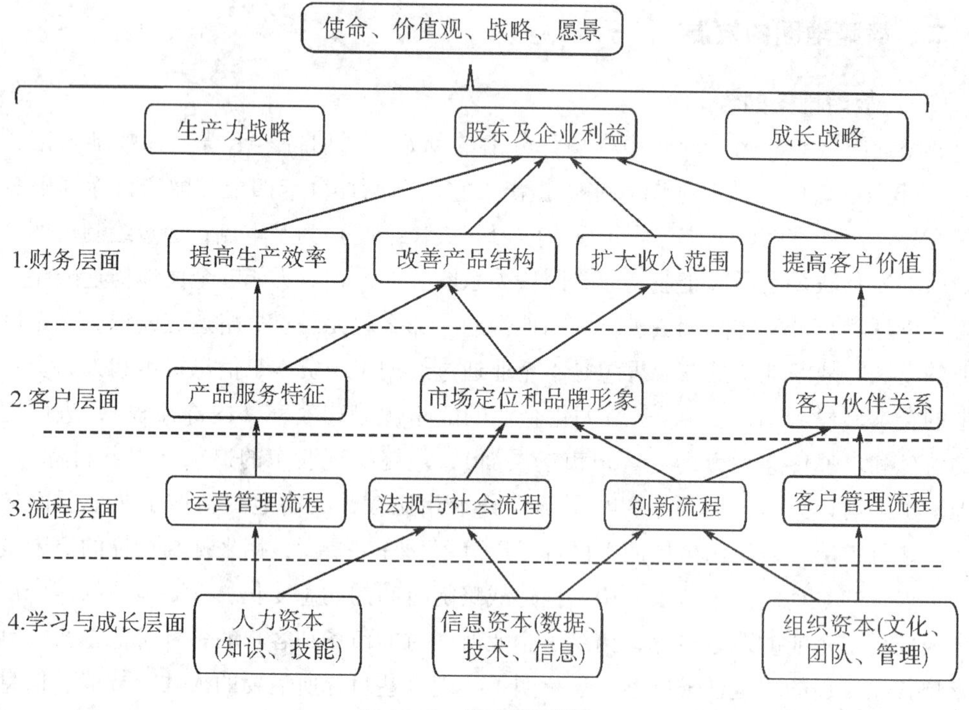

图 10-3　战略地图框架

（三）战略地图的绘制方法

战略地图的绘制是一个静态和动态相融合的过程，也是一个系统性的规划过程。在企业实践中，战略地图的绘制通常分为六个步骤进行。

第一步，确定股东价值差距（财务层面）。首先确定高层的财务目标，接着确定目标值和价值差距，最后把价值差距一一分配到增长率和生产率等目标。比如说股东期望三年之后的销售收入能够达到十亿元，但是公司只达到五亿元，距离股东的价值预期还差五亿元，这个预期差就是企业的总体目标。

第二步，调整客户价值主张（客户层面）。首先要阐明目标细分客户，接着阐明客户价值主张，然后选择指标，最后使客户目标和财务增长目标协调。结合上述的例子，要弥补股东价值差距，要实现五亿元销售额的增长，就需要对现有的客户进行分析，调整客户的价值主张。客户价值主张有降低成本、产品创新、服务全面等。企业可将增加销售收入这一高层目标分解为三个次级目标，包括降低单位客户成本、提高单位客户收入、增加和保留高价值的客户等。

第三步，确定价值提升时间表。首先要确定实现成果的时间表，划定战略实施的总时间，把价值差距分配给不同的战略方向以及阶段，将财务目标值分解为内部流程和战略方向的目标值，并且结合具体的时间阶段，增强总体项目的可行性。比如针对上面例子中三年实现五亿元股东价值差距的目标，必须确定一个时间表，第一年、第二年、第三年分别提升多少，这样一个明确的时间表才能提高行动的目的性。

第四步，确定战略主题（内部流程层面）。首先是寻找和明确最重要和最关键的流程，也可以认为是战略方向，包括运营管理流程、创新流程、客户管理流程等；再在流程基础上设定指标和目标值，使关键内部流程与实现财务目标的目标值之间保持一致性，以此来确定企业短期、中期、长期的主要任务。

第五步，提升战略准备度（学习和成长层面）。首先确定支持战略目标所要求的人力资本、组织资本、信息资本等无形资产，分析评估现有的无形资产对目标战略的支持度和匹配度，是否具备支持关键任务流程的能力，如果不具备就要进行针对性的提升，并设定目标及目标值。

第六步，形成行动方案并安排预算。根据前面确定的战略地图以及相对应的不同目标、指标和目标值，制订一系列的行动方案来配置和开发无形资产和有形资产，并形成清晰明了的预算需求。

案例分析

ANLIFENXI

W 公司的绩效考核

（一）W 公司背景

W 公司是我国航空武器装备研制生产和出口主要基地，民机零部件重要制造商，国家和省市的重点优势企业。公司占地近 500 万平方米，在职员工有 1 万多名。公司的愿景是成为技术领先、管理卓越的世界一流航空制造企业。公司的战略是航空为本、军民结合、专业引领、聚合发展。

（二）选择平衡计分卡的现实需要

随着公司的不断发展壮大，各种问题也渐渐凸显出来。其主要包括以下几点：①民机业务没有形成公司的支柱性产业；②民品产业发展战略格局尚未形成；③自主创新能力不足，技术资源储备较薄弱；④管理基础不能完全适应公司快速发展需要；⑤核心专业领军人才不足以支撑公司战略发展。根据公司存在的问题，公司高层通过对内外环境的分析（见表 10-1），制定了公司的长期战略规划，提出了公司的战略方针，针对中长期制定了具体的目标。但是战略制定之后，必须很好地实施既定的战略，战略管理才能发挥它应有的作用，所以公司必须引入合适的战略管理工具，让公司的战略真正实现落地，达到公司预期的效果。

作为 W 公司的上级——某集团公司，面对航空业激烈的竞争环境，科学理性地确定了“两融、一新、五化、万亿”的集团发展战略。集团的战略为全集团公司描绘了“成为一家快速成长、创造卓越的公司，跻身于世界航空工业强者之林”的愿景。为了很好执行并管理制定的战略，集团公司于2008年引入了平衡计分卡，希望通过平衡计分卡的运用实现集团既定战略，并于当年对其下成员单位进行了引入平衡计分卡的动员和培训工作。培训过后，W公司迅速采纳了使用平衡计分卡这个建议。随后，W公司将战略目标进行因果连接，结合平衡计分卡理论的四个维度，形成了公司的战略地图（见图10-4）。

表10-1　W公司SWOT分析

——	——	机会（O）	威胁（T）
——	——	1. 国家形式保持军机定货需求 2. 国内消费结构升级刺激航空市场发展	1. 航空生产要素涨价与政治禁运 2. 受制于某些关键技术瓶颈
优势（S）	1. 军机档次结构国内最佳 2. 较强的研制生产能力	提供领先产品 强化客户管理	改善成本结构 创建学习型企业
劣势（W）	1. 企业整体运营成本较高 2. 产品价格体制制约价格成本	改善运营流程 培育新增长极	持续创新发展 提升服务能力

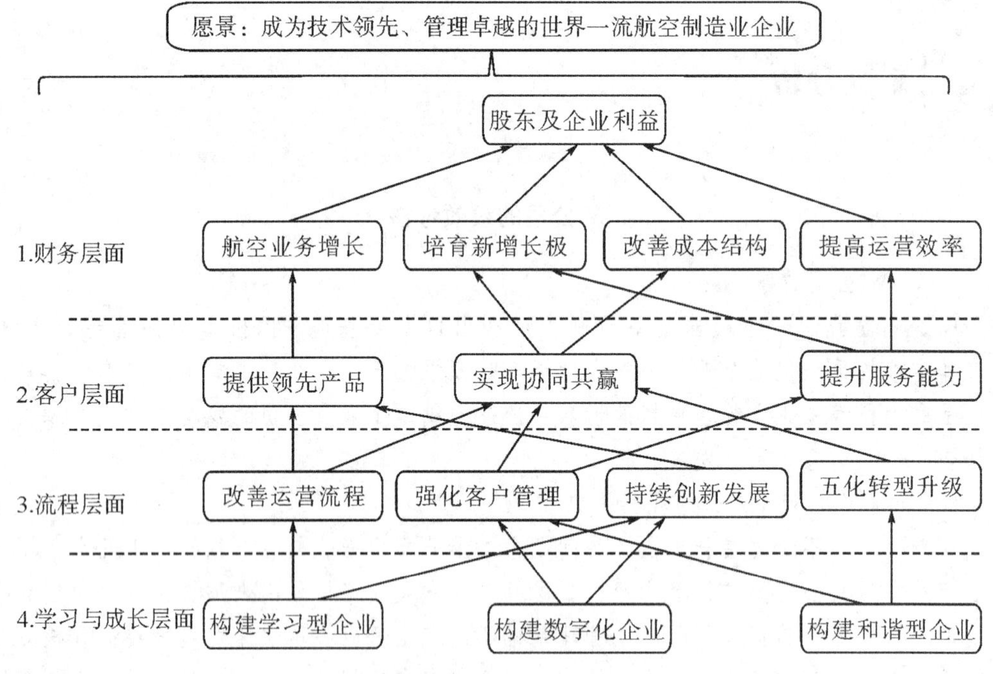

图10-4　W公司战略地图

（三）W公司如何设计平衡计分卡

1. 步骤一：建立KPI库

W公司在收集KPI，建立KPI库的过程中，主要从上级组织对公司的考核指标、单位内部既有的考核指标以及公司战略目标转化的考核指标等方面出发进行收集，并针对KPI的特点，编制KPI收集模板，收集信息包含基本信息、来源信息和责任信息三大部分。基本信息包含指标名称、战略目标以及KPI释义等，这些信息为公司选取合适的

KPI 以衡量战略目标提供准备。以收集公司的“实现航空业务快速增长”战略目标的 KPI 为例，衡量指标可选取为“军机销售收入”等指标。平衡计分卡注重滞后指标和领先指标的平衡，所以在收集 KPI 的过程中也特别注意这一点。

2. 步骤二：试用 KPI 分解战略目标

按照层次分析法，W 公司从价值目标层面、客户评价层面、内部流程层面、学习与成长层面四个维度对公司的战略目标进行层层分解（见图 10-5）。

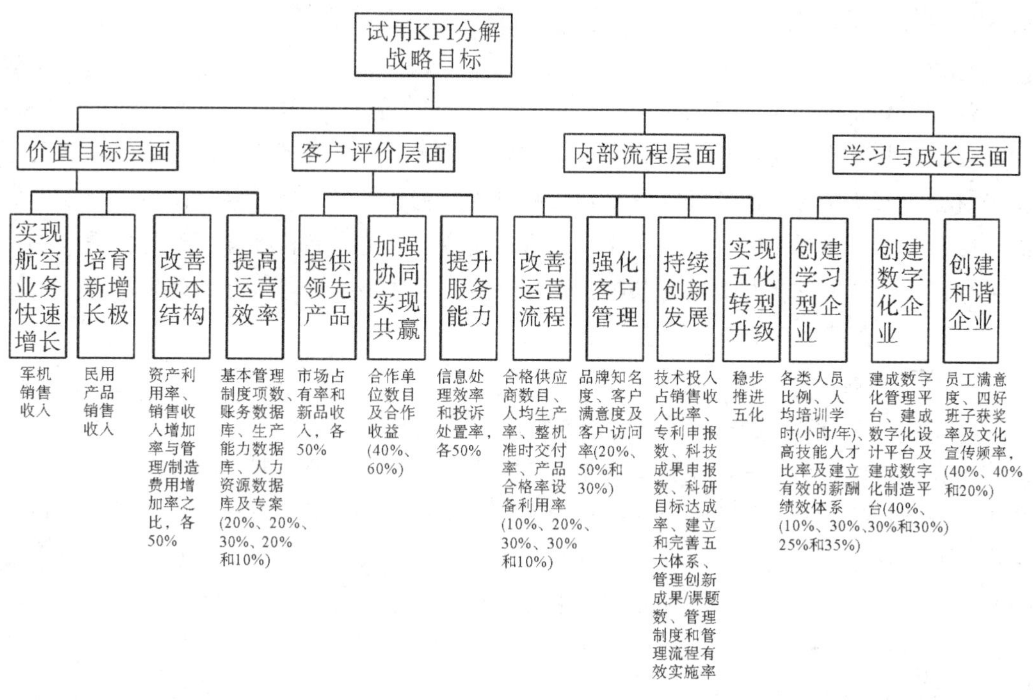

图 10-5　试用 KPI 分解战略目标

3. 步骤三：确定目标值

战略目标的 KPI 选定之后（也就是战略目标的考核指标），需要对选定的 KPI 赋予目标值。目标值用来反映上述衡量指标要达到什么程度，它能给公司中层管理人员和执行人员提供一个清晰、明确的业绩指标值，达到这个指标值就表明战略目标已经实现。

4. 步骤四：制订行动方案

行动方案是指为了实现战略目标，完成目标值，应该采取的行动计划，即要怎样做才能促进 KPI 目标值的完成。通常，行动方案根据现状与目标的差距来确定。制订行动方案的主要工作就是明确消除战略目标中 KPI 的目标值与现实值的差距所要做的工作，在方案中需明确这个行动方案的牵头部门、参与部门负责人等责任信息，也需要明确方案要达到的目标，达到目标需要的资源以及行动方案的里程碑事件等信息。

5. 步骤五：平衡计分卡的部门分解

部门平衡计分卡的内容是公司层面指标与行动方案的落实，且与公司 KPI 体系相结合。W 公司部门平衡计分卡的开发步骤是：①理解部门定位：对部门的职能进行定位。②纵向与横向分析：分析部门与哪些公司层面的战略目标、KPI 及行动方案相链接以及部门职责有关的公司内部客户的需求，通过这一步可以明确部门的战略及战略目标。

③开发本部门平衡计分卡，根据形成的部门战略目标开发部门平衡计分卡。以 W 公司培训部门为例：培训部的职责是负责对公司员工的培训，包括技能培训、各管理层专项培训等。从公司层面的计分卡来看，学习与成长层面的创造学习型企业的战略目标与培训部相关，创造学习型企业这个战略目标分解出来的考核指标中有三个与培训部有关，其中“人均培训学时”这个指标的负责单位就是培训部。所以培训部结合公司 KPI 体系与部门发展的环境分析，制定了相应的战略目标，并对战略目标进一步分解形成部门的 KPI 和行动方案。

6. 步骤六：计分卡的运营管控

W 公司计分卡的运营管控主要包括三个方面，分别是战略执行、战略监控与回顾和战略评估与调整。战略执行后需要对战略的执行情况进行实时监控；战略管理回顾是指定期检查 KPI 指标；战略评估主要评估战略规划完成情况、有效性及战略规划系统的有效性。三者是相辅相成、互为支撑的关系，战略执行是战略监控与回顾的前提，战略监控与回顾是战略评估与调整的基础，战略评估与调整影响战略执行的效果。

（四）W 公司运行平衡计分卡问题分析

1. 存在问题

一方面，一些部门推行不积极。平衡计分卡开发完毕后并没有完全将它运行到日常工作中去，久而久之就变成了上级领导检查工作时的工作汇报材料。再加上公司迫于一些重点研制任务，对平衡计分卡的推行指令也在逐渐淡化。另一方面，员工对以平衡计分卡为基准设立的考核指标不支持，基层员工的态度很消极。由于基层员工对建立绩效考核指标不支持，部门管理者在将部门 KPI 分解到员工 KPI 的阻力非常大，所以针对员工的绩效考核指标没有真正建立起来。

2. 原因分析

（1）W 公司对平衡计分卡理解不够。虽然 W 公司就平衡计分卡的理论对管理层做过很多培训而且部门管理中也对基层员工开展了培训，但是总体来讲从上层到下层对平衡计分卡还是有很大的认识误区。很多员工仍然认为这只是员工绩效考核的工具，和之前的绩效考核没有区别，而且增加了考核的层面，所以导致员工对此产生了抵触情绪。而高层和基层管理者对于平衡计分卡也存在不信任的情绪，所以并未全力推行。

（2）与 W 公司现有企业文化冲突。W 公司作为国有军工企业，自己的企业文化和平衡计分卡的实施是存在冲突的地方的。一方面是管理行政化，国企的管理者大多是政府通过行政指令的形式任命，使得企业等级制度、领导意志文化占主导地位。公司目前组织层级多，管理者的授权太少以及员工参与性较差，基层员工习惯听从直接上级领导的指挥，组织壁垒严重，公司跨部门的沟通和协调很困难。另一方面，公司作为国家军工企业，保密文化很重要，所以公司在宣传公司的战略以及平衡计分卡，特别是向基础员工宣传的时候受到很多限制。

（3）KPI 设计不合理。真正设计 KPI 的时候很难拿捏好 SMART 原则，四个层面中价值与目标层面和客户层面的 KPI 还比较好设计，但是内部流程层面和学习与成长层面的指标就不好设计。这两个层面是前两个层面的驱动指标，是超前的指标，并不容易用现有的指标来准确衡量。而且对于同一战略目标的不同 KPI 权重分配也不是定量的而是定性分配，缺乏一定科学性。所以 KPI 设计会存在不够合理的情况。

(4) 没有作为长期变革的过程。平衡计分卡不是马上就能见到成效的工具，是战略执行和管理的工具，这本身就是一个长远的过程。另外平衡计分卡的实施也是管理思想转变的过程，使得管理人从由财务角度考核企业业绩的管理思想转变成从四个层面全面考核企业的战略执行的管理思想。这一切都不是短时间内能看到成效的，而是长期的磨合改善。所以 W 公司在推行过程中，没有充分做好长期变革的准备，遇到障碍就放慢脚步，从而导致了诸多问题的出现。

（五）对策建议

1. 提升对平衡计分卡的认识

W 公司应该加强对基层员工的培训和宣传，不仅要对高层定期进行这方面的培训，更应该加强对基层员工的培训；还可以寻找国内企业在平衡计分卡应用较好的标杆企业，然后派公司高层进行实地考察和学习，让他们对平衡计分卡的认识更加到位。

2. 完善 KPI 体系

优化 W 公司及其部门的平衡计分卡中的 KPI 指标，建立员工 KPI。一方面是针对内部流程层面和学习与成长层面的 KPI 指标，需要深刻分析两个层面战略目标的要点，找到驱动战略目标的关键因素然后再设计合适的 KPI 指标。另一方面对于 KPI 目标值的设计要考虑公司实际情况，不能好高骛远，KPI 权重的设置可以考虑更科学的定量分析。

3. 企业文化建设

W 公司应建立各级组织之间的沟通文化，提高公司战略的透明度，使得相关业务部门管理者参与战略目标的制定，从而清晰公司战略重点然后再合理分解到部门的关键绩效指标中去。另外也要加强部门间的沟通，各部门协同联合，慢慢培养起部门间的沟通文化。建立责任共享注重改进的文化。公司的高层管理者应该经常从员工那里收集信息，听取他们的想法而不是单方面地指示员工应该做什么，把传统的等级式管理文化转变为责任共享的文化，让所有员工感受到自己也有实现公司战略目标的责任。建立合理的保密文化，不能一味地宣传“不该说的不说，不该做的不做”这些口号，而是通过合理的保密教育和高科技保密防范措施的应用来建立更合理的保密文化。

本章小结

本章主要介绍了平衡计分卡这一战略性绩效管理工具。它自 1990 年产生以来，不断发展完善，得到了各大企业的广泛应用。平衡计分卡由哈佛大学商学院的教授罗伯特·卡普兰（Robert S. Kaplan）和复兴方案公司的总裁大卫·诺顿（David P. Norton）共同提出。作为绩效管理的工具，它具有完整的框架体系，从动态战略管理的高度，将外部市场环境和企业内部流程以及组织管理进行整合，基于平衡的战略思想，以平衡计分卡为操作平台，从财务、客户、流程、学习与成长四个维度将企业战略转化为明确的可操作的绩效指标，将企业、团队和员工的价值目标有机整合，进而建立可衡量的指标体系，是企业实施战略管理和绩效管理的重要工具。但平衡计分卡也存在一些不足，比如：庞大的绩效指标体系增大了衡量的复杂性，难量化的指标导致可操作性不强，平衡计分卡的应用范围具有局限性。

企业设计平衡计分卡指标体系需要遵循一定的行动步骤，首先需要做好充足的前期准备：成立项目小组，进行前期调查和战略研讨。具体设计步骤是：首先建立各层次平衡计分卡指标体系；其次是平衡计分卡运作体系设计，具体包括流程设计、表单设计、制度设计；最后是实施平衡计分卡，并进行平衡计分卡指标体系结果应用。

平衡积分卡在国外组织中应用较为广泛，但在国内应用还较少，原因是本土企业自身的一些特点限制以及对平衡计分卡的理解还不够透彻等。企业在应用平衡计分卡时应该注意要保证全员参与，结合企业实际情况进行适应性调整，并灵活运用人力资源管理策略，才能真正发挥平衡计分卡的作用。平衡计分卡对于绩效管理意义重大，它可以实现高效的战略性绩效管理，促进跨层次沟通，提高企业学习力，有利于企业的长足发展。

平衡计分卡在近年来的发展中，越来越着眼于战略管理，并且发展出了战略地图。战略地图（strategy map）由罗伯特·卡普兰和戴维·诺顿在2004年出版的著作《战略地图》中被提出。它以平衡计分卡四个维度的目标为基本点，通过绘制这四个维度之间的复杂联系而形成企业的战略因果关系图。战略地图是一套自上而下的逻辑假设，框架包含了四个层面及分解要素，描绘了各个层面以及各个要素之间的逻辑关系。企业在不同的组织实际应用过程中，需要结合自身特点和市场形势进行适当的修改和调整。战略地图的绘制通常分为六个步骤：确定股东价值差距（财务层面），调整客户价值主张（客户层面），确定价值提升时间表，确定战略主题（内部流程层面），提升战略准备度（学习和成长层面），形成行动方案并安排预算。

思考与讨论

1. 平衡计分卡的四个维度之间的关系如何？
2. 平衡计分卡在实际应用中应注意什么？
3. 为何国内企业平衡计分卡应用成效不明显？
4. 绩效管理与战略管理的关系是什么？
5. 战略地图的含义和作用是什么？
6. 战略地图应该如何绘制？

参考文献

[1] 付亚和. 绩效管理 [M]. 上海：复旦大学出版社，2014.

[2] 侯光明. 人力资源管理 [M]. 北京：高等教育出版社，2015.

[3] 李峰，方素珍. 卫生机构管理者岗位胜任力 [M]. 北京：人民卫生出版社，2007.

[4] 马欣川，等. 人才测评——基于胜任力的探索 [M]. 北京：北京邮电大学出版社，2015.

[5] 李贵卿，范仲文. 人力资源管理的量化技术研究 [M]. 成都：西南财经大学出版社，2007.

[6] 吴能全，许峰. 胜任能力模型设计与应用 [M]. 广州：广东经济出版社，2006.

[7] 马冬冰. 基于胜任力模型的招聘甄选流程 [J]. 人力资源，2007 (7)：38-40.

[8] 姚凯. 上海对外服务公司区域分公司经理胜任素质模型构建 [J]. 中国人力资源开发，2008 (7)：60-64.

[9] 陆雄文. 管理学大辞典 [M]. 上海：上海辞书出版社，2013.

[10] 刘永芳. 管理心理学 [M]. 北京：清华大学出版社，2008.

[11] 罗珉. 现代管理学 [M]. 成都：西南财经大学出版社，2013.

[12] 王德中. 管理学 [M]. 成都：西南财经大学出版社，2012.

[13] 王艳. 论绩效管理评价方法——目标管理法 [J]. 经营管理者，2011 (5)：176-177.

[14] 李向东. 目标管理和 KPI 法在绩效考评中的应用 [J]. 区域经济评论，2007 (12).

[15] 李浩. 绩效管理 [M]. 北京：机械工业出版社，2017.

[16] 李宝元，仇勇. 绩效管理 [M]. 北京：高等教育出版社，2016.

[17] 颜世富. 绩效管理 [M]. 北京：机械工业出版社，2014.

[18] 方振邦. 战略绩效管理 [M]. 4 版. 北京：中国人民大学出版社，2014.

[19] 罗伯特·卡普兰，大卫·诺顿. 平衡计分卡——化战略为行动 [M]. 刘俊勇，孙薇，译. 广州：广东经济出版社，2013.

[20] 秦扬勇. 平衡计分卡：战略绩效管理、方法与工具 [M]. 北京：经济管理出版社，2011.

[21] 罗伯特·卡普兰，大卫·诺顿. 平衡计分卡——化无形资产为有形成果 [M]. 刘俊勇，孙薇，译. 广州：广东经济出版社，2005.